JN096275

女性のキャリアと
ビューティケア

昇進と外見・身だしなみの関係性を考える

乙部 由子

[著]

ミネルヴァ書房

はしがき

男女雇用機会均等法の施行（1986年）以降，男女共同参画社会基本法（1999年）・女性活躍推進法（2016年）等，いくつかの法律が施行されたことで，女性が仕事を通じて活躍しやすい機運は，少しずつ高まっている。確かに，男女雇用機会均等法施行以前は，令和時代の現代以上に女性が働くということ自体，選択する事柄であった（学校卒業後，家事手伝い〔花嫁修業〕をするか，結婚相手がみつかるまで働くか等）。

法律が施行されたことで，人々の行動が変化し行動の変化が進むと，人々の意識が徐々に変わりはじめる。やがて，その意識は，社会意識として醸成されるようになる。人々の中で，それが社会意識だと認識されるようになるには，タイムラグが生じる。

女性が仕事を通じて活躍しやすい土壌は整備されつつあるが，真の意味において女性が活躍しやすい社会とは，社会や企業の中で舵取りできる立場にある女性が増えることである。そのためにはカンターが主張するように，舵取りできる立場（多くは管理職的な地位〔課長相当職以上〕）に就く人が30％以上を占めるようになると，女性の意見が反映しやすくなる。つまり，重要な場面で発言権をもつ女性の増加が期待されることであり，その象徴となるのは管理職である女性であろう。

だが管理職の女性は，年度により数値の増減があるものの，課長相当職以上の管理職に占める女性の割合は12.3％（厚生労働省 2022a）と決して多くない。

管理職をはじめとした働く女性に関する動向や研究は，これまで多く蓄積されてきた。管理職の女性に関しては，国の目標として管理職の女性を増やそうという機運があるため，学術分野では女性管理職の研究は意欲的に進められていたり，各自治体・企業では，女性管理職のキャリアモデルの積極的な紹介等

i

を行っている。

　ところが様々な研究からも明らかなように，管理職へ昇進するには，管理職自身の能力だけでなく，昇進のチャンスに恵まれるか，社内においてどのような女性管理職が求められているのか等，自身の能力以外の様々な文化的・社会的規範によって影響されることも事実である。しかしながら，文化的・社会的規範は規範であるため，何か明確な基準があるわけではない。それは，その時代・性別・地域・年齢等により異なり，人々がお互いに話をする際，毎回，どのような文化的背景で話すのか・行動するのかを確認することは，通常，私たちが日常生活を送る上では考えにくい。

　本書は，上記のような女性の管理職が，管理職に昇進した背景を明らかにすることを目的としている。昇進した背景には様々な要因があるが，本書では，女性に課せられるジェンダー規範の一つである「化粧」をキーワードにして，管理職への昇進への影響・日頃の化粧意識等を企業で働く女性管理職43名に聞き取り調査した結果を報告する。

　本書の構成を確認したい。全体を2つに分けたⅡ部構成とし，前半の第Ⅰ部（第1〜4章）は，主に公的なデータから女性管理職を取り巻く現代社会の環境を理解することを目的として構成した。後半の第Ⅱ部（第5〜8章）では，女性管理職43名に聞き取り調査した結果を紹介する。

　各章をみていこう。第1章では，ジェンダーからみた働き方の現状として，雇用形態別に男女労働者の現状を確認した後に，産業別・職種別・学歴別に現状を確認する。第2章では，女性管理職について考えるために，女性管理職の現状や企業社会のしくみの概要を概観する。第3章では，デジタル化への加速が進みつつある現状を踏まえ，デジタル社会実現に向けた法律の概要，人工知能の発達により少なくなる仕事・必要とされる仕事，新型コロナウイルスによる仕事への影響を検討する。第4章では，ライフデザインとキャリアデザインについて取り上げ，人生100年時代における人生設計を考え，キャリアデザインについてはその意味するところと多様なキャリアの形態を紹介する。また，仕事と育児の両立についても考える。

　続いて第5章では，化粧に関する研究の歴史と化粧をすることの意味づけについて整理する。第6章ではキャリア女性のキャリア形成に関する調査の概要と調査結果を報告する。第7章では，同様にキャリア女性のビューティケアに関する調査の概要と調査結果を報告する。第8章では，女性管理職の産業別働き方の特徴と女性管理職のキャリア形成とビューティケアの関係性について考察する。

　2022年10月

乙部由子

目　　次

第Ⅰ部　働く女性の「いま」

<table>
<tr><td>第 1 章</td><td>働く女性の現状と女性活躍を推進する社会</td></tr>
</table>

1　働く女性の現状と「女性活躍」

（1）女性が働くこと

「女性の活用・活躍」「女性の時代」といわれはじめてから，どれほどの時間が過ぎただろうか。女性が働くという点でいえば，1986年に施行された「雇用の分野における男女の均等な機会及び待遇の確保等に関する法律」（以下，均等法）と2016年に施行された「女性の職業生活における活躍の推進に関する法律」（以下，推進法）によって，少しずつだが女性が働きやすくなってきたのではないか。

また，社会的にも，かつては学校卒業後に「家事手伝い」として花嫁修業に精を出したり，働きに出ても結婚までの一時的な仕事（「腰掛け」）と思われていた頃を考えれば，均等法や推進法等の法律が施行された意義は大きい。

「人生100年時代」といわれる昨今，以前と何が大きく変わったのかといえば，やはり，女性が自身の力で，社会生活を送り，生活するための賃金を稼ぎ，経済的に自立することが可能な社会になったということだ。もちろん，それは，自身の人生における選択の一つとして可能になったということであり，すべての女性がそういう希望をもっているわけではないし，自立したくても様々な事情から自立が難しい女性がいるのも事実である。

久武（1988：5）によれば，律令国家時代の戸籍である庚午年籍においては女子は把握されていたが，その後，庚寅年籍までは男子だけが把握され，女子は除外されていた。人としての存在価値を社会的に認識されていない時期もあったという。このような時代と比較すれば，現代社会は，女性が「人格」をも

つ人として「生」を全うし，より充実した自己実現が可能な生き方・生活等を
あらかじめ考えながら，かつ「生」を全うしやすい社会であると考えられる。

　2022年現在，まず考えなければならないのは，「新型コロナウイルス感染症」
の拡大を防止するための取り組みによる影響（以下，コロナの影響）によって，
私たちは，これまで当たり前だと考えられていたことができなくなり，あらゆ
る面において，社会生活に制約が生じたことである。中でも最も重大だと考え
られるのは，経済的な活動の制限である。つまり，私たちが働くことで経済を
回し日々の日常生活を送ることが制限されることである。多くの人にとって，
生活していくために働いて賃金を得ることが必要である。

　ところが，コロナの影響で，働くことや職場に働きに行くこと自体に大きな
制約が生じたのだ（第4章参照）。そこで本章では，第2章以降の議論の基盤と
なる社会的な現状を確認する。

（2）働く女性の現状

　女性が働くことを，現代では多くの人々が「当然である」と考えるだろう。
だが歴史を紐解くと，（特に雇用者として働くことは）昭和の時代になってから
初めて市民権を得たといっても過言ではない。

　日本社会は，第2次世界大戦を経て大きく変化した。欧米諸国に追いつき，
追い越せということで，高度経済成長期（1955～1973年）には，男性が一家を
養うために働き，妻が専業主婦として家事・育児に専念する「サラリーマン・
専業主婦カップル」が一般化した。当時の女性は，学校卒業後，「家事手伝い」
という肩書で，お茶・お花・料理教室に通う等の花嫁修業をして結婚したり，
数年間，企業で正規で働き，その後「寿退社」するパターンが多く見られた。

　この家族形態は，当時，当然だという認識が行き渡っていた。男性一人で，
妻だけでなく子どもを含めた家族の生活経済を担うだけの賃金を稼ぐことがで
きたことが，この状態を可能にした大きな要因である。また当時，日本は高度
経済成長期で経済成長率が10％近くあったことも大きな要因の一つである。

　ここでは，戦後の1946年に連合国軍最高司令官総司令部（GHQ）の指導のも

とで開始し，1年間の試験期間を経て1947年から本格的に実施された「労働力調査」を中心にして，労働者の状況を把握することとしよう。⁽¹⁾

（3）「労働力調査」から働く人を時系列で考える

1）正規・非正規数の変化

　ここでは，「労働力調査」（総務省）によって，雇用者数の雇用形態別変化を長期時系列データから検討する（図表1-1）。まず男女合わせた数値をみると，「役員を除く雇用者」は，2002年の4,940万人から2019年の5,660万人へと毎年増加していた。だが2020年はコロナの影響を受け，5,620万人と減少した。

　雇用形態別にみると，「正規の職員・従業員」は，減少した年もあったものの，2002年の3,489万人から2021年の3,555万人へと増加している。また「非正規の職員・従業員」は，2002年の1,451万人から2019年の2,165万人へと増加した。だが，2020年はコロナの影響を受け，2,165万人から2,090万人へと減少した。さらに，2021年には2,064万人となるなど減少傾向が続いた。

　次に，男女別に検討する。

　女性の場合，「役員を除く雇用者」は，2002年の2,073万人から2019年の2,635万人まで毎年増加した。だが2020年はコロナの影響を受け，雇用者が2,619万人へと減少したが，2021年になると多少持ち直し2,634万人へと増加した。雇用形態別にみると，「正規の職員・従業員」は減少した年もあったものの，2002年の1,052万人から2021年の1,221万人へと増加した。「非正規の職員・従業員」は，2002年の1,021万人から2019年の1,475万人へと増加した。だが，2020年はコロナの影響を受け，1,475万人へと減少した。2021年はさらに1,413万人へと減少傾向が続いた。

　男性の場合，「役員を除く雇用者」は減少した年もあったものの，2002年の2,867万人から2019年の3,024万人まで増加した。だが，2020年はコロナの影響を受け3,001万人へと減少し，2021年も引き続き2,986万人へと減少した。雇用形態別にみると，「正規の職員・従業員」は2002年の2,437万人から減少し，2020年は，2,339万人へと増加した。2019年は2,334万人へと減少したが，2020

図表1-1　雇用者の雇用形態別変化

各区分の列：雇用者〔実数（万人）〕／役員を除く雇用者〔実数（万人）〕／正規の職員・従業員〔実数（万人）〕／非正規の職員・従業員（万人）

（男女計）

年	総数 雇用者	総数 役員除く	総数 正規	総数 非正規	15~19歳 雇用者	15~19歳 役員除く	15~19歳 正規	15~19歳 非正規	20~24歳 雇用者	20~24歳 役員除く	20~24歳 正規	20~24歳 非正規	25~29歳 雇用者	25~29歳 役員除く	25~29歳 正規	25~29歳 非正規	30~34歳 雇用者	30~34歳 役員除く	30~34歳 正規	30~34歳 非正規	35~39歳 雇用者	35~39歳 役員除く	35~39歳 正規	35~39歳 非正規
2002	5337	4940	3489	1451	118	118	39	79	485	484	303	180	681	673	531	141	664	646	517	129	553	527	405	122
2003	5343	4948	3444	1504	111	111	33	78	467	465	284	182	665	659	514	145	678	659	520	139	573	549	417	132
2005	5408	5008	3375	1634	101	101	28	72	456	454	262	191	619	611	452	159	719	701	541	160	599	573	429	143
2010	5508	5138	3374	1763	92	91	28	63	391	389	230	160	548	543	399	144	638	623	465	159	704	675	502	173
2015	5653	5303	3317	1986	97	96	26	71	376	376	217	159	501	497	363	135	582	571	415	157	627	608	434	172
2019	5995	5660	3494	2165	136	135	30	105	425	425	245	180	490	486	368	118	571	562	419	142	575	558	403	155
2020	5963	5620	3529	2090	115	115	28	87	431	431	249	181	493	490	380	111	556	547	414	133	568	552	405	147
2021	5963	5620	3555	2064	112	111	26	85	429	427	250	177	491	487	385	102	558	549	419	130	562	547	407	140

（女）

年	総数 雇用者	総数 役員除く	総数 正規	総数 非正規	15~19歳 雇用者	15~19歳 役員除く	15~19歳 正規	15~19歳 非正規	20~24歳 雇用者	20~24歳 役員除く	20~24歳 正規	20~24歳 非正規	25~29歳 雇用者	25~29歳 役員除く	25~29歳 正規	25~29歳 非正規	30~34歳 雇用者	30~34歳 役員除く	30~34歳 正規	30~34歳 非正規	35~39歳 雇用者	35~39歳 役員除く	35~39歳 正規	35~39歳 非正規
2002	2172	2073	1052	1021	58	58	15	43	242	242	143	99	291	290	193	96	248	245	145	100	211	205	102	103
2003	2191	2095	1034	1061	57	57	14	43	233	233	135	97	287	286	189	97	257	254	147	108	218	218	106	112
2005	2243	2144	1018	1126	50	50	11	40	232	232	127	105	275	273	170	103	276	273	154	119	227	227	109	118
2010	2361	2273	1051	1223	48	48	13	35	198	198	110	87	245	244	152	92	266	264	146	118	273	273	134	140
2015	2482	2395	1045	1350	50	50	10	40	186	186	102	83	229	229	144	84	250	247	137	110	265	265	130	135
2019	2719	2635	1160	1475	69	69	11	58	213	213	118	95	234	225	152	72	256	241	149	105	259	255	131	125
2020	2702	2619	1193	1425	58	58	9	49	214	214	123	91	234	234	164	70	244	241	148	93	251	248	131	117
2021	2716	2634	1221	1413	57	57	10	46	215	215	122	93	234	233	171	62	248	245	153	92	252	249	136	112

（男）

年	総数 雇用者	総数 役員除く	総数 正規	総数 非正規	15~19歳 雇用者	15~19歳 役員除く	15~19歳 正規	15~19歳 非正規	20~24歳 雇用者	20~24歳 役員除く	20~24歳 正規	20~24歳 非正規	25~29歳 雇用者	25~29歳 役員除く	25~29歳 正規	25~29歳 非正規	30~34歳 雇用者	30~34歳 役員除く	30~34歳 正規	30~34歳 非正規	35~39歳 雇用者	35~39歳 役員除く	35~39歳 正規	35~39歳 非正規
2002	3165	2867	2437	431	60	59	24	36	243	243	160	82	390	383	339	45	416	401	372	30	343	322	303	18
2003	3152	2853	2410	444	55	55	18	36	234	232	149	83	378	372	325	48	421	405	374	32	350	331	311	20
2005	3165	2864	2357	507	50	50	17	34	224	222	135	87	344	339	282	57	443	428	387	41	366	345	320	26
2010	3148	2865	2324	540	44	44	15	29	193	192	114	73	302	299	247	51	373	359	319	41	425	402	368	34
2015	3172	2908	2272	636	46	46	15	31	190	189	114	75	272	270	219	51	334	324	278	47	358	343	304	38
2019	3275	3024	2334	691	66	66	18	48	213	212	128	85	264	262	216	46	315	308	270	38	316	303	272	30
2020	3261	3001	2336	665	57	57	19	38	217	217	126	91	259	257	216	41	312	306	265	40	316	304	274	30
2021	3247	2986	2334	652	55	55	16	39	213	213	128	84	257	254	214	40	310	304	266	38	310	298	271	27

注：(1) 労働力調査では、2011年3月11日に発生した東日本大震災の影響により、岩手県、宮城県及び福島県において調査実施が一時困難となった。

(2) 2017年1～3月期平均から、算出の基礎となるベンチマーク人口を、2010年国勢調査結果を基準とする推計人口（旧基準）から2015年国勢調査結果を基準とする推計人口（新基準）に切り替えた。これに伴い、2010年から2016年までの数値については、比率を除き、新基準のベンチマーク人口に基づいて遡及又は補正した時系列接続用数値に置き換えて掲載した。
また、2005年から2009年までの数値については、2010年国勢調査基準のベンチマーク人口に基づく時系列接続用数値を掲載している。
このため、当該期間の数値は、各年の報告書等の数値及びe-Statの統計表やe-Stat上のデータベースの数値と異なる。
※この切替えによる変動（ギャップ）は、全国の15歳以上人口（2015年10～12月結果）で＋34万人（新基準－旧基準）となっている。
【参考】http://www.stat.go.jp/data/roudou/170131/index.htm

(3) 割合は、「正規の職員・従業員」と「非正規の職員・従業員」の合計に占める割合を示す。

出所：総務省（2002～2021）「労働力調査」。

年はコロナの影響が2,336万人へという雇用者増という形で表れた。しかし，2021年は2,334万人へと若干ながら減少した。「非正規の職員・従業員」は，2002年の431万人から2019年の691万人へと増加したが，2020年はコロナの影響を受け665万人へと減少し，2021年はさらに652万人へと減少傾向が続いた。

　「労働力調査」を時系列でみて明らかなことは，女性雇用者の場合は，2003年から正規・非正規の人数と割合が逆転し，これ以降，非正規が徐々に増加していたものの，コロナの影響を受け，非正規は軒並み減少する反面，正規で働く者が増加し，それは2021年も同様であったことである。もちろん非正規数が減少，つまりコロナによる「負」の影響として雇用削減という大打撃を受けたことは周知の事実であるが，反面，特定の産業を中心にして正規雇用者が増加した点は注目すべきことである。「正規雇用者増」という点でいえば，「コロナの影響」をプラスの意味で受けたと考えられる（9-10頁参照）。男性の場合，2002年以降の正規数は徐々に減少する反面，非正規数が上昇した。

　このように，コロナの影響は雇用形態・性別により異なっている。ただし実数として，雇用者数全体でみれば男性は女性よりも多く，正規数は女性のほぼ倍であり，非正規数は女性の半分以下である。この傾向は，今後の社会状況の変化（経済動向・定年年齢の延長等）によって，特定の産業・職種を中心に正規数が増加し，また高齢者も同様に，特定の産業・職種において非正規での雇用者が増加したり等，変化が続くと考えられる。

2）「年齢階級別」にみた特徴

　本項では，「労働力調査」（総務省）から雇用者を雇用形態別・年齢階級別にみた変化を解説する（図表1‐1）。まず男女合わせた数値をみると，「役員を除く雇用者」は2002年の4,940万人から2021年の5,620万人まで，毎年増加していた。年齢階級別にみると，「正規の職員・従業員」は年々増加しているが，2019年から2020年の変化をみると，コロナの影響により「15〜19歳」「30〜34歳」「40〜44歳」が減少していた。「非正規の職員・従業員」は，2018年まで増加しているが，2019年以降，減少傾向である。2019年から2020年の変化をみると，コロナの影響により，「15〜19歳」「25〜29歳」「30〜34歳」「35〜39歳」

「40〜44歳」「45〜49歳」「50〜54歳」「60〜64歳」「65〜69歳」というほとんどの年齢層で減少していた。

　次に，男女別に検討する。女性の場合，「正規の職員・従業員」は年々増加しているが，年齢階級別に2019年から2020年の変化をみると，コロナの影響により「15〜19歳」「40〜44歳」のみ減少しており，それ以外のほとんどの年齢階級では，正規雇用者が増加した。「非正規の職員・従業員」は2019年までは増加していたが，2019年から2020年の変化をみると，コロナの影響により「15〜19歳」「20〜24歳」「25〜29歳」「30〜34歳」「35〜39歳」「40〜44歳」「45〜49歳」「60〜64歳」とほとんどの年齢層で減少していた。

　男性の場合，「正規の職員・従業員」は，時期により異なり，増減を繰り返しているが，年齢階級別に2019年から2020年の変化をみると，コロナの影響により「20〜24歳」「30〜34歳」「40〜44歳」「50〜54歳」「65〜69歳」のみ減少しており，それ以外の年齢階級では正規雇用者が増加した。「非正規の職員・従業員」は2019年まで増加していたが，2019年から2020年の変化をみると，コロナの影響により「15〜19歳」「25〜29歳」「40〜44歳」「45〜49歳」「50〜54歳」「55〜59歳」「60〜64歳」「65〜69歳」と，ほとんどの年齢層で減少していた。

　ここからは，2021年のデータを加えて男女別に傾向をみていく。

　女性の場合，2021年にコロナの影響をプラスに受け正規化が加速している。この傾向は，「20〜24歳」「40〜44歳」を除くその他の年齢階級（「15〜19歳」「25〜29歳」「30〜34歳」「35〜39歳」「45〜49歳」「50〜54歳」「55〜59歳」）で同様の傾向である。詳細にみていくと，以下の 6 つのパターンに分けられた。

　　①　正規・非正規ともに増加…「50〜54歳」「70〜74歳」
　　②　正規・非正規ともに減少…「40〜44歳」「65〜69歳」
　　③　正規増加・非正規減少…「15〜19歳」「25〜29歳」「30〜34歳」「35〜39歳」「55〜59歳」
　　④　正規減少・非正規増加…「20〜24歳」「60〜64歳」
　　⑤　正規変化なし・非正規減少…「45〜49歳」
　　⑥　正規増加・非正規変化なし…「75歳以上」

　男性の場合，正規数は時期により増減に差異があるものの，正規数は2002年と2021年を比較すると100万人ほど減少しており，反対に非正規は200万人ほど増加した。また年齢階級ごとに傾向が異なり，2021年でみれば，中高年世代は正規数が減少する反面，高齢者層前後において正規数が増加している。詳細にみていくと，以下の4つのパターンに分けられた。

　　①　正規・非正規ともに増加…「50〜54歳」「60〜64歳」「70〜74歳」

　　②　正規・非正規ともに減少…「25〜29歳」「35〜39歳」「45〜49歳」

　　③　正規増加・非正規減少…「20〜24歳」「30〜34歳」「55〜59歳」「65〜69歳」「75歳以上」

　　④　正規減少・非正規増加…「15〜19歳」「40〜44歳」

　これらの結果から明らかなのは，コロナの影響と一言でいっても，年齢階級別にみるとその特徴は様々であることだ。雇用の安定という点でいえば正規での採用増が求められるが，男女ともに正規は，「40〜44歳」で減少していたのである。この年齢層は，いわゆる子育て世代であり，家計経済という点でいえば，子どもの学費という支出が増える頃でもあり，また職場という点で考えても，課長級へ昇進した人たちが多い世代，いわゆる中間管理職である。この世代において雇用を失うことはかなり深刻であり，一考の予知があると考える。[2]

3 ）産業別特徴（2020年と2021年の比較）

　本項では，コロナの影響を大きく受けた2020年と，コロナ禍が進む2021年のデータを比較する（図表 1 - 2 ）。

　2020年の産業別雇用者数をみると，女性は「医療,福祉」が640万人，「卸売業,小売業」が518万人，「製造業」が294万人，「宿泊業，飲食サービス業」が214万人であった。男性は，「製造業」が709万人，「卸売業,小売業」が465万人，「製造業」が709万人，「建設業」が329万人であった。

　2021年も同様にみていくと，女性は「医療,福祉」が654万人，「卸売業,小売業」が518万人，「製造業」が296万人，「宿泊業，飲食サービス業」が203万人であった。男性は「製造業」が703万人，「卸売業,小売業」が471万人，「製造業」が296万人，「建設業」が320万人であった。

図表1-2　産業別雇用者数

| | 男女計 | | 女 | | 男 | |
年	2020	2021	2020	2021	2020	2021
全産業	5973	5973	2703	2717	3270	3256
農業，林業	59	57	26	25	32	32
漁業	6	6	1	1	5	4
鉱業，採石業，砂利採取業	2	3	0	1	2	2
建設業	402	393	73	73	329	320
製造業	1003	999	294	296	709	703
電気・ガス・熱供給・水道業	32	34	5	6	27	28
情報通信業	228	242	65	69	162	173
運輸業，郵便業	335	337	73	74	262	262
卸売業，小売業	982	989	518	518	465	471
金融業，保険業	163	164	90	91	73	73
不動産業，物品賃貸業	123	125	49	51	74	74
学術研究，専門・技術サービス業	189	198	69	73	120	125
宿泊業，飲食サービス業	339	317	214	203	125	115
生活関連サービス業，娯楽業	180	168	107	101	73	68
教育，学習支援業	313	319	176	182	137	137
医療，福祉	832	852	640	654	192	198
複合サービス事業	50	50	20	20	30	29
サービス業（他に分類されないもの）	405	405	166	167	239	237
公務（他に分類されるものを除く）	247	248	74	78	173	170
分類不能の産業	82	68	41	35	41	33

出所：総務省（2020〜2021）「労働力調査」を基に筆者作成。

　2年間のデータを比較して明らかになったのは，女性では「医療,福祉」「教育,学習支援業」「情報通信業」「学術研究・専門技術サービス業」における雇用者が増加していたことである。一方，男性では「情報通信業」「卸売業,小売業」「医療,福祉」における雇用者が増加していた。

　これらの産業は，コロナの影響で業務量が増加したことから雇用者の必要性が高まり，特に「医療,福祉」「情報通信業」においてはそれが顕著であった。

特に「情報通信業」は，在宅勤務（テレワーク）が可能な産業でもあり，そのような産業において，入転職をも含めた雇用者増があったと考えられる。

（4）学歴別特徴

　私たちは，学校を卒業すると就職する者が多いが，就職先といっても学歴・性別によって就職先の産業は大きく異なる。本項では，「学校基本調査」（文部科学省）によって，大学を卒業する男女の状況を確認する。「学校基本調査」によれば，産業別就職者数の推移（大学卒）をみると（図表1-3），女性は「医療，福祉」「卸売業，小売業」「情報通信業」「製造業」「教育，学習支援業」へ就職する者が多い。一方，男性は「卸売業，小売業」「製造業」「情報通信業」へ就職する者が多い。近年は，社会におけるデジタル化の促進を象徴するように，女性の場合，「情報通信業」への就職者が年々増加しており，2020年には，就職先の産業として「医療，福祉」「卸売業，小売業」に次いで3番目に多かった（これまでは，「医療，福祉」「卸売業，小売業」「製造業」であった）。同様に，男性も「情報通信業」への就職者が増加しており，「製造業」への就職者数に追いつき，追い越せというような勢いである。

　このように，大卒者の就職状況は先に確認した男女別の産業別雇用者数との違いを考えても明らかだが，社会の変化（デジタル化の推進，コロナ禍等）をいち早く反映しているといえる。

（5）配属部門の特徴

　男女で職場における配属部門が異なることは，法律に抵触しない範囲内で行われている。厚生労働省（2016）によれば，各部門とも「男女とも配置」とする企業割合が最も高く，「人事・総務・経理」67.5％，「販売・サービス」72.0％，「企画・調査・報告」72.0％と7割以上であった。反対に「男性のみ配置（複数回答）」として「営業」44.6％，「生産，建設，運輸」40.7％が該当し，「女性のみ配置（複数回答）」は，「人事・総務・経理」28.2％，「販売・サービス」11.3％であった（図表1-4）。

図表1-3　産業別就職者の推移（大学）

（単位：人）

		計	農業, 林業	漁業	鉱業, 採石業, 砂利採取業	建設業	製造業	電気・ガス・熱供給・水道業	情報通信業	運輸業, 郵便業	卸売業, 小売業	金融業, 保険業
女子	2019	221,690	363	20	40	5,708	20,990	528	19,193	7,534	32,590	16,603
	2020	222,537	351	25	38	6,052	19,810	599	20,710	8,012	32,400	14,827
	2021	218,317	410	27	52	6,284	16,676	709	20,730	4,136	32,849	14,425
男子	2019	225,192	682	89	67	14,934	33,136	1,309	27,469	7,428	35,868	13,801
	2020	223,545	649	83	75	15,157	31,414	1,613	29,416	7,772	35,144	12,882
	2021	214,473	754	67	120	16,466	27,031	1,607	26,578	7,084	34,509	11,876

	不動産業, 物品賃貸業	学術研究, 専門・技術サービス業	宿泊業, 飲食サービス業	生活関連サービス業, 娯楽業	教育, 学習支援業	医療, 福祉	複合サービス業	サービス業（他に分類されないもの）	公務（他に分類されるものを除く）	左記以外のもの
女子	5,855	8,778	6,740	7,130	20,031	42,811	2,360	11,842	10,718	1,856
	5,680	9,018	7,252	7,224	19,940	42,757	2,108	12,783	11,023	1,928
	5,670	8,780	6,448	5,727	20,995	46,455	1,861	12,230	11,720	2,133
男子	8,463	9,668	4,105	4,932	12,547	13,775	2,570	15,215	16,332	2,792
	8,295	9,749	4,149	4,877	11,803	13,587	2,281	16,483	15,359	2,757
	7,653	9,463	3416	3,883	12,354	14,151	2,000	16,093	16,300	3,068

注：2019～2021年の女子の数値は，総数から男子の数値を差し引いたものである。
出所：文部科学省（2019～2021）「学校基本調査」等を基に筆者作成。

図表1-4　配属部門の特徴

	いずれの職場にも男女とも配置	女性のみ配置の職場あり（M.A.）	男性のみ配置の職場あり（M.A.）	女性のみ配置及び男性のみ配置の職場あり（M.A.）
人事・総務・経理部門	67.5	28.2	5.0	0.7
企画・調査・広報部門	72.0	7.3	21.1	0.3
研究・開発・設計部門	62.6	3.0	34.9	0.5
営業部門	53.8	1.8	44.6	0.3
販売・サービス部門	72.0	11.3	17.9	1.2
生産, 建設, 運輸部門	57.4	2.6	40.7	0.7

出所：厚生労働省（2016）。

　これらのことが示すのは，男性労働者の方が時間外労働が生じやすかったり，企業利益に貢献しやすいコースや部門に配属されており，結果として，残業代の支給や昇進・昇任による給与水準のアップを実現しやすいといえる。

2　少子高齢化社会から考える労働者不足への対応

（1）働く意欲のある高齢者の活用

　日本社会は，1970年に総人口に占める65歳以上の割合が7.0％を超え，高齢化社会へと足を踏み入れた。その後，1994年に14.0％を超え，高齢社会へと変化した。さらに，2007年には21.0％を超え超高齢社会へと突入した。

　1971年に，高齢化する社会の実情を踏まえ，「高年齢者等の雇用の安定等に関する法律」（高年齢者雇用安定法）が施行された。1986年には法律の一部が改正され，60歳定年が義務化された。その後，2013年に施行された高年齢者雇用安定法の改正によって，就業を希望する高齢者に対して65歳までの雇用の機会が設けられることになった。背景には，定年退職年齢が60歳であることに対して年金受給開始年齢が65歳であるため，労働者としての収入の見込みがなくなる空白の5年間を，働く意欲のある高齢者が働き続けられるようにしたいという思惑があった。

　かつて金融庁は，これからの高齢者は年金のみに頼らない生活を送るべきであり，退職した時点で2,000万円を確保しておく必要があると試算した報告書を公表した（金融庁 2019）。必要とする資金は，個々の状況により異なるが，退職後の家計経済への不安や生きがい等を理由に，短時間でも働きたい高齢者は一定数存在する。ただし空白の5年間における雇用の大半は，契約社員や嘱託社員，特任職員等という有期雇用である。そうなると，2020年に改正・施行された「パートタイム・有期雇用労働法」の適用対象となるわけだ。そのため，現役の頃（正規で働いていた頃）と比較して，給与が3分の1から半分程度に落ち込む場合もある。

　国立社会保障・人口問題研究所の試算によれば，2025年には，団塊の世代

（1947～1949年生まれ）と形容される，最も出生数が多い時期に生まれた世代が後期高齢者（75歳以上）になり，高齢化率が30.0％を超えると推計されている。様々な社会問題が出てくる中，高齢者に関する問題も多くなると考えられる。このような状況であることも手伝って，2021年には高年齢者雇用安定法が改正され，70歳までの雇用の確保が企業の努力義務となった。

（2）外国人労働者の活用

　日本社会の経済・社会基盤の持続可能性を確保するために，2018年に「出入国管理及び難民認定法及び法務省設置法の一部を改正する法律」が公布され，2019年4月に施行された。一定の専門性・技能を持ち即戦力として対応できる外国人を受け入れる制度として，（在留資格としての）「特定技能制度」が創設された。これまでも EPA により，貿易の自由化や人の移動等を受け入れていたが，「外国人技能実習制度」は，2017年に新たに施行された「外国人の技能実習の適正な実施及び技能実習生の保護に関する法律」により実施されている制度である。

　上記とは異なり「特定技能制度」は，在留資格が5年まで可能なことと，受け入れ機関または登録支援機関によるサポートが必要とされていること，また，受け入れの際，技能及び日本語能力を試験によって確認すること等の特徴がある。年齢は18歳以上であり，家族の帯同は基本的に認められていないが，特定技能2号のみ，要件を満たせば可能である（配偶者，子ども）。また「特定技能」をもつ外国人には，次のように2つの在留資格がある。

①　特定技能1号

　特定産業分野に属する相当程度の知識又は経験を必要とする技能を要する業務に従事する外国人向けの在留資格である。受入れ分野（特定産業分野）は14分野あり，以下のようにそれぞれ所管する省庁が異なる。

　　・介護分野（厚生労働省）

　　・ビルクリーニング分野（厚生労働省）

　　・素形材産業分野（経済産業省）

　　・産業機械製造業分野（経済産業省）

　　・電気・電子情報関連産業分野（経済産業省）

　　・自動車整備分野（国土交通省）

　　・航空分野（国土交通省）

　　・宿泊分野（国土交通省）

　　・建設分野（国土交通省）

　　・造船・舶用工業分野（国土交通省）

　　・農業分野（農林水産省）

　　・漁業分野（農林水産省）

　　・飲食料品製造業分野（農林水産省）

　　・外食業分野（農林水産省）

②　特定技能2号

　特定産業分野に属する熟練した技能を要する業務に従事する外国人向けの在留資格である。受入れ分野（特定産業分野）は，建設分野（国土交通省）と造船・舶用工業分野（国土交通省）の2つである。今後は，外国人の受入れをさらに拡大して，少子高齢化による労働者不足を解消することが期待される。

3　雇用均等・女性活躍に向けた法律

（1）男女雇用機会均等法の概要

　戦後，均等法は女性労働者に対して最も大きな影響を与えた法律だといっても過言ではない。1986年の施行以降，3回改正（1999・2007・2017年）され現在に至る。均等法は，1972年に施行された「勤労婦人福祉法」第2章に「雇用の分野における男女の均等な機会及び待遇の促進」という項目を新設し，さらに「勤労婦人」という文言を「女子労働者」に読み替えてできたものである。

　つまり勤労婦人福祉法を改正し，法律名を変えたというレベルのものだった。勤労婦人福祉法の目的は，女性が職業人として仕事を全うすることであり，その中に，既婚女性に対して仕事と家庭生活のバランスを保ちながら仕事をする

ように促す文言も存在した。以下では3回の改正のポイントを紹介する。

1）1986年施行の男女雇用機会均等法

　1986年施行の均等法の特徴は，努力義務規定と禁止規定があり，女性労働者にとって重要な項目が努力義務規定であるため，雇用環境の改善につながりにくかったことである。

　では，どのようなことが努力義務規定なのか。それは法律の条文に「…努めなければならない」と明記されており，ここでは募集・採用，配置・昇進についてであった。これらの項目は法律の効力を高めるため，（当時）労働大臣が指針を定めることができた。

　反対に禁止規定とは，法律の条文に「…してはならない」と明記されており，教育訓練，福利厚生，定年・退職・解雇についてであった。これらの項目は差別的取扱いが禁止されており，そのうち教育訓練・福利厚生の具体的範囲・内容を労働省令で定めることができた。

　そして法律の施行以降，大企業が中心となり，正規雇用の女性に対して「コース等で区分した雇用管理制度」いわゆる「コース別雇用管理制度」を適用した。これは従業員をコース等で区分した雇用管理のことである。典型的なコース別雇用管理とは，業務内容や転居を伴う転勤の有無などによって複数のコースを設定して，コースごとに異なる配置・昇進・教育訓練などの雇用管理を行うことである。

　コース別雇用管理制度は，女性のみに適用される場合が多い。主に2つのコースに分かれており，厚生労働省の定義に従えば，「一般職」は主に定型的業務に従事し転居を伴う転勤がない職種であり，「総合職」は基幹的業務または企画立案・対外折衝等の総合的な判断を要する業務に従事し，転居を伴う転勤がある職種である。これら2つに加えて「準総合職」「地域限定総合職」「エリア総合職」など，総合職に準ずる業務に従事し，原則一定地域エリア内のみの転勤がある職種や，「専門職」という，特殊な分野の業務において専門的業務に従事する職種もある（第2章参照）。

２）1999年施行の男女雇用機会均等法

主な改正点は３つである。

１つ目は，これまで努力義務規定だった募集・採用，配置・昇進が禁止規定となったことである。これらが禁止規定になったことで，雇用の平等を成し遂げる法律が整備されたことになる。

２つ目は，セクシュアル・ハラスメントを防止するための配慮義務が事業主に課されたことである。指針に詳細が定められているが，事業主が職場でのセクシュアル・ハラスメント対策・方針を明確化し，労働者に対して周知・啓発が義務づけられた。たとえばセクシュアル・ハラスメント防止に向けた内容を社内報やパンフレットに記載したり，就業規則にセクシュアル・ハラスメントに関する項目を規定するなどである。

３つ目は，ポジティブ・アクションの実施である。たとえば企業が男女平等を実現する上で支障となる状況を改善するため，国がその取り組み内容についての相談や援助を行うことができるようになった。また，男性労働者と比較して女性労働者が相当少ない分野では，労働者の募集・採用，配置・昇進において女性の優遇は法律違反にならないとした。

このように1999年施行の均等法において，これまでの努力義務規定が禁止規定になったことは大きな成果の一つといえる。

３）2007年施行の男女雇用機会均等法

2007年に施行された均等法の主な改正点は，①性別による差別禁止範囲の拡大，②妊娠・出産等を理由とする不利益取扱いの禁止，③セクシュアル・ハラスメント対策，④母性健康管理措置，⑤ポジティブ・アクションの推進，⑥過料の創設，の６つである。これらの中から注目すべき項目を３つみていこう。

まず①の性別による差別禁止範囲の拡大についてだが，これまでは「女性のみ」が対象だったが，改正後は「男女双方」になり，禁止の範囲も募集・採用，配置・昇進，教育訓練，福利厚生，定年・退職・解雇に加えて，降格，職種変更，雇用形態の変更，退職勧奨，雇止めが追加された。

次に，②の妊娠・出産等を理由とする不利益取扱いの禁止では，妊娠中・産

後１年以内の解雇は「妊娠・出産・産前産後休業などによる解雇でないこと」を事業主が証明しない限り無効となった。

③のセクシュアル・ハラスメント対策では，①とも関連するが，女性だけでなく男性に対するセクシュアル・ハラスメントも対象になったことである。そして「事業主が職場における性的な言動に起因する問題に関して雇用管理上講ずべき措置についての指針」を与え，事業主はセクシュアル・ハラスメントに対する対策をとらなければならないとした。

４）2017年施行の男女雇用機会均等法

2016年に改正され2017年１月に施行された均等法では，妊娠・出産等に関して上司・同僚からの就業環境を害する行為が無いようにするための防止措置義務が新たに追加された。具体的には「事業主が職場における妊娠，出産等に関する言動に起因する問題に関して雇用管理上講ずべき措置についての指針」である。主な内容は，事業主は，妊娠・出産等に関するハラスメントの内容を理解し，このような行為があってはならないことを周知・啓発し，相談窓口を設けること，また相談があった際は，迅速・適切に事後対応し，ハラスメントの原因や背景となる要因を解消できるようにすること等である。

（２）女性活躍推進法の概要

推進法は，2015年８月に成立し翌９月に公布され，2016年４月１日から全面施行されたが，これは10年間の時限立法（2026年３月31日に効力を失う）である。法律制定の目的は，働くことを希望する女性が職業生活上で個性と能力を十分に発揮できるように，環境を整備することである。

国は，事業主に対して「一般事業主行動計画」の策定を義務づけた（労働者規模301人以上）。行動計画の内容は，女性の職業生活上における活躍のための状況把握（女性採用比率，勤続年数の男女差，労働時間の状況，女性管理職の比率等），改善すべき事柄についての分析を行うことである。行動計画を策定し，都道府県へ届出を行った企業のうち，女性の活躍推進に関する状況などが優良な企業は，厚生労働大臣の認定（推進法第９条に基づく認定〔以下，えるぼし認

17

定」）を受けることができ，認定を受けた企業は，厚生労働大臣が定める認定マークを商品などに使用することが可能となる。

　この法律が施行された背景には，1990年代に明確になった少子化の進行（1.57ショック）と国内の労働者人口の減少，同時に進行している超高齢社会の到来，高齢者の年金財源確保のための現役労働者数の確保がある。労働者人口を増加させるためには，現在，育児等を理由に働いていない女性が，子育てと仕事を両立しやすい就業場所，労働形態等，何らかの取組を行うことで，彼女たちが労働者として社会に復帰できるようにする方策が必要になってきたからである。

　そして，2016年に法律が完全施行されてから3年後の2019年には，法律の一部を改正することとなった。改正内容は次の3点である。

　　①　「一般事業主行動計画の策定・届出」を義務化する事業所を，常時雇用する労働者が301人以上から101人以上に変更（2022年4月1日施行）。

　　②　301人以上の事業所には，女性の活躍に関する状況を把握する事項（①女性採用比率，②勤続年数の男女差，③労働時間の状況，④女性管理職の比率等）の公開について，これまでの1つ以上の公開から，2つ以上の公開に変更（2020年6月1日施行）。

　　③　女性の活躍を推進する企業に付与される認定マークに「プラチナえるぼし」を新設（2020年6月1日施行）。[3]

　特に「一般事業主行動計画の策定・届出」を義務化する事業所規模を101人以上に変更することは，女性の活躍にとって追い風になると考えられる。2003年に施行された「次世代育成支援対策推進法」において，男女労働者が仕事と育児を両立しやすいように職場環境を整備し，その行動計画の策定を義務づけして，「くるみん」という認定マークを作ったことで，女性の育児休業取得率が加速化した。仕事と育児を両立しやすい制度があり，かつ利用者が少しずつ増えだしたことで，利用者数は増加した。結果として，その制度を利用しやすい雰囲気づくりに貢献したと考えられる。

図表1-5　正社員とその男女比率

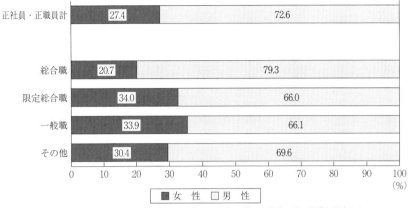

注：職種については，コース別雇用管理制度の有無にかかわらず，実質的に近い職種を調査した。
出所：厚生労働省（2022a）。

（3）男女雇用機会均等法・女性活躍推進法から考えられる問題点

　均等法や推進法が施行されたことで，女性が少しずつ働きやすくなってきたのは事実である。特に均等法の施行において，施行前には女性は公然と「職場の花」「潤滑油」と揶揄されていたことと比較すれば，建前上であるとはいえ職場の一員・同僚として認識され仕事ができるようになったことは，大きな前進だと考えられる。だが現実問題でいえば，そうでないことの方が多い。厚生労働省によれば，正社員・正職員の男女比は，女性27.4％，男性72.6％で，正社員の半数以上は男性である（図表1-5）。

　正規で働く男女を産業別にみると，女性は，「医療，福祉」（67.0％），「生活関連サービス業，娯楽業」（45.7％），「宿泊業，飲食サービス業」（44.0％）が多いのに対して，男性は，「運輸業，郵便業」（87.1％），「電気・ガス・熱供給・水道業」（88.1％），「建設業」（85.8％）が多い（図表1-6，次頁）。

　正社員として就職し，その後，正社員として働き続けることは，安定・安心した雇用の下で安定した生活を送ることができる可能性が高い。そういった点から考えると，女性の場合は，医療・介護という生活していく中で利用する可能性が高い産業（病院・介護・保育等），生活の中で必須ではないが，それがあ

図表1-6　男女及び職種別正社員・正職員の割合

	正社員・正職員計	女性	男性	総合職	女性	男性	限定総合職	女性	男性	一般職	女性	男性
総数												
10人以上	100.0	27.4	72.6	47.7	9.9	37.8	10.8	3.7	7.2	34.9	11.8	23.1
				(100.0)	(20.7)	(79.3)	(100.0)	(34.0)	(66.0)	(100.0)	(33.9)	(66.1)
鉱業，採石業，砂利採取業	100.0	14.3	85.7	20.4	2.0	18.4	11.6	0.4	11.2	66.1	11.6	54.5
				(100.0)	(9.6)	(90.4)	(100.0)	(3.3)	(96.7)	(100.0)	(17.6)	(82.4)
建設業	100.0	14.2	85.8	49.3	5.0	44.4	12.5	1.7	10.8	35.1	7.1	28.0
				(100.0)	(10.1)	(89.9)	(100.0)	(13.6)	(86.4)	(100.0)	(20.3)	(79.7)
製造業	100.0	24.0	76.0	44.0	8.0	36.0	8.9	2.3	6.6	40.3	12.1	28.2
				(100.0)	(18.2)	(81.8)	(100.0)	(25.4)	(74.6)	(100.0)	(30.0)	(70.0)
電気・ガス・熱供給・水道業	100.0	11.9	88.1	62.5	6.8	55.7	2.5	0.6	1.9	33.5	4.3	29.1
				(100.0)	(10.9)	(89.1)	(100.0)	(24.3)	(75.7)	(100.0)	(13.0)	(87.0)
情報通信業	100.0	25.2	74.8	75.9	18.3	57.5	9.5	2.3	7.1	13.5	4.2	9.3
				(100.0)	(24.2)	(75.8)	(100.0)	(24.8)	(75.2)	(100.0)	(30.9)	(69.1)
運輸業，郵便業	100.0	12.9	87.1	22.2	2.7	19.5	13.7	2.5	11.2	48.4	7.0	41.4
				(100.0)	(12.1)	(87.9)	(100.0)	(18.2)	(81.8)	(100.0)	(14.4)	(85.6)
卸売業，小売業	100.0	33.0	67.0	54.3	11.4	42.9	11.2	5.4	5.8	31.0	14.2	16.7
				(100.0)	(21.1)	(78.9)	(100.0)	(48.5)	(51.5)	(100.0)	(45.9)	(54.1)
金融業，保険業	100.0	41.6	58.4	69.0	18.6	50.4	16.6	13.1	3.4	11.4	8.7	2.7
				(100.0)	(27.0)	(73.0)	(100.0)	(79.2)	(20.8)	(100.0)	(76.5)	(23.5)
不動産業，物品賃貸業	100.0	34.5	65.5	65.1	16.3	48.7	6.9	3.2	3.7	25.4	14.2	11.1
				(100.0)	(25.1)	(74.9)	(100.0)	(46.7)	(53.3)	(100.0)	(56.2)	(43.8)
学術研究，専門・技術サービス業	100.0	23.5	76.5	67.5	10.7	56.8	11.2	4.5	6.7	19.1	7.8	11.3
				(100.0)	(15.8)	(84.2)	(100.0)	(40.3)	(59.7)	(100.0)	(40.7)	(59.3)
宿泊業，飲食サービス業	100.0	44.0	56.0	34.4	9.6	24.8	12.0	3.6	8.4	38.5	19.0	19.5
				(100.0)	(27.8)	(72.2)	(100.0)	(30.0)	(70.0)	(100.0)	(19.4)	(50.6)
生活関連サービス業，娯楽業	100.0	45.7	54.3	40.2	15.4	24.8	14.0	6.8	7.2	40.5	20.5	20.0
				(100.0)	(38.3)	(61.7)	(100.0)	(48.4)	(51.6)	(100.0)	(50.6)	(49.4)
教育，学習支援業	100.0	39.9	60.1	50.5	18.7	31.8	12.0	3.4	8.5	33.1	15.9	17.1
				(100.0)	(37.0)	(63.0)	(100.0)	(28.7)	(71.3)	(100.0)	(48.2)	(51.8)
医療，福祉	100.0	67.0	33.0	27.9	16.4	11.4	15.6	10.2	5.4	47.6	33.9	13.7
				(100.0)	(59.0)	(41.0)	(100.0)	(65.5)	(34.5)	(100.0)	(71.2)	(28.8)
複合サービス事業	100.0	—	—	—	—	—	—	—	—	—	—	—
		(—)	(—)	(—)	(—)	(—)	(—)	(—)	(—)	(—)	(—)	(—)
サービス業（他に分類されないもの）	100.0	28.1	71.9	44.2	11.1	33.1	9.5	3.3	6.2	36.6	11.1	25.5
				(100.0)	(25.1)	(74.9)	(100.0)	(34.8)	(65.2)	(100.0)	(30.3)	(69.7)

出所：図表1-5と同じ。

ると生活に潤いハリが出る産業（美容・エステ・エンタメ等）において，正規で働く者が多い。

　対して男性は，ライフラインといわれる生活していく上で必ず必要になる産業（電気・ガス・水道）や，ほとんどの人が利用する可能性の高い産業（鉄道・宅配・郵便・航空等）において，正規で働く者が多い。

　これらの結果から明らかなのは，均等法や推進法等の法律が施行され，性別に関係なく採用されているという建前上の現実があるが，実際，正規で働くという視点でみると男性の方が多く，さらにライフラインという老若男女を問わず，私たちが生活していくために必要な資源を提供する産業には男性が正規で採用されている割合が高い。

　そのような産業分野においては，もちろん企業間の差異はあるものの，男性を優先的に採用するという暗黙の規範があると考えられる。

　注
(1)　1950年には，統計法による指定統計第30号に指定され，さらに，2009年に全面施行された統計法では，基幹統計（全国的な政策を企画立案したり，実施する際，特に重要な統計を総務大臣が指定して，その旨を公示したもの）に指定された。他にも労働に関する統計（「就業構造基本調査」〔1956〜1982年までは3年ごと，1982年以降は5年ごと〕，「国勢調査」は5年ごと）はあるが，毎月，労働者の状況を把握する統計は，この調査になり，労働者の動向を詳細に把握することができる。
(2)　本書の趣旨から外れるので詳述は控えるが，コロナの影響による自殺者数の増加は，この件（雇用の変化）が大きいと考える。
(3)　「えるぼし」と「くるみん」の違いとして，えるぼしは，管理職における女性比率など，一定の基準から女性の活躍を推進していると認められる企業であり，くるみんは，一般事業主行動計画を策定・実施し，一定の基準から子育てをサポートしていると認められる企業である。「プラチナえるぼし」（新設）と「プラチナくるみん」は，えるぼしやくるみんに認定された企業の中でも高い基準を満たした企業に付与される認定マークである。

<table>
<tr><td>第 2 章</td><td>女性管理職は増加するのか</td></tr>
</table>

1　産業変化の歴史——産業分野の変化[(1)]

（1）戦後から1970年代の産業別変化

　本節では，戦後，日本社会における産業の変化を概観する（図表2-1）。その際，第一次産業・第二次産業・第三次産業というおおまかな分類後，時代背景を解説する。

　1945年，第二次世界大戦終戦後，労働者の中でも雇用者は1948年の1,274万人から徐々に上昇した。1953年には，1,660万人のうち，第一次産業が109万人，第二次産業が720万人，第三次産業が831万人であった。1953年には農林漁業が109万人，製造業が538万人，卸売・小売が273万人であった。雇用者数が2,000万人を超えたのは1957年であった。

　1955年から高度経済成長期が始まり，1960年は，雇用者2,370万人のうち，第一次産業が120万人，第二次産業が1,039万人，第三次産業が1,211万人であった。農林漁業が120万人，製造業が799万人，卸売・小売が449万人であった。

　1967年には，雇用者数は3,000万人を超え3,071万人になった。そのうち，第一次産業が69万人，第二次産業が1,376万人，第三次産業が1,626万人であった。農林漁業が69万人，製造業が1,057万人，卸売・小売が667万人であった。

　その後，1973年の第一次オイルショックをきっかけに高度経済成長期が終焉し，雇用者3,615万人のうち，第一次産業が47万人，第二次産業が1,583万人，第三次産業が1,985万人となった。農林漁業が47万人，製造業が1,203万人，卸売・小売が678万人であった。

　経済成長が停滞すると雇用者の増加が緩やかになり，4,000万人を超えるの

図表 2 - 1 産業別雇用者数の推移

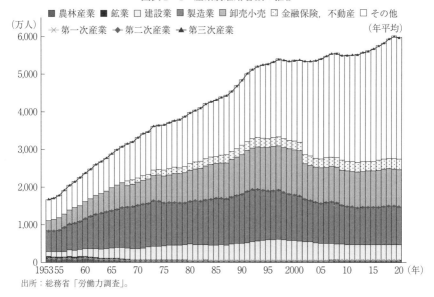

出所：総務省「労働力調査」。

は，1981年の4,037万人である。そのうち第一次産業が46万人，第二次産業が1,585万人，第三次産業が2,406万人であった。農林漁業が46万人，製造業が1,152万人，卸売・小売が848万人であった。

（2）戦後から1970年代の時代背景

1945年8月15日，日本はポツダム宣言を受諾し，GHQ による5大改革指令に基づき民主化を推進することになった。アメリカ主導の経済政策や1950年からの朝鮮戦争勃発による特需景気により日本企業は輸出が増加し，設備投資や技術革新を積極的に行った。その後，高度経済成長へと突入し，日本社会は好景気の波，いわゆる神武景気となった。神武景気は1955年から1957年まで続き，途中1年（1958年）のなべ底不況を経て，1959年から1961年までの岩戸景気，1962年から1964年までのオリンピック景気，1965年から1970年までのいざなぎ景気というように，この時期は好景気が続き，国民生活は多くの分野で様変わりした。

　高度経済成長期の工業は重化学工業である製造業が中心であり，大量生産，大量消費，オートメーション化による作業であった。オートメーション化されたことは，これまでの高齢熟練労働者から若年労働者へという変化をもたらした。若年労働者の中心は主に農村からの次男・三男であり，彼らは仕事を得るために太平洋ベルト地帯の都心部へと移動した。中心層は中学校を卒業したばかりの若年者であり，当時，中卒労働者は集団就職し「金の卵」といわれたのである。若くて活力ある労働力を低賃金で雇用し，製造業等のブルーカラーの仕事に就く人が多かった。

　ところが1960年代を過ぎると，経済状況が大きく変化した。社会・家庭の状況も同様だった。教育面でも変化が現れ，子どもに高等教育を受けさせようという親が増え，高校・大学への進学率が上昇した。特に高校への進学率は大幅に上昇し，1954年には50％，1965年には70％を超え，1969年には79.4％とほとんどが高校へ進学するようになった。進学率が上昇すると，これまで中卒労働者が就いていたブルーカラーの仕事は高卒労働者の仕事になり，求人状況が大きく変化した。求職難から求人難になり，労働者確保策として賃金が上昇したのである。

　労働力不足の背景には若年労働者不足があり，代替策として製造業を中心に主婦がパートで雇用されはじめた。当時の主婦の雇用状況は，家庭内で内職をしていた者が，内職工賃の低下などから近所の町工場に働きに出ていた。つまり，当時の主婦は，家庭内の内職作業従事者から家庭外の雇用労働者として，しかもパートという雇用形態で働きはじめたわけである。

　家庭生活も大きく様変わりした。家事労働を省力化したり，快適な生活を送るためのモノが発売され普及したのである。たとえば耐久消費財では，1955年に電気洗濯機・電気冷蔵庫・電気掃除機という「三種の神器」が，1966年には「新三種の神器」といわれる「3C」（カー・クーラー・カラーテレビ）が急速に普及した。これらの普及率を「消費動向調査」からみると，1957年には電気洗濯機・電気冷蔵庫・電気掃除機は，それぞれ20.2％・2.8％・該当数値なしだった。ところが1960年には40.5％・10.1％・7.7％，1965年には72.2％・

62.4％・41.4％，1969年になると88.3％・84.3％・62.6％と，電気洗濯機・電気冷蔵庫は，ほとんどの家庭に備えられたのが明白である。家事労働の省力化に貢献した製品は，電気洗濯機や食品保存を可能にした電気冷蔵庫であり，これらの普及が主婦の家事労働時間の軽減と余暇時間の増加をもたらした。その他，クリーニング，冷凍食品，レトルト食品，インスタント食品の発売（日清チキンラーメン，1958年）などがあり，「家事労働の社会化」がこの時期に進んだ。

　また人口の都市集中により，住宅の新設着工戸数は大幅に増加した。1955年には前年比15.6％（27万9,000戸）増だったが，1961年には前年比20％（54万3,000戸）増，1969年には前年比16％（140万8,000戸）増と大きく上昇した。

　このように，高度経済成長期には国民生活に大きな変化が生じた。人々は，人並みの生活を手に入れるために懸命に働き，そのことが日本の経済成長など多くの分野において様々な利益をもたらしたのであった。その結果，日本は1968年にGDP世界第2位という地位にのし上がり，世界のフロントランナーの一員となり，日本は追われる立場に変化した。

　だが，1973年10月，日本経済は第1次オイルショックにより戦後初のマイナス成長を記録し，狂乱物価を招いた。そのため企業は経営の合理化，減量経営，効率化が必至になった。オイルショックで影響を受けたのは石油化学系の産業が中心であり，石油の値段・資源などの価格が上昇した。また鉄鋼業・エネルギー多量消費型産業も同様であった。したがって，石油を多く使う産業は停滞を余儀なくされた。産業構造の転換が必要になったのである。低エネルギー産業が要請され，軽薄短小型産業や知識集約型の高付加価値産業では，労働力の必要性が急速に上昇した。

　各企業は減量経営の一つとして，人員削減（リストラ）を行った。たとえば，正規雇用者を削減したり，ビル清掃・警備などの仕事を外部委託したり，経営面で異業種参入，つまり多角経営を始めたりしたのである。

　1979年，第2次オイルショックがやってきたが，前回ほどの打撃は受けず，1980年代に入ると経済状況も落ち着いた。

（3）1980年代から1990年代終わりまでの産業別変化

　1980年代は，サービス経済化が進み始めた頃であり，特に第三次産業で働く労働者数は毎年約100万人ずつ増加した。サービス経済化とは，サービスの経済的価値が高まり，あらゆる経済主体，政府，企業，家計において，「モノ」から「サービス」へのシフトが生じることを意味する（永峰 1991：93）。1980年代は雇用者数がさらに増加し，バブル経済が崩壊した1991年の雇用者は5,000万人を超え5,002万人となり，第一次産業が43万人，第二次産業が1,842万人，第三次産業が3,117万人であった。農林漁業が43万人，製造業が1,357万人，卸売・小売が1,080万人であった。

　その後，日本社会は「失われた20年」といわれる時代になり，経済成長率も鈍化した。

（4）1980年代から1990年代終わりまでの時代背景

　前述したように，「サービス経済化」がいわれはじめたのも，この頃である。[2]サービス産業部門で雇用が増加し，さらに人手不足も手伝って，（解雇しやすい）非正規のパートが徐々に増加した。その中心層は既婚女性であった。

　またマイクロエレクトロニクスの普及により，企業活動は省力化・単純化した。特に第2次オイルショックあたりからの伸びが著しく，1980年代になるとさらに増加した。ME革命により，製造業では産業用ロボットを使用した作業の自動化・機械化が進み，労働力の節約が可能となった。同様に電子系産業もME革命を促し，同時に自動車や電気機械などの輸出に支えられて機械工業も発展した。

　新しい技術の導入により，これまで人が行ってきた熟練労働が機械化され，だからこそ，人にしかできない労働の需要が高まった。たとえば，対面販売，企画や交渉などがそうであり，第三次産業発展に向けての基盤がここに固まりつつあった。

　オイルショック後，産業構造は変化し，徐々に第三次産業の比率が高まった。製造業などのモノ作り産業は，モノのストックが可能であり，作業の流れも人

対モノなので調整しやすい。だが、サービス業や小売業などの第三次産業では、人を相手にする仕事のため、作業が毎日一定でなく曜日や時間帯により波がある。そのため繁忙時間の人員を増やしたり、そうでない時は最低限の人数で仕事をこなしたりと雇用調整が必要だった。

　1985年の「プラザ合意」成立後、日本は急激な円高に見舞われたが、1986年11月あたりから景気が上向き、岩戸景気やいざなぎ景気を上回った。これは「バブル経済」と呼ばれ、過剰生産、過剰投資が目立った動きでもあった。

　ところで、この時期の国民生活は、さらなる消費者ニーズの多様化・高級化が進行した。耐久消費財も高級志向となり、レジャーや海外旅行なども盛んになった。その他としてDCブランドブーム、大型車、高級車、大型テレビ、エアコン、全自動洗濯機などの購入が増加したのもこの時期である。背景には物価の安定、貯蓄の上昇、消費者ローンやクレジットカードの普及などがあった。

　しかし1991年のバブル経済の崩壊以降、日本はかつてないほどの低成長に長期間見舞われ、その期間は「失われた10年」と呼ばれた。経済成長率は落ち込み、株価や地価の下落、物価水準の低下を経験した。特に1993年秋には景気の落ち込みが激しく、「景気の谷」ともいわれた。経済の悪化は世間を暗いニュースばかりにした。リストラ、失業率上昇、モノが売れない、就職難など、1980年代の後半には想像すらできなかったような状態になった。またデフレーションも進行し、物価が断続的に低下した。

　人々は経済不況によるリストラや収入減により、モノの買い控え、単価の安い商品の購入という消費サイクルを繰り返すようになった。円高不況も進行し、総務省が統計を取り始めて以来、初めて物価が下がったのは1995年のことだった。また、この年は、阪神・淡路大震災による関西地方を中心とした不況、翌年のO157による一時的な個人消費の落ち込み、1997年4月の消費税3％から5％への値上げに伴う駆け込み需要とその反動、11月には大手金融機関の山一証券、北海道拓殖銀行などの破綻が相次ぎ、国民の信用不安をあおった。この年は戦後最悪の大不況に陥り、オイルショック時以来、実質経済成長率がマイナスとなった。翌年も同様にマイナスとなり、戦後初の2年連続マイナスの経

済成長となった。

（5）2000年代から現在（2022年）までの産業別変化

2000年代に入っても経済状況が上向く気配はみられず，雇用者が6,000万人を超えるのは，2019年（6,004万人）まで待たねばならなかった。そのうち第一次産業が67万人，第二次産業が1,427万人，第三次産業が4,510万人であった。この時期には，すでに第二次産業で働く者の3倍近くが第三次産業で働いていた。また農林漁業が67万人，製造業は1,016万人，卸売・小売は986万人であった。

2020年1月には，国内で新型コロナウイルスの感染者が発見され，その後，感染拡大を防止するための取り組みの影響もあり，雇用者は5,973万人に減少した。そのうち，第一次産業が65万人，第二次産業が1,407万人，第三次産業が4,501万人であった。

（6）2000年代から現在（2022年）までの時代背景

2000年代に突入しても，天災を含め社会問題が多く発生した。2000年には，老舗メーカーの雪印乳業による食品偽造が明らかになり，その後も，多くの食品会社の不祥事が取り上げられた。2001年にはアメリカで同時多発テロが起こり，世界中が大きな不安に襲われた。日本経済は，バブル経済崩壊後，経済の回復基調が未だみえない状態だった。[3]

当時，日本の銀行は多くの不良債権を抱えており，それを何とかしなければ経済再生の道はないとして，2002年に金融再生プログラムを発表した。社会状況としてはデフレがさらに進み，その結果，モノの値段が下がり給与も減少し，雇用も非正規が増加するという悪循環に陥っていた。

経済の供給力を引き上げる構造改革は，労働力，経営資源，資本，土地といった経済資源を，生産性の高い分野に振り向けることで日本経済の潜在成長力を高める。そのためのプログラムとして，政府が公共投資などで追加的な需要をつくり出すことが必要である。「成長力を引き上げる」という観点から，生

産性の低い部門から生産性の高い部門へ，資本や労働力などの資源を移動させることが重要なのである。

　また，発展途上国の追い上げや ICT 化が進む中，急速な技術進歩に適応できるシステムへの変革が求められてきたが，それがあまり進んでいないことも足かせとなった。

　2002年1月が景気の底となり，その後，景気は回復局面に移行した。企業は設備投資を積極的に行い，それが企業の雇用情勢の回復にもつながり，家計経済にもプラスの影響をもたらした。だがデフレは継続していた。景気回復の背景にはアメリカを中心とした世界経済の回復があり，日本としては輸出に頼る回復であった。引き続き，聖域なき構造改革の最重要な措置として，不良債権処理や過剰債務処理があり，当時，ダイエー，カネボウ，兼松等の「ゾンビ企業」といわれた企業は，企業再建・事業再生を行った。それは，企業を倒産させるのではなく，不採算部門の売却や人員削減等を通して企業を再建することによって処理しようとする手法である。この手法は，これまで企業で蓄積してきた資本ストック，人的資源，経営資源が，継続して活用されるという意味で重要である。

　2004年には，構造改革の一つとして郵政の民営化が閣議決定された。2005年には，個人情報保護法が施行された。その年，合計特殊出生率が過去最低の1.26になった。

　2006年には，日銀がゼロ金利を解除した。それは日本経済が，デフレ状態でありながら，景気回復が続くという過去に経験したことのない特殊な景気回復を成し遂げていたからである。景気が回復したといわれても，かつてのいざなぎ景気（1965〜1970年）当時には2ケタの成長率だったが，この時期は2.0%前後であることが大きく異なる点である。

　企業は，雇用・設備・債務の過剰な部分の解消を目指した。特に，雇用では積極的にリストラを進めた。その一環として，新卒採用者数の削減，早期退職等が実施された。また非正規を雇用することで人件費を削減したため，失業率の上昇にはつながらなかったが，家計経済が大きく潤うというわけではなかっ

た。

　2007年には郵政が民営化され，日本郵政グループが誕生した。その年，高齢化率が21％を超え，超高齢社会へと突入した。2008年秋以降，アメリカのリーマン・ブラザーズが破綻し，いわゆるリーマンショックに見舞われた。経済成長率がマイナス1.1％になった。景気悪化の最大の要因は，世界的な貿易の縮小により，自動車等の輸出が減少したことにあった。2009年の衆議院議員総選挙によって民主党政権が発足した。リーマンショックの影響を受け，日経平均株価がバブル後最安値を更新した（7,054円）。経済成長率はマイナス5.4％となった。2010年には，日本航空が経営破綻した。また参議院議員総選挙で自民党が勝利し，ねじれ国会状態になった。2011年3月11日の東日本大震災の発生により原発事故が発生するなど，深刻な被害が生じた。

　アメリカを中心とする世界経済は停滞していたが，2011年末からアメリカの雇用や消費に明るさが見えはじめ，2012年の初めには，欧州政府債務危機も欧州中央銀行の対応もあって懸念が薄らいだ。その年，第2次安倍政権が誕生し，戦後最長となる安倍政権の時代が到来した。

　安倍政権ではアベノミクスの「三本の矢」を掲げ，経済を好循環させるための様々な対策がとられた。2014年4月には消費税が8％に引き上げられた。その間，日本はかつてのように経済成長率の高い状況ではないものの，低成長ながらも経済成長期に入ったといわれた。2018年には，働き方改革関連法案が成立した。日本経済は，2012年末から緩やかな回復を続け，名目GDPも過去最大を記録した。

　また，女性や高齢者を中心に雇用者が増加し，賃上げも進んだことで，個人消費は持ち直した。2020年近くになると人工知能の発達により，雇用の機会が奪われることが話題になった。日本社会ではIT人材の不足が課題であることもあって，今後は，専門家以外の労働者も，人生100年時代を見据えた学び直しによって基礎的なIT技術を身に付け，機械では代替できない読解，分析，伝達等のスキルを伸ばしていくことが重要な課題といわれるようになったのもこの頃である。

　2020年になると，新型コロナウイルス感染症の拡大が働き方にも大きな影響を与えた。都市部を中心に，在宅勤務が少しずつ浸透した。人々の生活は，消費面において，EC（電子商取引）が進んだ。その反面，公的部門のIT化の遅れが明らかになった。

　同年9月に誕生した菅政権では，デジタル化を促進させるためにデジタル庁を発足させることが決定した。デジタル化を介して人々の働き方や暮らし方をより便利な方向へと変化させることが今後ますます必要であり，マイナンバーカードの普及等，まずは全国民に必要な行政手続きのデジタル化を進めるために，国をあげてあらゆる方策を実施している。

2　バブル経済の崩壊による働き方への影響

（1）日本経営者団体連盟の「新時代の『日本的経営』」による指針

　日本社会では，1991年にバブル経済が崩壊した後，雇用システムも徐々に変化した。景気の回復基調がみえてこない1995年に，日経連（日本経営者団体連盟，現・日本経済団体連合会〔経団連〕）の新・日本的経営システム等研究プロジェクトは，「新時代の『日本的経営』」を発表した。その内容をみると，2022年時点からみて20年以上も前に表明された内容であるにもかからず，日本社会における雇用情勢は，当時の指標から大きく外れることなく推移していることに，ある種の驚きを隠せない。以下，内容を確認していく。

　日本社会が戦後，焼け野原から短期間で復興を成し遂げたのは，独自の仕組みがあるといわれている。それは，日本的経営の三種の神器といわれる終身雇用・年功賃金・企業別組合を指す。学校卒業後，入社した企業で定年まで正規で働き続け，その間，給料はゆっくり上昇し定年退職するというのが一般的な（男性の）働き方だった。要は入社した企業で生涯勤め上げ，その間，リストラされる不安はあまり感じず定年退職し，退職金で悠々自適な生活を送るのである。そういったパターンは高度経済成長を経て，その後，バブル経済が崩壊した1991年あたりまでのことである。日本企業は業績悪化を改善する策の一つ

として，リストラを行い人員整理した。その後，日本企業における人材採用活動は，これまでの日本的経営といわれたものがそのまま継続されることはなくなった。その際，大いに参考にされたのは，日経連が発表した「雇用ポートフォリオ論」（新・日本的経営システム等研究プロジェクト編著 1995）である。その中で今後，変えてはいけない基本的理念として「人間中心（尊重）の経営」「長期的視野に立った経営」を指摘した。

　人間中心（尊重）の経営とは，人間関係を経営の基本哲学として，雇用の維持に最大限努力し安定的な労使関係をもたらす理念である。長期的視野に立った経営は，事業計画，設備投資，人材育成など長期志向の経営姿勢は長期継続雇用の上に成り立つものであり，日本企業の長所である。そこで提案されたのは，雇用者を「長期蓄積能力活用型」「高度専門能力活用型」「雇用柔軟型」という 3 つに分けて採用・活用するものである（図表 2 - 2）。

　まず「長期蓄積能力活用型グループ」とは，正規社員といわれる人たちであり，終身雇用制を適用する。事業主側も積極的に自己啓発も包括して能力開発を行い，基幹労働力としての人材育成を行う。処遇は職務・階級に応じて考える。

　次の「高度専門能力活用型グループ」とは，企業の抱える課題解決に関する専門的で熟練した能力を有する人たちを指し，期間を限定した雇用である。Off-JT を中心に能力開発を行い，自己啓発の支援を行う。処遇は年俸制にみられるように，成果と処遇を一致させる。

　「雇用柔軟型グループ」とは，職務に応じて定型的業務から専門的業務まで様々な業務を遂行する人たちである。ほとんどが非正規として雇用され，必要な期間のみこなす労働力として求められる。給与は時給制が多く，時給の上昇は年間数十円程度が多い。

　各企業が，どのグループに重点をおいて雇用創出するかには差異がある。この提案が発表された当時は，バブル崩壊後の雇用が不安定な時期であり，その後，日本経済は高度経済成長期ほどの回復はしていない。1995年当時に日経連が提案した内容は現在でもそのまま活用できる状態である。

図表2-2　企業・従業員の雇用・勤続に対する関係とグループ別にみた処遇内容

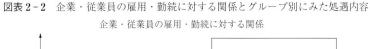

企業・従業員の雇用・勤続に対する関係

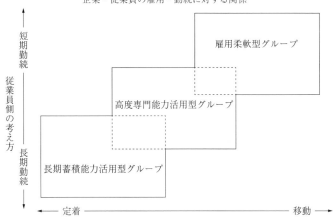

注：(1)　雇用形態の典型的な分類。
　　(2)　各グループ間の移動は可。

グループ別にみた処遇の主な内容

	雇用形態	対　象	賃　金	賞　与	退職金・年金	昇進・昇格	福祉施策
長期蓄積能力活用型グループ	期間の定のない雇用契約	管理職・総合職・技能部門の基幹職	月給制か年俸制職能給昇給制度	定率＋業績スライド	ポイント制	役職昇進職能資格昇格	生涯総合施策
高度専門能力活用型グループ	有期雇用契約	専門部門（企画，営業，研究開発等）	年俸制業績給昇給なし	成果配分	なし	業績評価	生活援護施策
雇用柔軟型グループ	有期雇用契約	一般職技能部門販売部門	時間給制職務給昇給なし	定率	なし	上位職務への転換	生活援護施策

出所：新・日本的経営システム等研究プロジェクト編著（1995：32）。

（2）メンバーシップ型雇用とジョブ型雇用

　バブル経済崩壊後の日本社会は，先にみたような「新時代の『日本的経営』」が現実社会で実践され続けている中，2020年初頭から，新型コロナウイルスの影響により，これまで社会の中で当然とされたものを，改めて見直す空気が漂

った。日本社会の継続的な成長に対して大きな期待を抱きにくい中，日本社会独特の働き方，つまり日本的経営といわれるものについても，これまで多く議論されてきた。

　ここにきて，メンバーシップ型と表現される従来の日本社会に特徴的な，人の採用に重きを置くこれまでの働き方を継続するのか，それともジョブ型といわれるような専門職的な働き方に変化するのかは，しばしば社会的課題として取り上げられる。

　では，メンバーシップ型・ジョブ型とは，どのような働き方を指すのか。メンバーシップ型・ジョブ型の名付け親とされるのが，濱口桂一郎である。濱口は「日本型雇用システムにおける雇用は，職務ではなく，メンバーシップ契約である」と述べ（濱口 2009：4），「メンバーシップの維持に最重点がおかれるので，その入り口と出口における管理が必要」（濱口 2009：8）であると述べている。言い換えれば，企業への入社つまり採用を厳選して行い，入社後は社内での和を乱さないように職業生活を送り，退職時には退職金をもらって円満に退職するということだ。

　メンバーシップ型とは，官民を問わず日本企業の特徴として指摘されており，人を採用，つまり，その人の個性や人となりで採用するというものである。つまり，どのような仕事ができるのかではなく，その人自身の経歴（学歴），仕事への意欲等を総合的に判断して採用し，仕事における技量は，入社後，教育訓練，研修等で身に付けさせるのである。

　西尾隆によれば，「人に軸を置く日本の雇用慣行では，職員は組織の一員として安定した地位を与えられる反面，異動や転勤，業務の内容や量については受け身の姿勢を強いられる職員の立場からいえば，定年までの身分保障と安定した地位と引き換えに，あらゆる職務を断らず，転勤を含むいかなる業務命令にも従うという契約」（西尾 2020：51）であるという。

　ジョブ型とは，人というよりもどのような仕事ができるのかという職務能力で採用する。また職務内容は事前に明確に示されており，その仕事を不備なく行うことを求められる。日本では主に専門職として採用される場合が，それに

該当してくる。専門能力を求められるため，新卒での採用もあるが，それ以上に中途採用が多い。

　さらに追加的な項目として，鶴（2016：32）は，日本の正規雇用者には「職務，勤務地，労働時間（残業の有無）が事前に定められていない」という「無限定」という視点が必要だという。さらに将来，職種・勤務地の変更，残業などの命令があれば，基本的に受け入れなければならないという「暗黙の契約」が上乗せされているという。

3　コース別雇用管理制度からみる男女の割合

（1）コース別雇用管理制度

　日本の企業は，メンバーシップ型をベースとしながら，長期間継続雇用することを前提に採用する，総合職を中心とした人材採用・育成を行っている。日本社会は，戦後の焼け野原からその景色を一掃するように，大復興を成し遂げた。これは，別名，企業中心社会，経営家族主義，日本的経営等，日本社会におけるイエ社会，ムラ社会等と表現される社会意識，社会構造をベースにした企業のあり方である。古くからのイエのあり方を考えれば相違ないが，そのシステムの中で労働者として考えられていたのはあくまで男性であり，一家を養うために働く男性であった。女性はといえば，労働者として考えられたのは一部の職種だけであった。

　戦後の日本社会に限定して考えれば，戦後は自営業や職住近接が可能な農業を生業としている家庭が多かったが，その後，主流となる産業は製造業になり，やがて経済のサービス化が進み，そして情報化社会へと変化していった。

　戦後，急速に復興したのは，このように男性中心に企業社会を回していったからである。つまり，そのシステムが今の企業社会に根付いているということだ。象徴的なこととしては，企業の新卒採用にそのことが表れている。たとえば「コース別雇用管理制度」といって，総合職・一般職という採用区分がある。あくまでコースに分けた採用としているが，企業の中で主軸として働くのは総

合職であり，ここに男性が多く採用されている。こういった仕組みは，男性を基本として組まれたものであるため，それから外れるような行動は企業社会から外されてしまう。

　では，コース別雇用管理制度（コース等で区分した雇用管理制度）とは，大企業でよく行われている，正規の女性従業員をコース等で区分した雇用管理のことである。「典型的なコース別雇用管理」とは，業務内容や転居を伴う転勤の有無などによって複数のコースを設定して，コースごとに異なる配置・昇進・教育訓練などの雇用管理を行うことである。具体的には「一般職」と「総合職」に職務を分け，「一般職」は事務職をはじめとした補助的労働で転勤がなく，「総合職」は営業をはじめとした基幹的業務を行い転勤があることとした。

（2）コース別雇用管理制度による男女の実態

　厚生労働省はコース別雇用管理制度を企業が実施する際，男女で異なる取り扱いをする事例が多くみられることから，その実態を把握するため2001年に初めて「コース別雇用管理制度の実施状況と指導状況について」という調査を行い，その後も不定期に継続実施している。2001年の調査によれば，コース別雇用管理制度を導入した時期は1985年までが9.8％，1986年から1998年が67.0％，1999年以降は19.1％であり，半数以上の企業が1986年施行の均等法をきっかけに制度を導入していた。総合職に占める女性の割合は2.2％（2000年10月現在）と，ほとんどいない状態だった。

　2022年時点では，厚生労働省（2022a）によれば，正規における女性の割合は27.2％，男性は72.8％と約3割程度が女性であった（図表2-3）。基幹業務をこなす「総合職」は，女性が20.7％，男性が79.3％であり，企業の中で中心となって働くのは男性であることが一目瞭然である。

　では，新卒者を採用する際はどうなのだろうか。2020年3月卒業の新規学卒者を採用した企業の状況を確認すると，男女とも採用した企業が43.1％と半数近くであった（図表2-4）。採用区分ごとにみると，総合職は，「男女とも採用」が45.2％，「女性のみ採用」が13.0％，「男性のみ採用」が41.8％であった。

図表 2-3　正社員・正職員の男女比率の男女比率

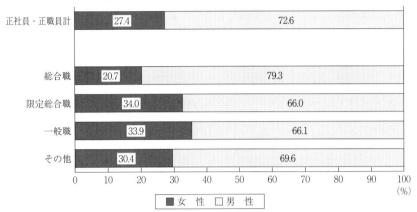

注：職種については，コース別雇用管理制度の有無にかかわらず，実質的に近い職種を調査した。
出所：厚生労働省（2022a）。

図表 2-4　採用区分・採用状況別企業割合

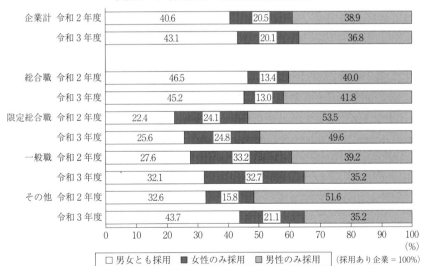

注：採用区分については，コース別雇用管理制度の有無にかかわらず，実質的に近い採用区分を調査した。
出所：図表 2-3 と同じ。

この結果から明らかなのは，女性を採用すること自体は，均等法・推進法の施行や社会的な機運等もあり行われているが，企業の中で中心となって働く総合職の採用となると，「男性のみ採用」がいまだに４割近くもある状況であった。女性が企業の中で重要な戦力として働くということに，いまだ至らない企業があることがこの数値からみてとれる。

4　女性管理職の現状

（1）女性管理職はなぜ必要か

　女性活躍の象徴とされるのは，企業等で活躍する管理職の女性だろう。厚生労働省（2022a）によれば，課長相当職以上の管理職に占める女性の割合（女性管理職割合）は12.3％と１割弱である。

　女性管理職を増やすためには，まず入口である新卒を含めた女性の採用を増やすことである。さらにいえば，基幹業務をこなす総合職の女性が増加することで，管理職候補となる女性増につながるのである。

　なぜ，女性管理職を増やす必要があるのか。それは，グローバル社会・ダイバーシティ（多様性）社会を目指す今日，企業業績を向上させるには，ほぼ男性のみの職場よりも，女性社員比率が高かったり女性管理職割合が高い企業の方が企業業績がよいという研究が多数報告されているからである（児玉　2004；山本　2014等）。

　また女性が活躍するためには，女性労働者を増やすだけでなく発言権のある立場にいる女性がどのくらいいるのかが重要であり，かつて安倍政権時代に2020年までに女性管理職を３割にするという大きな目標を掲げられたが，2015年にはその目標値が変更された。その３割の意味は，カンターの「黄金の３割理論」というものであり，組織を構成する人員の30％を少数派が占めると，意思決定に影響力をもつようになるというものである（カンター　1977＝1995）。ただ現状でいえば，日本企業において女性管理職の割合は12.3％と１割程度であり，３割になるまでには相当時間がかかると考える。筆者は，管理職になる

女性を増やすためには，次のような複合的な対策が必要だと考える。

① ポジティブ・アクションの実施（クオータ制等）⁽⁴⁾

② 正規，非正規の賃金格差を是正する法律

③ 入社段階で，管理的業務をする総合職（一部は，一般職からコース変更して総合職へ昇進し，その後，管理職になるものもいる）の女性を増やすこと

④ 入社段階から，昇進意欲のある女性，または昇進してもよいと考える女性への，性別により内容が異ならない研修，声かけ（上司の対応，会社の対応）

⑤ 妊娠，出産という女性が生物として，背負う身体の変化によって，これまでの職務をこなすのが難しくなった場合，一時的にでも仕事の変化に対応できるよう労働環境を整備する

⑥ 育児や介護による仕事への影響をお互い様意識で支え合えるような職場の風土，雰囲気づくり

（2）日本における女性管理職はなぜ少ないのか

管理職とは誰のことを指すのか。管理職の定義はいくつかあるが，代表的なものを3点紹介する。

1点目は，労働基準法における定義（管理監督者）である。これは，2008年に「マクドナルドの名ばかり管理職問題」として，社会的に話題になったものである。2008年1月，東京地裁は日本マクドナルドに対して，「店長を管理監督者（以下，管理職）として扱い，残業代を支払わないのは不当である」として，2年間の未払い残業代や慰謝料など約755万円の支払いを命じたことである。

私たちは一般的に「店長」と聞けば，管理職であると思いがちである。だが実際には，各企業での役職名（店長，副店長，課長，主任，主査など）と法律で管理職とされるものには隔たりがあり，いくつかの条件をクリアしなければ管理職として定義されない。

　では管理職とは，どういった立場・役職の人を指すのか。管理職の要件は「部長，工場長など労働条件の決定その他労務管理について経営者と一体的な立場にある者で，名称にとらわれず実態に即して判断すべきもの」である。管理監督者として定義されるには，以下の３つの条件が必要である（日本マクドナルドの問題において，東京地裁が「管理監督者（労働基準法上の）」の定義として掲げた３つの条件）。

　　① 権限と責任

　　　　職務内容や職務遂行上，経営者と一体的な立場にあり，重要な職責と責任があるだけでなく，部下の労務管理や人事権など実態が伴うこと。

　　② 勤務様態

　　　　出社，退社など勤務時間について本人に裁量権があること。

　　③ 待　　遇

　　　　基本給，役職手当，賞与の額などについて一般の従業員よりも優遇されていること。少なくとも時給計算した際に，残業をした部下より時給単価が高いこと。また，職務の重要性に見合う手当が支給されていること。

　これら３つの条件をすべて満たせば，管理監督者になりうる。管理監督者になれば法定労働時間に縛られることがなく，労働時間・休憩・休日の規定が適用されない。裏返せば，いつ，何時間働いても残業代は支給されないのである（深夜業での割増賃金の支払いと年次有給休暇の取得は適用される）。

　日本マクドナルドの場合，管理職とは名ばかりで，実態は店舗責任者として労務管理や店舗運営をする立場であるとした。３つの条件が適用されず役職名がついているだけなら，法律上は管理監督者にはならず，残業代支払いの対象者となる。

　２点目は，「労働力調査」（総務省）における定義（管理的職業従事者）である。ここでは，「就業者のうち，会社役員，企業の課長相当職以上，管理的公務員等をいう」としている。

　３点目は，「雇用均等基本調査」（厚生労働省）における定義（管理職等）で

図表2-5　就業者及び管理的職業従事者に占める女性の割合（国際比較）

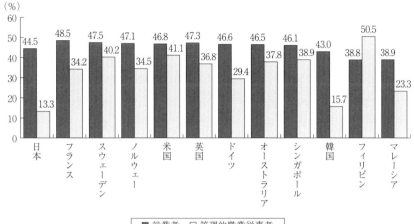

注：(1)　総務省「労働力調査（基本集計）」（令和2年），その他の国はILO "ILOSTAT" より作成。
　　(2)　日本，米国，韓国は令和2（2020）年，オーストラリアは平成30（2018）年，その他の国は令和元
　　　　（2019）年の値。
　　(3)　総務省「労働力調査」では，「管理的職業従事者」とは，就業者のうち，会社役員，企業の課長相
　　　　当職以上，管理的公務員等。また，「管理的職業従事者」の定義は国によって異なる。
出所：内閣府男女共同参画局（2021）。

ある。ここでは，「企業の組織系列の各部署において，部長，課長，係長等配
下の係員等を指揮・監督する役職のほか，専任職，スタッフ管理職等と呼ばれ
ている役職を含む」としている。

　これらの定義に照らし合わせると，日本の管理職は少ないといわれ続けてい
るが，その背景には様々な要因がある。図表2-5をみると明らかだが，国際
比較をした場合，欧米諸国は女性の管理職比率が高く，日本・韓国というアジ
ア圏の一部の国は低いが，同じアジア圏でもフィリピンやシンガポールは女性
管理職率が高い。

　この理由としてよく挙げられるのが，日本・韓国が儒教文化圏にあるという
点である。儒教思想といってもその意図する内容はあまりにも多すぎるが，女
性管理職が少ないという点で考えると，小島（2017：280）が言及する次の点に
該当すると考えられる。

　「儒教では男尊女卑を説いており，『易』では陰陽思想を男性原理・女性

　　原理との対立・調和で捉えるなかで，天を男，地を女とみなし，天地の位
　　置を両性の地位の上下関係として理論化したという。また宋代以降の儒教
　　は，女帝を認めておらず，理由は，男尊女卑を唱えられているため女性君
　　主に男性士大夫が仕える状態は，礼に反するからという。」

　簡単にいえば，男性が上，女性が下という考えがあるため，女性の上司はこ
の考えに反する。この考えは，私たちの意識にあらゆる分野において，相当根
強く根づいていると考えられる。

（3）日本の管理職

　日本の管理職は，諸外国と比較して相当少ないということは，先に述べた通
りである。その背景には，管理職に昇進する可能性のある「総合職」「スタッ
フ」等として採用区分されている層の中に，そもそも女性が少ないからである。
「雇用均等基本調査」で課長相当職以上の女性管理職の割合を産業別にみると，
「医療，福祉」（48.2％）が最も高い。次いで「生活関連サービス業，娯楽業」
（24.3％），「宿泊業，飲食サービス業」（22.3％），「教育，学習支援業」
（19.8％）と続く（図表2-6）。このように，「医療，福祉」は半数近くであるも
のの，他の産業は多くても2割前後が多い。3割への道は程遠いことが明白で
ある。

（4）男女共同参画社会における女性管理職相当の指標

　内閣府は様々な分野における管理職を「指導的地位」として定義し，①議会
議員，②法人，団体等における課長相当職以上の者，③専門的・技術的な職業
のうち特に専門性が高い職業に従事する者，の3つに分類している（男女共同
参画会議閣議決定〔2007年2月14日〕）。具体的にみると，国会議員（衆議院・参
議院），大臣・本省課室長相当職以上の国家公務員，国家公務員採用者（Ⅰ種試
験等事務系区分），国の審議会等委員，都道府県議会議員，都道府県知事，都道
府県における本庁課長相当職以上の職員，管理的職業従事者，民間企業（100
人以上）の課長相当職以上，農業委員，高等学校教頭以上，大学講師以上，研

図表2-6　産業別女性管理職の割合

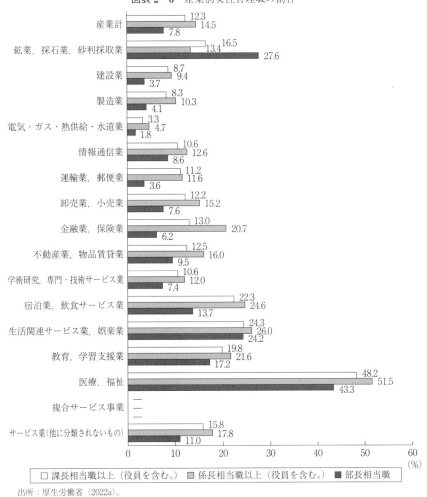

出所：厚生労働省（2022a）。

究者，医師，歯科医師，薬剤師，獣医師，弁護士，公認会計士のことを指す。

　指導的地位には誰もが就くわけではなく，仕事・地域活動・専門的な研究などをするといった何らかの形で社会貢献をしている人たちであるともいえる。また大学の教員は，常勤教員の講師以上が対象になる。

　図表2-7（次頁）をみると，指導的地位に占める女性の割合の中で，最も多

図表 2 - 7　各分野における「指導的地位」等に占める女性の割合

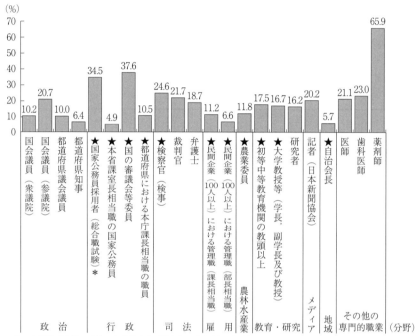

注：内閣府「女性の政策・方針決定参画状況調べ」（平成30年度）より一部情報を更新。
出所：内閣府男女共同参画局（2021）。

いのは「薬剤師」で65.9％と半数以上を占め，「国の審議会等委員」が37.6％，「国家公務員採用者（総合職試験）」が34.5％と続く。

　内閣府は，第 5 次男女共同参画基本計画（2021年12月25日閣議決定）において，指導的地位に占める女性の割合を「20年までに少なくとも30％程度に」とする目標から「2020年代の可能な限り早い時期に指導的地位に占める女性の割合が30％程度となるよう取り組む」と実現を先送りにするような修正を行った。

　このように，国が目標を立てても現実にはなかなか到達せず，挙げ句の果てには目標の変更をするというやる気のない状況である。その結果の象徴となるのが，政治分野における女性の少なさである。

5　政治分野の男女格差

（1）ジェンダーギャップ指数

　人口の半分は女性であるが，社会の中のあらゆる分野において男女半分ずつで人員構成されているという分野はほとんどないであろう。世界経済フォーラム（World Economic Forum：WEF）では，2022年7月に，「The Global Gender Gap Report 2022」を公表した。男女格差を測る指数（ジェンダーギャップ指数〔Gender Gap Index：GGI〕）は，「経済」「政治」「教育」「健康」という4つの分野で構成されている。具体的には次の4つの分野のデータから構成されており，その値が「1」が完全平等になり「0」が完全不平等になる。

①　経済分野
- ・労働参加率の男女比
- ・同一労働における賃金の男女比
- ・推定勤労所得の男女比
- ・管理的職業従事者の男女比
- ・専門・技術職の男女比

②　教育分野
- ・識字率の男女比
- ・初等教育就学率の男女比
- ・中等教育就学率の男女比
- ・高等教育就学率の男女比

③　健康分野
- ・出生時男女比
- ・平均寿命の男女比

④　政治分野
- ・国会議員の男女比
- ・閣僚の男女比

図表2-8　ジェンダーギャップ指数（2022）
上位国及び主な国の順位

順位	国名	値	前年値	前年からの順位変動
1	アイスランド	0.908	0.892	―
2	フィンランド	0.860	0.861	―
3	ノルウェー	0.845	0.849	―
4	ニュージーランド	0.841	0.840	―
5	スウェーデン	0.822	0.823	―
10	ド　イ　ツ	0.801	0.796	↑1
15	フランス	0.791	0.784	↑1
22	英　　　国	0.780	0.775	↑1
25	カ　ナ　ダ	0.772	0.772	↓1
27	米　　　国	0.769	0.763	↑3
63	イ　タ　リ　ア	0.720	0.721	―
79	タ　　　イ	0.709	0.710	―
83	ベ　ト　ナ　ム	0.705	0.701	↑4
92	インドネシア	0.697	0.688	↑9
99	韓　　　国	0.689	0.687	↑3
102	中　　　国	0.682	0.682	↑5
115	ブルキナファソ	0.659	0.651	↑9
116	**日　　　本**	**0.650**	**0.656**	**↑4**
117	モルディブ	0.648	0.642	↑11

出所：内閣府男女共同参画局（2022：11）。

・最近50年における行政府の長の在任年数の男女比

　図表2-8をみると，日本は146カ国中116位で，先進国の中では継続して低いスコアである。また日本は4つの分野の中でも「経済」と「政治」分野のスコアが低く，「経済」は146カ国中121位，「政治」は146カ国中139位と男女格差が深刻な状態である（図表2-9）。

　ジェンダーギャップ指数が明らかにした日本社会の中のジェンダー問題の中でも，国を動かす政治分野において女性が参画できていないことは大きな問題だと考えられる。そして同じように経済分野においても，企業で考えた場合，企業の人事・計画・事業方針等について意見を述べる機会がある管理職に女性が少ないのは，女性の声が反映されにくいことにもつながる。もちろん女性であるというそれだけの理由で，多くの女性の意見を代弁できるというわけではないが，女性という生まれながらの性別によってもたらされる様々な社会的経験や文化に基づく経験は共有できると考える。

（2）政治分野における女性の活躍

　先にみたように，継続した女性の政治分野における参画がかなり遅れている現状に鑑み，2018年に，「政治分野における男女共同参画の推進に関する法律」が施行され，その後2021年6月に改正法が施行された。改正法では，家庭生活との両立支援のための体制整備（議会における妊娠・出産・育児・介護に係る欠席事由の拡大等），セクハラ・マタハラ等への対応に関して「努めるものとす

図表2-9　G7各国のジェンダーギャップ指数

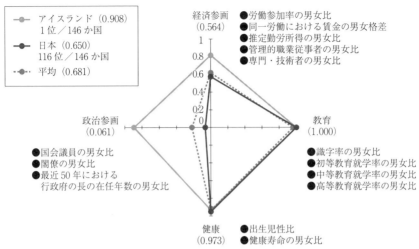

注：(1)　世界経済フォーラム「グローバル・ジェンダー・ギャップ報告書（2022）」より作成。
　　(2)　スコアが低い項目は朱字で記載。
　　(3)　分野別の順位：経済（121位），教育（1位），健康（63位），政治（139位）。
出所：内閣府男女共同参画局（2022：12）。

る」という努力義務を示す表記から「ものとする」という表記に改められた。
　この法律が施行された目的は，「政治分野における男女共同参画を効率的か
つ積極的に推進し，男女が共同して参画する民主政治の発展に寄与すること」
だとされている。背景には，政治分野における女性の候補者が少ないことがあ
げられると考えられる。候補者が少なければ，当選者も少なくなり，結果とし
て，国の政策決定場面に関わることができる女性は相当少なくなるということ
だ。政治分野では，比較的年齢の高い男性が総理大臣をはじめとした各大臣に
おいても「幅をきかせている」のが現状だ。そのため，衆議院・参議院及び地
方議会の選挙において，男女の候補者数ができる限り均等になることを目指す
等を基本原則とした。
　図表2-10（次頁）をみると，衆議院・参議院議員総選挙における候補者・
当選者に占める女性の割合の推移は，2015年前後から候補者・当選者ともに上
昇傾向にあり，当選者は1割から2割程度とかなり低いものの少しずつ政界分

図表 2 - 10　衆議院・参議院議員総選挙における候補者・当選者に占める女性の割合の
　　　　　　　推移

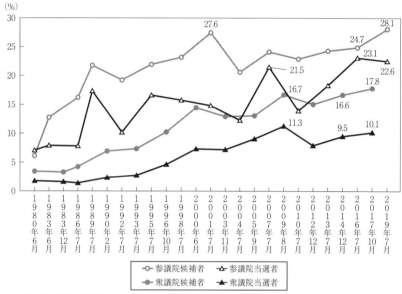

資料：総務省「衆議院総選挙・最高裁判所裁判官国民審査結果調」「参議院議員通常選挙結果調」より作
　　　成。
出所：内閣府（2021b）。

野への進出が進んでいる。

　過去の数値と比較すれば大きく上昇しているといえるが，なぜ進まないのか，
そのヒントになりうることを，以下の調査からその実情を確認したい。コーエ
イリサーチ＆コンサルティング（2021）では，議員への立候補を断念した女性
と，当選した女性とを比較して，その違いを明らかにしている。

　立候補を断念した女性と議員女性の立候補の理由の上位 5 項目を比べると，
「議員や首長となり課題を解決したいという使命感」「国政や地方政治に，女性
の声を反映させるため」は共通する理由であるが，それ以外は異なっていた。

　特徴としては，議員女性の「政党や所属団体からの要請」が55.2％，「地元
からの要請」が37.4％，「政治家からの後継の要請（声掛け）」が26.4％，つま
り自身が議員へと立候補したいという気持ちだけでなく，外部からの要請，期

図表 2 - 11　立候補の理由　上位 5 項目（立候補検討者，議員別）

順位	立候補断念女性		議員女性	
	項　目	（%）	項　目	（%）
1	議員や首長となり課題を解決したいという使命感	69.6	議員となり課題を解決したいという使命感	86.4
2	国政や地方政治に，女性の声を反映させるため	61.5	地方政治に，女性の声を反映させるため	78.1
3	マスメディアやソーシャルメディアの情報から，政治家になりたいという気持ちが育まれたため	41.3	政党や所属団体からの要請	55.2
4	学校教育を通して，政治家になりたいという気持ちが育まれたため	40.1	地元からの要請	37.4
5	政治塾や模擬議会，政治参画に係るシンポジウム等に参加したことをきっかけに	34.2	政治家からの後継の要請（声掛け）	26.4

出所：コーエイリサーチ＆コンサルティング（2021）。

待があるからこそ立候補しようと考えたであろうし，また，そのことが議員になることに対して背中を押したと考える（図表 2 - 11）。

　立候補を断念した女性とは，この「要請のあるなしが重要」であり，自身が議員や首長になって社会問題，社会課題を解決したいという意思だけではないことが明らかになった。

　次に，立候補を決める段階から選挙期間中の課題の上位 5 項目を比べると，「知名度がない」と「仕事や家庭生活（家事，育児，介護等）のため，選挙運動とその準備にかける時間がない」というのは，両者における共通事項である。「知名度がない」を補完するのは，先にみた外部からの立候補に向けた要請の有無である。知名度がなくても，外部からの要請があることで，その外部のものが，被選挙者に向けてアピールしてくれたり等が考えられるからだ。

　立候補を断念した女性の立候補を取りやめた理由の 1 番目である「立候補にかかる資金の不足」は，議員女性の上位 5 つの中に入っていないことが，注目すべきことだと考える（図表 2 - 12，次頁）。言い換えれば，選挙にはある程度資金が必要であるが，その資金がないと立候補を断念せざるを得ないといえる。

図表 2 - 12　立候補を決める段階から選挙期間中の課題（上位 5 項目，立候補検討者，議員）

順位	立候補断念女性		議員女性	
	項　目	（%）	項　目	（%）
1	立候補にかかる資金の不足	68.0	知名度がない	59.8
2	仕事や家庭生活（家事，育児，介護等）のため，選挙運動とその準備にかける時間がない	61.7	仕事や家庭生活（家事，育児，介護等）のため，選挙運動とその準備にかける時間がない	48.9
3	知名度がない	60.9	選挙運動とその準備の方法が分からない	46.5
4	当選の見込みが低く感じられた	56.3	自分の力量に自信が持てない	42.1
5	選挙運動とその準備の方法が分からない	49.6（同率）	地元で生活する上で，プライバシーが確保されない	40.4
	家族の理解やサポートが得られない			

出所：図表 2 - 11 と同じ。

図表 2 - 13　女性政治家を増やすための有効な取り組み（上位10項目）

順位	立候補断念女性		順位	議員女性	
	項　目	（%）		項　目	（%）
1	選挙活動のサポート	58.7	1	政策立案に関する研修	85.8
2	選挙のノウハウの研修	58.3	2	選挙のノウハウの研修	83.4
3	子供の頃からの政治教育・模擬議会	57.9	3	選挙活動のサポート	83.0
4	選挙資金の支援	57.3	4	会議規則における出産・育児・介護等の場合の欠席規定の整備	80.6
5	ハラスメント対策	57.1（同率）	5	ハラスメント対策	80.5
	議会へのオンライン参加		6	社会全体の固定的な性別役割分担意識や無意識の思い込み（アンコンシャス・バイアス）の除去	79.4
7	議会・政党の要職への女性の登用	55.1	7	議会・政党の要職への女性の登用	78.5
8	候補者を選考する側の多様性の確保	53.6（同率）	8	男女共同参画に関する研修	77.8
	男女共同参画のための取組方針等の策定		9	議員同士の交流・ネットワーク構築	76.8（同率）
	立候補に伴う雇用主側の休暇保障及び落選時に復職できる制度			子供の頃からの政治教育・模擬議会	

出所：図表 2 - 11 と同じ。

図表 2-14　女性議員の存在による所属議会への影響（女性議員の割合別）

順位	項　目	1％～10％未満	30％以上	ポイント差
1	女性の視点が加わることで，議論が多様化している	59.3	75.1	15.8
2	生活に直結する事柄について，より多様な人々の声の反映が行われるようになっている	47.2	65.1	17.9
3	女性の声が反映されやすい	45.9	65.1	19.2
4	雇用・出産・子育て，介護など女性に特に影響が大きい分野への支援が行われるようになっている	36.7	54.6	17.9
5	議会運営の改善（透明性，議員としての働き方等）が進んでいる	29.0	41.0	12.0
6	男女問わず，仕事と家庭の両立をしやすい社会の実現に近づいている	28.7	39.5	10.8

出所：図表2-11と同じ。

　女性の政治家を増やすために有効な取り組みの上位10項目を，立候補断念女性と議員女性で比べてみると，両者に共通することは「選挙活動のサポート」「選挙のノウハウの研修」「ハラスメント対策」「議会・政党の要職への女性の登用」であった (5) （図表2-13）。

　反対に，立候補断念女性の上位10項目のみに挙げられていたのは，「男女共同参画のための取組方針等の策定」「選挙資金の支援」「立候補に伴う雇用主側の休暇保障及び落選時に復職できる制度」「議会へのオンライン参加」であった。

　最後に，女性議員がいることによる所属議会への影響として，「女性の視点が加わることで，議論が多様化している」「生活に直結する事柄について，より多様な人々の声の反映が行われるようになっている」「女性の声が反映されやすい」であった（図表2-14）。

　これらの結果から明らかなことは，議員に立候補する決意をし，立候補して当選するためには，障壁となるいくつもの壁を乗り越えた後，当選に至るということだ。それは，候補者個人ということ以上に外在的な要因（資金，他者（団体等）からの要請，研修等）の力も大きいことが明らかである。政治つまり国政への参画は，国を動かす法律・仕組み作りへ加わることにもつながり，こ

の分野への女性の参画が進めば，日本社会においてもより男女平等に近い政策策定につながると考えられる。

では，どうすればよいのか。方法の一つとして，ポジティブ・アクションの実施が有効だと考えられる⁽⁶⁾。ポジティブ・アクションには多様な方法があり，クオータ制（一定の人数や割合を割り当てることで実施する），プラス・ファクター方式（能力が同等であるならば，片方を優先的に取り扱う），ゴール・アンド・タイムテーブル方式（達成する目標とそれまでの期間の目安を示してそれを実現するために努力する）である。中でもクオータ制は，世界196の国と地域のうち118の国と地域で，政治分野における性別によるクオータ制が国政レベルで導入されている。女性の政治分野への参画に対して，真に進出を望むならば，そういった取組を積極的に行うべきだと考える。

注

(1) 本節（1 産業変化の歴史）の一部は，乙部（2006）に加筆・修正を加えたものである。

(2) サービスには，主に3つの意味があり，①人の働きに頼るもの，②モノや空間の機能，③システムの機能，である。①は対面販売など人を介しての仕事であり，たとえば，保育サービス，店舗などのサービスカウンターである。②は貸し倉庫やホテルテナントなどである。③は情報，ノウハウ，人や空間を付随して提供されるものであり，たとえば，研究機関，人材育成，マーケティングリサーチなどである（永峰 1991：93-95）。

(3) これ以降の時代背景は，経済産業省（2000〜2021）『経済財政白書』を参考にした。

(4) ポジティブ・アクションとは，内閣府の定義では「男女が，社会の対等な構成員として，自らの意思によって社会のあらゆる分野における活動に参画する機会に係る男女間の格差を改善するため必要な範囲内において，男女のいずれか一方に対し，当該機会を積極的に提供することをいう」（男女共同参画社会基本法第2条第2号）。また同法第8条は，国の責務として，「国が，男女共同参画社会の形成の促進に関する施策（積極的改善措置を含む。）を総合的に策定し，及び実施する責務を有する」と規定している。男女間において形式的な機会の平等が確保されていても，社会的・経済的な格差が現実に存在する場合には，実質的な機会の平等を担保するた

めに積極的改善措置（ポジティブ・アクション）の導入が必要となる」としている。その他には，「クオータ制（割当制)」とは，積極的改善措置（ポジティブ・アクション）の手法の一つであり，人種や性別などを基準に一定の人数や比率を割り当てる制度のことである。「ゴール・アンド・タイムテーブル方式」とは，積極的改善措置（ポジティブ・アクション）の手法の一つであり，達成すべき一定目標と達成までの期間の目安を示してその実現に努力する方式のことである。内閣府における男女共同参画社会実現に向けた計画における目標の設定は，「ゴール・アンド・タイムテーブル方式」の一つである。

⑸　コーエイリサーチ＆コンサルティング（2021）の調査によれば，ハラスメントについては，女性の方が「性的，もしくは暴力的な言葉（ヤジを含む）による嫌がらせ」（26.8％)，「性別に基づく侮蔑的な態度や発言」（23.9％)，「SNS，メール等による中傷，嫌がらせ」（22.9％）等を回答していた。議員によるハラスメントをなくすために有効だと思われる取り組みは，「議員向け研修」（議会 69.3％)，「ハラスメント防止のための倫理規定等の整備」（議会 66.6％)，「相談窓口の設置」（議会 63.1％)，「ハラスメントを行った者に対する処分の規定の整備」（議会 63.0％)，「調査機関の設置」（議会 62.4％)，「議員向け研修」（政党・会派 52.3％)，「ハラスメントを行った者の氏名の公表」（議会 52.1％）だったため，議会が中心となってこれらの整備・実施を進めることが求められる。

⑹　1999年施行の均等法では，「ポジティブ・アクション」について言及された。たとえば企業が男女平等を成し遂げるために支障となる状況を改善するため，国がその取り組み内容の相談や援助を行うことができることである。また，女性労働者が男性労働者と比較して相当少ない分野では，労働者の募集，採用，配置，昇進において女性の優遇が法律違反にならないとした。

第3章	デジタル化の加速と新型コロナウイルス感染症対策の影響

1　デジタル社会への道程

（1）デジタル社会実現に向けて

　2020年は，コロナの影響が社会のあらゆるところで生じた。多くの分野において，これまで当然だと考えていたことができなくなり，また，これまで社会的な課題として抱えていた問題がいち早く露呈したともいえる。同年9月には菅政権が発足し，菅総理の肝いりで「デジタル庁」の発足が約束された。

　社会の中の様々なものがデジタル化されることで，社会生活・社会活動をより便利に，効率よく，無駄な時間を省き，その省いた時間を別の時間に有効活用できるようになると考える。社会の中のあらゆる分野のものをデジタル化させようとする取組は，すでに20年以上前から国を挙げて進められてきた。本節では，デジタル社会に向けた取り組みを確認する[(1)]。

（2）インターネット時代の幕開け

　1995年に Windows95が発売された。これにより，私たちは，パソコン等を用いてボタン1つでインターネットに接続し，世界中のあらゆる情報を入手できるようになった。同時に Microsoft Office に搭載されている Word・Excel を職場で利用するようになると，それらを使いこなすことが特に事務職を中心に求められるようになった。

　当時，事務仕事における文字入力はワープロを用いて行われていたが，パソコンで Word・Excel を使用して事務仕事を行うと，ワープロ以上に多様な機能を保持していたので，Word を使用することが格段に増えた。変化したのは

ワープロだけではない。携帯電話も同様で，1990年代後半頃から，個人間での情報交換・連絡はポケベルからパーソナルハンディフォン（PHS）等に代わるなど，情報通信技術の急速な向上が大きな影響を及ぼした。

　2001年初頭には，グローバル規模で急速に進む情報通信技術を活用した社会構造の変化に対応するため，内閣に「高度情報通信ネットワーク社会推進戦略本部（IT 総合戦略本部）」が設置され，「高度情報通信ネットワーク社会形成基本法」（IT 基本法）が制定された。この法律は，日本社会における IT 化に向けた様々な政策のベースとなった。その後，「e-Japan 戦略」を掲げ，具体的な方向性を「e-Japan 重点計画」で示し，「e-Japan2002プログラム」が公表された。

　「e-Japan 戦略」では，5年以内に世界最先端の IT 国家になることを目標とし，そのために，「超高速ネットワークインフラ整備及び競争政策」「電子商取引と新たな環境整備」「電子政府の実現」「人材育成の強化」という4つを重点的に進めた。中でも「超高速ネットワークインフラ整備及び競争政策」では，「高速インターネットを3,000万世帯に，超高速インターネットを1,000万世帯に」という目標が達成され，ブロードバンドが急速に普及した。

　また，2003年には「e-Japan 戦略Ⅱ」が示され，IT を利活用し「元気，安心，感動，便利な社会」を目指すために，7つの分野（①医療，②食，③生活，④中小企業金融，⑤知，⑥就労・労働，⑦行政サービス）において先導的取組を行った。

　生活の中で誰もが身近に感じやすい電話，特に様々な機能が搭載された携帯電話の普及が進む反面，行政サービスや教育等の分野（個人情報に関する事項が多い）はセキュリティ，プライバシーの確保等の問題もあり，あまり普及しなかった。象徴的なのは，マイナンバーカードの前身である「住民基本台帳カードの発行」（顔写真つきの場合，公的な身分証明書となる）が2003年から始まり2015年には終了したが，普及率は1桁（7.6％）であった。

　2006年には「IT 新改革戦略」を策定し，「構造改革による飛躍（IT の「新たな価値観を生み出す力」や「課題解決力」で構造改革を推進）」「利用者・生活者重

視（ユニバーサルデザイン化された IT 社会を構築）」「国際貢献・国際競争力強化（課題解決力を通じた国際貢献・国際競争力を強化）」を提示した。

2009年には「i-Japan 戦略2015」を策定した。これは，2015年までにデジタル技術が人々の日常生活の中に抵抗なく受け入れられている状態を目指す取組である。そのため，①電子政府・電子自治体分野，②医療・健康分野，③教育・人財分野を重点分野としてデジタル化を促進させていくこととした。

（3）IT 国家創造に向けて

2013年，「世界最先端 IT 国家創造宣言」が閣議決定され，「①革新的な新産業・新サービスの創出と全産業の成長を促進する社会の実現」「②健康で安心して快適に生活できる，世界一安全で災害に強い社会の実現」「③公共サービスがワンストップで誰でもどこでもいつでも受けられる社会の実現」を定めた。特に「①革新的な新産業・新サービス」では，公的なデータの公表（オープンデータ）を推進した。同年，マイナンバー関連法案も成立した。

2016年には「官民データ活用推進基本法」が施行され，「官民データ活用推進基本計画」の策定が国・都道府県に求められた。2001年に作られた IT 総合戦略本部の下に，内閣総理大臣を議長とする官民データ活用推進戦略会議が設置された。同年，マイナンバーカードの交付も開始された。

2017年に「世界最先端 IT 国家創造宣言・官民データ活用推進基本計画」が示された。それは先に策定された「世界最先端 IT 国家創造宣言」（2013年）と「官民データ活用推進基本法」（2016年）の内容を含んだものであり，①経済再生・財政健全化，②地域の活性化，③国民生活の安全・安心の確保といった課題に対し，官民データの利活用の推進等を図ることで，その解決が期待される8つの分野（電子行政，健康・医療・介護，観光，金融，農林水産，ものづくり，インフラ・防災・減災等，移動）を重点分野として指定した（図表3-1）。

同年，「官民データ活用推進基本法」（2016年）と「世界最先端 IT 国家創造宣言・官民データ活用推進基本計画」（2017年）に基づき，電子行政の示す方向性として「デジタル・ガバメント推進方針」が策定され，「デジタル技術を

図表 3-1 「世界最先端 IT 国家創造宣言・官民データ活用推進基本計画」概要

【約3年で超高速アクセス利用可能環境が実現】

e-Japan 戦略
（超高速ネットワークインフラ整備、電子商取引等、電子政府等のルール整備 人材育成など）

e-Japan 戦略Ⅱ
（IT利用に重点）以降、戦略の累次の見直し

世界最先端 IT 国家創造宣言策定

国・自治体の取組

● 世界最先端の IT 国家を目指して政策を推進
これまでも一定の成果
・情報システム改革、業務の見直し（BPR）
・運用コスト3割削減、システム数6割削減（見込）
（人事・給与システム、経費システム、システムの統一化等）
・農地情報公開システム
・自治体クラウドの推進
・マイナンバー制度の導入
・オープンデータの推進
・SNS を活用した災害時における情報共有の推進 等

2001 年

2003 年

2013 年

2016 年

2017 年
官民データ活用推進基本法 施行

2020 年
官民データ活用推進基本計画 策定

2050 年
▲2020年 オリンピック東京大会
2060 年 高齢化率40%（推計）

こと10年のIT関連技術の進展・利用環境面の変化

【利用環境面】
● 企業等：一部の企業や業界等では、データの利活用や各種データ連携（標準化も含む）が進展
● 個人レベル：スマートフォンやウェアラブル端末の登場による、個人に関するデータ量の増大
● IoT：モノのインターネットの普及（センサー技術の小型軽量化・低廉化）

世界最先端 IT 国家創造宣言

世界最先端 IT 国家創造宣言

【ネットワークインフラの進展】
● 有線：最大速度1～10 Gbps（光ファイバ）
● 無線：最高速度 500 Mbps超（4 G）（今後5 G（超高速）（10 Gbps）・多数接続といった特徴）の実現（2020 年）
● クラウドサービスの活用

「データ大流通時代」の到来

このような環境の変化に伴い、多様かつ大量のデータ利活用により、AIデータの再到来。ロボットやドローン等の開発を進展（人間の処理能力を超えた範囲のデータ利活用も可能に）

⇒あらゆる場面で、ネット上の情報や知識を容易に活用することにより、我々の生活や産業を一変させる可能性（我が国が超少子高齢化社会を迎えることから、これまで以上に少子高齢社会に向かいつつ、高齢者の持つ知識・知恵の提供、地域の中小企業の活性化を可能にする等）

「データがヒトを豊かにする社会（官民データ活用社会）」の実現

「官民データ活用推進基本計画」

我が国が超少子高齢化社会に向かいつつあるなか、個人の状態に応じた効果的な、集中的に対応すべき諸課題（経済再生・財政健全化、地域活性化、安全・安心の確保）を踏まえ、8分野（①電子行政 ②健康・医療・介護 ③観光 ④金融 ⑤農林水産 ⑥ものづくり ⑦インフラ・防災・減災 ⑧移動）を重点分野に指定し、将来的には分野横断的なデータ連携を見据えつつ、2020 年を一つの区切りとした上で、分野ごとに重点的に講ずべき施策を推進

・データ連携や AI 等の活用により、個人の状態に応じて効果的・効率的な医療・介護・健康サービスを実現し、生産性を向上し、儲かる産業を創出
・データを活用することで、生産性を向上し、儲かる産業を創出
・ダイナミックマップなど官民のデータの連携や制度整備を通じて自動運転を実現し、世界一安全で円滑な交通社会を創出

「官民データ活用推進基本計画」策定の推進により、全ての国民が IT・データの活用による利便性を享受し、国民一人ひとりが意識することなく便益を享受でき、活力に満ちた豊かな社会の実現を目指す IT 関連世界に先駆け実現

「官民データ活用推進基本計画」策定・推進により、全ての国民が IT・データの活用による利便性を享受し、国民一人ひとりが意識することなく便益を享受でき、豊かさを実感できる社会のモデルを世界に先駆け実現（※国際機関、民間事業者、団体等がとりまとめる各種ランキングにおいて、世界最先端を目指す。）

出所：総務省（2021）「情報通信白書 令和3年版」。

図表3-2　世界最先端デジタル国家創造宣言・官民データ活用推進基本計画

| 基本的考え方 | 国民が安全で安心して暮らせ，豊かさを実感できる社会の実現
——「世界最先端デジタル国家」の創造へ——
政府CIO制度創設以降の着実な取組・成果の拡充・横展開に着手し，デジタル改革を断行 |

重点取組①
デジタル技術を徹底的に活用した行政サービス改革の断行
- 行政サービスの100％デジタル化（デジタルファースト法案（仮称）の策定等）
- 行政保有データの100％オープン化
- デジタル改革の基盤整備

重点取組②
地方のデジタル改革
- IT戦略の成果の地方展開
- 地方公共団体におけるクラウド導入の促進
- オープンデータの推進
- シェアリングエコノミーの推進
- 地域生活の利便性向上のための「地方デジタル化総合パッケージ」

重点取組③
民間部門のデジタル改革
- 官民協働による手続コスト削減
- データ流通環境の整備
- 協調領域の明確化と民間データの共有
- デジタル化と働き方改革

重点取組④ 世界を先導する分野連携型「デジタル改革プロジェクト」
- 世界最高水準の生産性を有する港湾物流の実現 ・データ駆動型のスマート農水産業の推進
- データヘルス×マイナポータルの連動 ・自動運転による新しい移動サービスの実現

抜本改革を支える新たな基盤技術等　**重点取組⑤** 抜本改革推進のための体制拡充と機能強化
- 基盤技術（AI，クラウド/エッジ・コンピューティング，セキュリティ（対策，5G，ブロックチェーン等）
- 人材の育成等 ・抜本改革後に到来するデジタル社会

| 実現性を高めるための実行計画と迅速かつタイムリーなPDCAサイクルによるスパイラルアップ
（官民データ活用推進基本計画の重点8分野※における全259施策，デジタル・ガバメント実行計画，各府省中長期計画） |

※電子行政，健康・医療・介護，観光，金融，農林水産，ものづくり，インフラ・防災・減災等及び移動の8分野

出所：図表3-1と同じ。

図表3-3　デジタル手続法の概要

| デジタル技術を活用し，行政手続等の利便性の向上や行政運営の簡素化・効率化を図るため，行政のデジタル化に関する基本原則及び行政手続の原則オンライン化のために必要な事項等を定める。 |

○行政手続オンライン化法の改正

デジタル技術を活用した行政の推進の基本原則

①デジタルファースト：個々の手続・サービスが一貫してデジタルで完結する
②ワンスオンリー：一度提出した情報は，二度提出することを不要とする
③コネクテッド・ワンストップ：民間サービスを含め，複数の手続・サービスをワンストップで実現する

行政手続のデジタル化のために必要な事項

行政手続におけるデジタル技術の活用

行政手続のオンライン原則
- 国の行政手続（申請及び申請に基づく処分通知）について，オンライン化実施を原則化（地方公共団体等は努力義務）
- 本人確認や手数料納付もオンラインで実施（電子署名等，電子納付）

添付書類の省略
- 行政機関間の情報連携等によって入手・参照できる情報に係る添付書類について，添付を不要とする規定を整備（登記事項証明書（令和2年度情報連携開始予定）や住民票の写しなどの本人確認書類等）

デジタル化を実現するための情報システム整備計画
- オンライン化，添付書類の省略，情報システムの共用化，データの標準化，APIの整備，情報セキュリティ対策，BPR等

デジタルデバイドの是正
- デジタル技術の利用のための能力等の格差の是正（高齢者等に対する相談，助言その他の援助）

民間手続におけるデジタル技術の活用の促進
- 行政手続に関連する民間手続のワンストップ化
- 法令に基づく民間手続について，支障がないと認める場合に，デジタル化を可能とする法制上の措置を実施

出所：図表3-1と同じ。

徹底活用した利用者中心の行政サービス改革」「官民協働を実現するプラット
フォーム」「価値を生み出す IT ガバナンス」の3つを進めていくこととした。

　2017年12月には，IT を活用した社会システムの抜本改革の実現を目指す
「IT 新戦略の策定に向けた基本方針」を策定，2018年には「デジタル・ガバメ
ント実行計画」が策定された。その後，この計画は何回か改定された。同年，
「世界最先端デジタル国家創造宣言・官民データ活用推進基本計画」が策定さ
れた（図表3 - 2）。

　国民が安心して暮らせ，豊かさを実感できる社会の実現に向けて，①デジタ
ル技術を徹底的に活用した行政サービス改革の断行，②地方のデジタル改革，
③民間部門のデジタル改革，④世界を先導する分野連携型「デジタル改革プロ
ジェクト」，⑤抜本改革を支える新たな基盤技術と抜本改革推進のための体制
拡充と機能強化，を重点的に取り組むこととした。

　2019年12月には，「デジタル手続法」（「情報通信技術を活用した行政の推進等
に関する法律」）が施行された。これは，行政が各種手続きをデジタルで行う際
の原則を記載したものである（図表3 - 3）。

（4）新型コロナウイルス感染症の影響とデジタル庁

　2020年になると，新型コロナウイルス感染症の拡大防止に向けた取り組みを
行う中で，グローバルレベルでみて日本社会のデジタル化に対する遅れが浮き
彫りになった。そこで，政府は7月に「経済財政運営と改革の基本方針2020
──危機の克服，そして新しい未来へ」（骨太方針 2020）を発表し，その後，
「世界最先端デジタル国家創造宣言・官民データ活用推進基本計画」を立て，
デジタル化への取り組みの強化を図ることとした。

　また「デジタル・ガバメント実行計画」では，クラウドサービスの利用を進
めるために，利用環境（ガバメントクラウド）の整備等を行った。菅政権が
2020年9月にデジタル庁の創設を掲げたのに伴い，2001年に施行された IT 基
本法の改正に向けて「デジタル改革関連法案ワーキンググループ」をつくり，
「デジタル改革関連法案ワーキンググループとりまとめ」を公表した。その際，

図表 3 - 4　デジタル社会を形成するための基本原則

10. 飛躍・国際貢献
・国民が圧倒的便利さを実感するデジタル化の実現
・デジタル化が進んでいない分野こそ, デジタル3原則*の
　貫徹で一気にレベルを引き上げ, 多様性のある社会を形成
・デジタルの活用により地方が独自の魅力を発揮
・自由や信頼を大切にするデータ・デジタル政策で世界をリード
　(※デジタルファースト, ワンスオンリー, コネクテッドワンストップ)

9. 新たな価値の創造
・官民のデータ資源を最大限に活用
・利用者視点で付加価値を創出するイノベーションの
　促進により経済や文化を成長させる

8. 浸透
・国民に「お得」なデジタル化でデジタル利用率向上
・デジタルを使う個・提供する個双方への教育で,
　「わかりやすい」楽しい」デジタル化を目指す
・国民にデジタルの成果を実感してもらい,
　置いてけぼりを作らない

7. 包摂・多様性
・アクセシビリティの確保, 情報通信インフラの充実
・高齢・障害・病気・育児・介護と社会参加の両立
・多様な価値観やライフスタイルへの対応

6. 迅速・柔軟
・「小さく産んで大きく育てる」, デジタルならではの
　スピード化の実現
・社会状況やニーズの変化に柔軟に対応できるシステム
・アジャイル発想を活用し, 費用を抑えつつ高い成果を実現
・構想・設計段階から重要な価値を考慮しアーキテクチャに組み込む

1. オープン・透明
・標準化や情報公開により官民の連携を推進
・個人認証, ベース・レジストリ等のデータ共通基盤の
　民間利用を推進
・AI等の活用と透明性確保の両立
・国民への説明責任を果たす

2. 公平・倫理
・データのバイアス等による不公平な取扱いを起こさない
・個人が自分の情報を主体的にコントロール

3. 安全・安心
・デジタルで生涯安全・安心して暮らせる社会の構築
・サイバーセキュリティ対策で安全性を強化
・デジタルの善用を進め, 個人情報保護や不正利用
　防止で, デジタル利用の不安低減

4. 継続・安定・強靭
・社会の活力の維持・向上
・環境との共生を通じたサステナビリティ確保
・機器故障, 事故等のリスクに備えた冗長性確保
・分散と成長の両立によるレジリエンスの強化

5. 社会課題の解決
・デジタル社会に向けて, 制度・ルール等の再構築, 国・地方・
　民間の連携強化・コスト低減による, 成長のための基盤整備
・公共施設のネットワーク整備やマイナンバーカード等の活
　用による災害や感染症に強い社会の構築
・デジタル人材の育成及び官民・地域横断的な活躍促進

人に優しいデジタル化

出所：図表 3 - 1 と同じ。

デジタル社会を形成するための基本方針を掲げ,「デジタルの活用により, 一人一人のニーズに合ったサービスを選ぶことができ, 多様な幸せが実現できる社会——誰一人取り残さない, 人に優しいデジタル化」をスローガンとした (図表 3 - 4)。

　2020年12月,「デジタル社会の実現に向けた改革の基本方針」が閣議決定され,「誰一人取り残さない, 人に優しいデジタル化」を進めるために,「ネットワークの整備・維持・充実」「データ流通環境の整備」「行政や公共分野におけるサービスの質の向上」「人材の育成, 教育・学習の振興」「安心して参加できるデジタル社会の形成」の 5 項目が示された。

　また, 改定版「デジタル・ガバメント実行計画」が閣議決定されたことを受けて,「自治体デジタル・トランスフォーメーション (DX) 推進計画」が公表された。さらに2021年には, デジタル改革関連 6 法案 (デジタル社会形成基本法, デジタル庁設置法, デジタル社会の形成を図るための関係法律の整備に関する法律, 公的給付の支給等の迅速かつ確実な実施のための預貯金口座の登録等に関する法律, 預貯金者の意思に基づく個人番号の利用による預貯金口座の管理等に関す

る法律，地方公共団体情報システムの標準化に関する法律）が公布された。その後，「デジタル社会の実現に向けた重点計画」が閣議決定された。

　ここまでみたように，1990年代前後より，日本社会では社会のデジタル化に向けて様々な取り組みを行っており，少しずつだが確実にデジタル社会を実現するために，一歩一歩，取り組みを進めていることが明らかになった。

（5）デジタル社会実現に向けた不安要因

　日本がデジタル社会を実現するためには，主に2つの問題がある。1つ目はICTへの投資がそれほど多くないこと，2つ目は人材の不足である。

　1つ目は，企業の場合，新たに企業内の仕事をデジタル化させるためへの投資はあまり進んでいない。理由は，その仕事を通常の仕事の片手間で行うことが難しく，これまでの仕事のやり方を変えることにもなるため，手間と時間がかかる。また各企業のデータをオープン化することでデータの標準化が進むと考えるが，そのこと自体が遅れている。

　さらに企業内のICT化を進めるために，専門部署を立ち上げ社内の人材で業務をこなすことによって，急なトラブルに社内で早急に対応できる。

　外部業者に委託してICT化を進めると，毎回，外部業者に故障，不具合の連絡をして，対応してもらうことになる。このようなこともあって，人材の余裕，また，それに投資できる資金力のある大企業が中心となって，導入が進んでいる。

　2つ目は，人材の不足問題である。総務省によれば，2030年にはIT人材が45万人も不足するという。その人材育成に向けた取組は，すでに小学校からプログラミングの学習を導入したり，高等学校に「情報教育」を必須化している。

　このように，デジタル社会を実現するための取組を多方面から行っていることが明らかになった。

2　IoT 社会の実現に向けて

（1）IoT とは

IoT とは「Internet of Things」の略語であり，「モノのインターネット」と訳される。モノのインターネットといってもピンとこないだろうが，2015年前後から，国や産業界では IoT 化を進めるために様々な施策が実施されている。

坂村（2016）によれば，IoT という言葉が初めて使われたのは，1999年にアメリカのプロダクター＆ギャンブル社のアシスタント・ブランド・マネージャーであったケビン・アシュトンが，同社の重役に対して「RFID（Radio Frequency IDentification）という電子がサプライチェーンを変革する」ことを説明する際のプレゼンテーションタイトルとして使用した時である。

インターネットは，主にウェブやメール等の人間同士のコミュニケーション手段であるが，IoT は，コンピュータに組込まれたモノ同士が企業，組織，ビル，住宅等所有者の枠を超えてつながるネットワークであり，オープンなインフラを目指すものである。モノとモノをつなげるためには，「場所に情報をくくりつける」ことが重要である。モノをネットワーク，たとえばインターネットにつなぐ必要があるのだが，それには3つの手段があり，①パソコン（スマートフォン，ダブレット等），②機械類，③その他である。IoT 実現のためには，モノをインターネットにつなぐ必要があり，その際，インターネットを経由して私たちの生活状況を認識させねばならない。モノ・ヒト・環境等の現実世界の状態等をセンサ搭載機器によってデータ化し，ネットワークを通じてサーバー等でそのデータを収集し，その総体的状況情報を分析した結果を現実世界にフィードバックすることで価値を生み出す仕組みなのだという（荻原・白井 2016）。

（2）IoT 社会の実現と Society 5.0

日本社会はデジタル化を早急に進めるために，様々な取組を行っている。科

図表 3 - 5　情報通信機器の保有状況

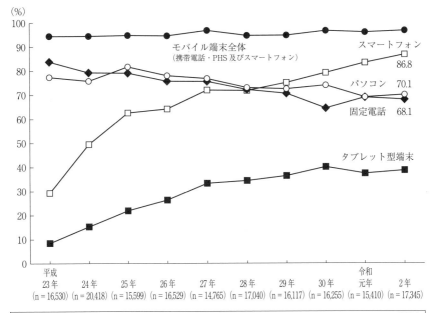

注：当該比率は，各年の世帯全体における各情報通信機器の保有割合を示す。
出所：総務省（2021）「令和2年通信利用動向調査」。

学技術がスピードを上げて変化し，かつグローバル化も急速に進んでいる現状
に対応するためである。グローバル規模での変化が加速する中，日本社会では，
IoT 社会の実現，つまり生活世界の中でモノがインターネットにつながること
で実現する社会を「Society 5.0」とし，その社会の実現を目指して様々な方策
を実施している。

　インターネットでつながる世界を「仮想空間（サイバー空間）」とし，生活世
界における現実の世界を現実空間（フィジカル空間）と表現する。インターネ
ットへの接続に関しても，「令和2年通信利用動向調査」（総務省）によれば，
世帯別に主な情報通信機器の保有状況をみると，「スマートフォン」（86.8％），
「パソコン」（70.1％），固定電話（68.1％）となっており，今やスマートフォン
の保有率が最も高い（図表 3 - 5）。

　スマートフォンは，モノをインターネットにつなぐための最も身近で最適な手段である。保有率の増加は，IoT社会実現に向けてスピードを加速化させていくだろう。いわゆる「スマート家電」や「スマート○○」の急速な普及が象徴するように，私たちの生活の中に少しずつだが，スマートフォンを介した生活の利便性を向上させるものが同居しはじめている。

　では「Society 5.0」とは，具体的に何を指すのか。

　「Society 5.0」とは，狩猟社会（Society 1.0），農耕社会（Society 2.0），工業社会（Society 3.0），情報社会（Society 4.0）に続く新たな社会であり，これは「科学技術基本法」における2016年の第5期科学技術基本計画において提案されたものである。[2]

　国のあらゆる省庁を横断する形で「Society 5.0」の実現に向けた取組を進めており，内閣府は「サイバー空間（仮想空間）とフィジカル空間（現実空間）を高度に融合させたシステムにより，経済発展と社会的課題の解決を両立する，人間中心の社会（Society）のこと」と示している。要はインターネットを経由して，私たちの生活をより豊かに，便利にしていこうというものである。大雑把にいえば，私たちの生活の中で，手間がかかり面倒だと思うこと，こういったことがあれば便利だと思うことが，インターネットを経由して遠隔操作されると考えればわかりやすい。たとえば帰宅時間が遅い場合，帰宅するまで自身の部屋の照明は消灯したままである。だが今や，あらかじめ点灯時間を設定しておけば，指定した時間になると灯りがつくという操作は，スマートフォンからの操作で可能な時代なのだ。

（3）Society 5.0が目指す社会

　Society 5.0が目指す社会は，私たちの生活をより快適・便利にする社会である。その実現に向けて，日本の技術的な側面は問題ないが，生活者としての私たち自身やそのシステムを作ったり動かしたりするモノづくりの企業が，これまでの社会や企業の仕組みや考え方を変えないと難しい。高度な技術と人材，それを融合させる人材の登用が必要不可欠である。

　では，何を進めていけばよいのか。Society 5.0の基本は，いうまでもなく「インターネットを経由する」ということだ。そういった観点で私たちの生活空間をみるとどうだろうか。公衆の場面ではインターネットにつながりやすい環境——つまり公衆無線LAN——が整備されており，フリーで手軽にWi-Fi環境につなぐことが可能である。つまり生活の中でインターネットを経由することが今までよりはるかに容易になり，より便利な生活・社会が実現される可能性が高まるのである。そういった社会は，「IoT（Internet of Things）」つまり，モノとモノがインターネット経由でつながり，多くの知識や情報が常に共有できる状態を生み出すことになる。

　これまでの情報社会（Society 4.0）では，インターネットに接続後にデータベースにアクセスし情報を得ていたが，Society 5.0では，人工知能による大量のデータ解析の結果から，より的確な方向性を示すことを目指している。今後の社会はIoT化が進むことで，すべてのヒトとモノがつながり，知識と情報が共有され，より快適で幸せな生活を送ることが可能となる。

3　人工知能の発達で少なくなる仕事と必要とされる仕事

（1）人工知能とは

　人工知能，つまりAI（Artificial Intelligence）という言葉は，近年マスメディア等においてよく取り上げられている。NHKのEテレでは，2017年から「人間ってナンだ？　超AI入門」をシリーズ化して放送した。

　人工知能という言葉を聞くと，どういったイメージをもつだろうか。おそらく，ヒトの外見に似せたロボットが，ヒトのような頭脳をもち，私たちの生活に入り込み，手足を動かしながらヒトの代わりに仕事をする姿を想像するだろう。最近では，ヒトではなくロボットが，介護や家事の補助をする姿が取り上げられている。では，人工知能とはどのような概念であり，使われはじめたのはいつ頃からだろうか。

　1956年，アメリカのニューハンプシャー州にあるダートマス大学で開催され

たダートマス会議（The Dartmouth Summer Research Project on Artificial Intelligence〔人工知能に関する初の研究集会〕）において，人工知能という言葉が使われ出した。この研究集会を提案したのはジョン・マッカーシー（J. McCarthy）であり，その後の人工知能発展に向けた指導的役割であったマービン・ミンスキー（M. Minsky）等も参加した。

　では，人工知能とは何なのか。明確な定義があるわけではないが，人工知能学会の定義によれば，「推論，認識，判断など，人間と同じ知的な処理能力を持つコンピュータシステムである」という（人工知能学会 2017）。

　現在，あらゆる分野のものに，人工知能技術が使われている。たとえば家電製品の場合，一つの家電製品にマイコン（マイクロコントローラ〔microcontroller〕：1つの半導体チップにコンピュータシステム全体を集積した LSI 製品のこと。CPU，メモリ，入出力回路，タイマー回路などを1つの集積回路に格納した製品で，単体でコンピュータとしての一通りの機能をもつ）が組み込まれており，人工知能エアコン等はマイコンのソフトウエアに簡単な予測や音声合成などができる人工知能技術が組み込まれている。

　その他，人工知能目覚ましや人工知能ポット等，身近な人工知能が急速なスピードで登場してきている。

（2）人工知能にどんな仕事をさせたいのか

　人工知能によって，私たちの生活は日を追うごとに少しずつだが便利になっていく。もちろんビジネスレベルと生活レベルでは，人工知能を取り入れるかどうかは大きく異なる。まずはビジネスの世界での実情を考える。

　人工知能を業務に取り入れるためには，何をすればよいのか。何を始めればよいのか。初めに決めておいた方がよいのは，人工知能に何をさせたいのかを考えることだ。人工知能は先にみたように，コンピュータのプログラムである。そのプログラムは，何を目的にするかによって組み方が異なる。多くのアプリケーションが必要であったり，またソフトウエアを開発したりして，それらを組み合わせて業務に適用できるように調整しなければならない。業務によって

は，実用化するための資金や難易度が異なるため，開発を少しずつ段階を経て進める方がリスクが少なくてすむ。

　最適なものを開発するには，投じてもよい資金，元となる社内のデータの整備等が必要になる。そのため，大野（2019）は自身の経験から，「社内のコード体系の統一と基幹システムの実質的な統合が不可欠であり，これを推進するためには，力量をもった CIO（Chief Information Officer：最高情報責任者）が必要になる。人工知能の適用を成功させるためには，人工知能の継続的な育成が必要であり，それを担う人材を社内に確保し，彼らも併せて育成していかねばならない」と指摘している。

（3）どのような人材が求められるのか

　2013年にオックスフォード大学のマイケル・A・オズボーンが「雇用の未来」（The Future of Employment）という論文を発表し，将来，アメリカの労働人口の約47％，イギリスの35％，日本は49％が人工知能に置き換えられるという試算を出し，世界的に衝撃が走った。その後，様々な研究者が人工知能の発達による雇用への影響を論じているが（井上智洋 2016；寺田ほか 2017；鶴ほか 2019；今野 2021，等），主には以下のような仕事が人工知能に代替されにくい仕事であると考えられている。

　　①　臨機応変な対応がほぼ必要な仕事

　　　例：教員，医師，看護師，カウンセラー等

　　②　創造力が必要な仕事

　　　例：ディレクター，作家，陶芸家等

　特に①に関しては，人を対象とする仕事が多いため，コミュニケーション能力の高さも必要となる。人工知能は，大量のデータを学習することで多くの事例を学び，そこから最適な提案ができるという仕組みである。そのため，過去に起きた事例から学んだ提案はできるが，過去の事例にはないような出来事には対応できない。この点を踏まえ，藤本・柴原（2019：58-73）は，人工知能がもつ人間のような知性とは「課題を解決する力」であり，それを以下の4つの

要素としてまとめている。

① 動　　機：解決すべき課題を定める力。

② 目標設定：何が正解かを定める力。

③ 思考集中：考えるべきことを捉える力。

④ 発見：正解へとつながる要素をみつける力。

　これらは，先に提示した①臨機応変な対応がほぼ必要な仕事で求められる基本的な能力を示しているといえる。たとえば急に対応しなければならない仕事が入った際，急に対応するどうかを決めるのが「動機」である。そして，「動機」は職場におけるその仕事の重要度（どれだけの利益を生み出せるのか，企業間のつながり，つきあい，他の仕事と比較した優先順位の高さ，何人がその仕事にとりかかることができるのか等）によって決定される。次の「目標設計」とは，上記の「動機」が，それでよいのか再度熟考することに該当する。「思考集中」は，仕事の中で何が重要かを見定め，その部分に力を入れたり，場合によってはオリジナリティを出すように注力することである。

　最後の「発見」は，正解へとつながる道筋・方法が定まったら，実際にその方法を試してみることである。これら4つの要素をうまく組み合わせて，臨機応変に対応することが知性としては必要であり，さらにいえば4つの要素をうまく組み合わせる力が必要でもあると指摘した。

　またスコットとグラットンは，機械に代替されにくい仕事は，テクノロジーが進歩すればするほど，人と人との結びつきの重要性が増し，人間的スキルが重要（コミュニケーション，チームワーク，対人関係スキル）になるという。具体的には，人と人とのやりとり，ケアと思いやりが必要な活動，マネジメントとリーダーシップ，創造とイノベーション等と述べている（Scott & Gratton 2020 ＝2021：262）。

（4）未来社会に向けて

　これからの社会は，人工知能，つまりヒトの脳に近い構造をもつプログラムの活用によって，私たちが生活する社会はより便利になるだろう。こういった

社会的な状況の中で望まれる仕事は，次の３点である。

① 高度な判断や発想を要する職務。

② 接客や介護のような他者との関係性が一時的に必要な職務。

③ ヒトが行う仕事に付加価値がある職務。

これらは，人工知能に仕事を代替される可能性が低い。人工知能は，様々なヒトやモノ・情報等が複雑に絡み合い，さらに突然の想定外の出来事への対応は難しい。いうまでもなく，人工知能は人ではなく，あくまでコンピュータ上のプログラムなのである。「Society 5.0」の社会では，ビッグデータを基に，人工知能が目的とする事柄に対して，ほぼ正確なデータ分析による結果を出せる確率が高い。問題を解決するには何が必要なのか，まず何を準備しなければならないのか等，問いを立てる能力，課題を解決するために必要なこと，たとえば，これまでの事例ではなかったことを組み合わせる等である。それは，ただ闇雲に始めればよいわけではないし，実験ではないので，企業ならば企業利益につながること，実社会ならば人の幸せに貢献することが望まれる。

4　新型コロナウイルス感染症対策による雇用への影響

（1）新型コロナウイルス感染症による生活変化

2020年は，新型コロナウイルス感染症対策のために，人々は「ニュー・ライフ」といわれる新たな生活様式に準じた生活や行動変容を求められた。これまでの生活パターンを，新たに，それも自身の意志というよりも外からの要因（国からの要請）で変更を迫られた。初めは誰もが少し戸惑いながらも，自身の感染リスクを避けるために行動を変えた。

新しい生活習慣をパターン化して続けていると，いつしか新たな生活様式として人々の行動に定着していく。こういった生活様式がいつまで続くかわからないが，自分の身をあらゆる面（マスク非着用による感染リスクの増大，見知らぬ他者からの攻撃〔暴言・暴力・冷たい視線〕）から守るために，（法律で決められているわけでもなく罰金があるわけでもないが），外出時にマスクの着用を必須と

69

することがほぼ定着している。

　人は，その数だけあらゆる行動パターンや生活習慣に基づいて行動している。新型コロナウイルス感染症の拡大防止のために，私たちは行動制限を強いられたが，逆に，だからこそ人の重要性を再認識したのではないか。筆者は，人工知能の脅威が社会的に問題になっていた当時，人工知能の発達が人間の仕事を奪うと騒がれていたため，どのような業種に就職すればその脅威から逃れることができるのかを考えた（乙部 2019）。

　女性の場合，働く職種として多い「事務従事者」（事務職）は，まさにRPAをはじめとする人工知能に徐々に仕事が奪われ（完全ではないが），正規なら職種変更・配属部門替え等で対応するが，非正規の場合，新規採用数の削減・雇用契約の更新をしない等の対応により，事務職の採用自体が減少するのではないかと述べた。

　同様に女性の就く職種として，サービス職業従事者（介護職員〔医療・福祉施設等〕，訪問介護従事者，看護助手，飲食店店員等）は多いが，非正規が多い。対人サービスが基本となるため，仕事における人との接触は必須である。そのため人工知能の脅威（仕事が奪われること）とは，正規，非正規を問わず程遠いと述べた（乙部 2019）。

　男性の場合，職種としては「生産工程従事者」が最も多いのだが，この職種は，デジタル化が少しずつ進むため，完全に置き換わるわけではないが徐々に人工知能に代替されると考えた。同様に男性の就く職種として，「専門的・技術的職業従事者」（研究者，技術者，医師，教員等）の場合，専門とする内容にもよるが，人にしかできない創造的で臨機応変な対応を求める仕事が多いため，正規・非正規を問わず人工知能の脅威は考えにくいと述べた。

　ところが2020年の春以降，おそらく世界中の誰もが予想さえしなかった新型コロナウイルス感染症の拡大を防止するための措置として，対人接触機会を減らすための措置が採られ，対人接触をメインとする仕事の場合は労働時間が削減された。中でも飲食店は特にその対象となった。なぜなら，アメリカのノースカロライナ大学等の研究チームによれば，人の舌や唾液腺等の口内の細胞

にも新型コロナウイルスが直接感染しているため，口内でウイルスが増え，唾液を通じて感染を広げる可能性があるからである。⁽³⁾

　そのため，普段マスクをして対人接触をする仕事は多数あるが，長時間マスクを外し，口腔からウイルスが拡散される可能性が高い場所といえば，飲食をする機会のある場所，つまり飲食店ということになる。

　このことは，日本だけでなくあらゆる国で同じようなことになっており，新型コロナウイルス感染症対策の影響を受け，そこが職場であるならば，仕事自体がなかなか成り立たない状態に陥った。

（2）新型コロナウイルス感染症による雇用への影響

　ここでは，新型コロナウイルス感染症による雇用への影響について検討する。

　感染拡大前後（2019～2020年）の就業者を産業別に比較すると，緊急事態宣言が発令された2020年4月から5月の前年同月差は，女性の場合，「飲食サービス業」がマイナス25万人，「生活関連サービス業，娯楽業」がマイナス17万人，「小売業」がマイナス15.5万人であった。男性の場合，「飲食サービス業」がマイナス13万人，「建設業」がマイナス12万人，「製造業」「小売業」が各マイナス10.5万人であり，男女ともに「飲食サービス業」「小売業」の減少幅が大きいことは特筆すべきことである。

　2020年6月から12月の前年同月差は，女性の場合，「飲食サービス業」がマイナス18万人，「製造業」がマイナス10.7万人，「生活関連サービス業，娯楽業」がマイナス6.4万人であった。男性の場合，「製造業」がマイナス9.1万人，「飲食サービス業」がマイナス8.7万人，「建設業」がマイナス6.1万人であった。男女ともに，この期間も「飲食サービス業」の減少幅が大きいことは特筆すべきことである。また，この期間，男女ともに「製造業」の減少幅が大きいが，製造業は生産調整が可能であり，グローバル規模で新型コロナウイルス症の感染が拡大しているため，国内における需要減だけでなく，輸出の減少もあり，モノの生産に向けた雇用者の必要性が減少した（図表3-6，次頁）。

　その他に注目すべきことは，2020年4月から12月の数値をみると，この間，

図表3-6　産業別就業者数の前年同月差の推移

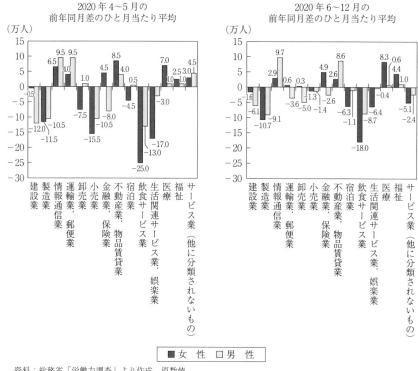

資料：総務省「労働力調査」より作成。原数値。
出所：内閣府男女共同参画局（2021）。

就業者数が増加している産業があり，女性は「医療」がプラス15.3万人，「不動産業，物品賃貸業」が11.1万人，「金融業，保険業」がプラス9.4万人，「福祉」がプラス6.9万人であった。男性は「情報通信業」がプラス19.2万人，「不動産業，物品賃貸業」がプラス12.6万人と増加していた。男女ともに，「不動産業，物品賃貸業」の増加幅が大きい。このことは，外出自粛，在宅勤務の増加等，自宅にいることによる住まいへの意識の変化により，新築着工の相談等，不動産購入を考える人の増加が大きいと考える。

　次に感染拡大前後（2019年と2020年）の雇用者数の推移をみると，男女ともに，緊急事態宣言が発令された2020年4月前後に雇用者数が減少した（図表

図表3-7　雇用者数の推移

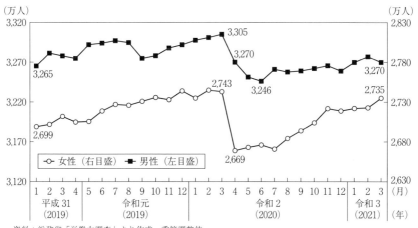

資料：総務省「労働力調査」より作成。季節調整値。
出所：図表3-6と同じ。

3-7）。前年同月で比べると，女性は74万人の減少，男性は35万人の減少で，女性の減少幅は男性の約2倍程度であった。

　コロナ禍でストレスを感じやすい仕事度合いを産業別にみると，「医療・福祉業」が男女ともに最も高かった。女性は，その他では「宿泊業・飲食サービス業」「小売業」であり，男性は「宿泊業・飲食サービス業」「運輸業・郵便業」「教育・学習支援業」であった（図表3-8上，次頁）。

　これらの産業に共通するのは，コロナ禍でも対人接触しなければ仕事が遂行できない点である。特にコロナ禍のはじめ頃は，ウイルスの正体がわからないため，自身の感染リスクの恐怖心と戦いながら仕事をしていたと考えられる。

　職種別にみると，女性は「保安の職業」「介護士・ヘルパー等」「看護師」が高く，男性は「保育士」「医師」「介護士・ヘルパー等」が高かった（図表3-8下）。対人接触が必要な仕事の中でも，介護・保育・看護という医療・福祉分野の職種は，コロナ禍でも必要な仕事であり，かつ図表3-6でも明らかにしたように就業者増の産業でもあった。

　このように，新型コロナウイルス感染症の拡大防止による取組の影響を受ける産業は，特定のものであることが明らかになった。

図表3-8　コロナ禍でストレスを感じやすい仕事度合い（上：業種別，下：職種別）

〈女性〉　　　　　　　　　　　　　　　（%）

〈女性全体〉	(n=1,885)	3～5点	それ以下
		20.9	79.1
農業・林業・漁業	(n=19)	5.3	94.7
鉱業・採石業・砂利採取業	(n=4)	0.0	100.0
建設業	(n=79)	10.1	89.9
製造業	(n=212)	12.3	87.7
電気・ガス・熱供給・水道業	(n=17)	17.6	82.4
情報通信業	(n=45)	4.4	95.6
運輸業・郵便業	(n=64)	21.9	78.1
卸売業	(n=41)	12.2	87.8
小売業	(n=177)	25.4	74.6
金融業・保険業	(n=83)	13.3	86.7
不動産業・物品賃貸業	(n=35)	0.0	100.0
宿泊業・飲食サービス業	(n=121)	27.3	72.7
教育・学習支援業	(n=127)	21.3	78.7
医療・福祉業	(n=336)	42.9	57.1
他サービス業	(n=312)	16.3	83.7
その他の産業	(n=213)	11.3	88.7

〈男性〉　　　　　　　　　　　　　　　（%）

〈男性全体〉	(n=3,013)	3～5点	それ以下
		18.0	82.1
農業・林業・漁業	(n=38)	2.6	97.4
鉱業・採石業・砂利採取業	(n=3)	0.0	100.0
建設業	(n=167)	12.6	87.4
製造業	(n=672)	13.8	86.2
電気・ガス・熱供給・水道業	(n=46)	19.6	80.4
情報通信業	(n=175)	5.7	94.3
運輸業・郵便業	(n=192)	26.4	73.6
卸売業	(n=148)	13.5	86.5
小売業	(n=182)	20.3	79.7
金融業・保険業	(n=130)	14.6	85.4
不動産業・物品賃貸業	(n=74)	14.9	85.1
宿泊業・飲食サービス業	(n=74)	23.0	77.0
教育・学習支援業	(n=139)	24.5	75.5
医療・福祉業	(n=233)	39.5	60.5
他サービス業	(n=449)	14.7	85.3
その他の産業	(n=290)	20.7	79.3

〈女性〉　　　　　　　　　　　　　　　（%）

〈女性全体〉	(n=1,885)	3～5点	それ以下
		20.9	79.1
看護師	(n=82)	42.7	57.3
医師	(n=1)	0.0	100.0
介護士・ヘルパー等	(n=83)	47.0	53.0
保健師	(n=3)	33.3	66.7
保育士	(n=37)	40.5	59.5
上記以外の専門・技術系の職業	(n=129)	31.0	69.0
管理的職業	(n=12)	16.7	83.3
事務系の職業	(n=586)	11.4	88.6
営業・販売系の職業	(n=211)	28.4	71.6
サービス系の職業	(n=208)	27.9	72.1
生産技能・作業	(n=118)	18.6	81.4
保安の職業	(n=3)	66.7	33.3
農林漁業職	(n=16)	0.0	100.0
運輸・通信	(n=26)	26.9	73.1
その他	(n=370)	12.4	87.6

〈男性〉　　　　　　　　　　　　　　　（%）

〈男性全体〉	(n=3,013)	3～5点	それ以下
		18.0	82.1
看護師	(n=19)	36.8	63.2
医師	(n=22)	59.1	40.9
介護士・ヘルパー等	(n=68)	41.2	58.8
保健師	(n=4)	25.0	75.0
保育士	(n=3)	66.7	33.3
上記以外の専門・技術系の職業	(n=423)	19.6	80.4
管理的職業	(n=421)	14.7	85.3
事務系の職業	(n=453)	13.5	86.5
営業・販売系の職業	(n=399)	21.1	79.0
サービス系の職業	(n=147)	21.1	78.9
生産技能・作業	(n=388)	17.0	83.0
保安の職業	(n=56)	30.4	69.6
農林漁業職	(n=22)	0.0	100.0
運輸・通信	(n=144)	31.3	68.8
その他	(n=444)	9.2	90.8

注：(1)　「令和2年度　男女共同参画の視点からの新型コロナウイルス感染症拡大の影響等に関する調査報告
　　　　書」（令和2年度内閣府委託調査）より作成。
　　(2)　網掛けは，全体値よりおおむね5%ポイント以上大きい箇所を指す。
　　(3)　自身の仕事について，コロナ禍でストレスを感じやすいと思われる項目にいくつ当てはまるかで点
　　　　数化※したものを職種別・男女別に集計。
　　　　※1項目該当の場合1点，2項目該当の場合2点，3項目該当の場合3点，4項目該当の場合4点，
　　　　5項目該当の場合5点，いずれも該当しない場合0点と点数化した。
出所：図表3-6と同じ。

注

(1)　本節のデジタル社会に向けた概観は，総務省『情報通信白書』（2020〜2021）を参考にした。

(2)　2021年4月からは，「科学技術・イノベーション基本法」として改正施行された。

(3)　「朝日新聞」（2021年6月8日配信，朝日新聞HP〔2022年5月15日アクセス〕）。

(4)　このことは，「ウッドショック」と呼ばれており，世界的に新築物件を希望するものが多く，建築材料が不足気味であることを象徴する表現である。コロナの影響による外出自粛要請から，仕事も在宅で行うようになり，自宅で過ごす時間が長くなった。そのため，自宅を過ごしやすい空間に変えたいという希望者が増え，新築やリノベーションの増加等，住まいである「家」の購入を考える人が増加した。ただし「建築着工統計調査」（国土交通省）によれば，2020年の新築住宅着工戸数は前年比9.9％減の81万5,340戸であり，減少は4年連続で，着工戸数は2010年（81万3,126戸）以来の低水準だった。だが，2020年11月あたりから，新築住宅着工戸数のうち，持ち家が前年同月比2.4％増の2万2,819戸となった。増加は2カ月連続で，民間資金による持ち家の増加が寄与した。このことは，たとえば，新築で持ち家を建て，着工するには，不動産会社との打ち合わせ（家の内装，配置，色，壁，部屋割り等）に，3カ月弱かかる。そういうことを考えると，2020年の9月過ぎに，感染拡大が一度おちついた頃に新築を購入することを決めた結果が，その年の年末に表れ，それ以降の2021年からは，新築着工が増加している。

<table>
<tr><td>第4章</td><td>ライフデザインとキャリアデザイン</td></tr>
</table>

1　ライフデザイン

（1）ライフデザインを考える

　私たちは，いつ頃から自分自身の人生について考えるようになるのか。無意識かもしれないが，就学期前には「お菓子屋さんになりたい」「アイスクリーム屋さんになりたい」「野球選手になりたい」「わからない」等，すでに将来，どのような生活・人生を送りたいのか，またどのような仕事をしたいのかを考えているのかもしれない。

　自身の人生を考える際，主に2つの観点から考えることが多い。一つはライフサイクルの中におけるライフイベント（結婚・妊娠・出産等）について，もう一つは仕事に関すること，つまりキャリアについてである。

　人は誰でも1日は24時間であり，人生は一度きりである。このことは変わることのない事実である。そのため，有意義に過ごしたい，社会に貢献したい，後世に名を残したい等，人々には多くの欲求がある。私たちは自身の人生を考える際，どのような仕事をしたいのか，プライベートな生活をいかにして充実させるか等を，男女ともに両方のことを考えるのが常であろう。[(1)]

　だが，よく考えると，仕事だけをしたり家庭生活だけをしているわけではない。もちろん各個人の置かれた状況により異なるが，人生の中で，人は仕事と関わったり，プライベートな生活と関わったりする。たとえば，結婚したり，子どもができたり，介護が必要になるだけではない。人生の中には，職業人としての役割，プライベートでの個人の役割等，様々ある。

　そういった現状を考えれば，自身の人生を「ライフデザイン」することは，

重要なのではないか。

（2）自身の人生設計を考える

　自身の人生をデザインするために，バーネットとエヴァンスはシンプルな行動として次の5つを提示している（Burnett & Evans 2016＝2019：46-49）。

① 好奇心（興味をもつ）

② 行動主義（やってみる）

③ 視点の転換（問題を別の視点でとらえなおす）

　問題の見方を変える，新しい解決法

④ 認識（人生はプロセスだと理解する）

　1歩進んで2歩下がる，初めの考えに固執しない

⑤ 過激なコラボレーション（助けを借りる）

　他者の助けを借りる，質問する

　①は，人生の中で起きるどのような出来事に対しても好奇心をもつことである。どのような出来事にも面白さはあり，興味をもつことで何か新しいことを発見するかもしれない。好奇心旺盛だと何事にも興味をもちやすいので，チャンスをつかむ可能性が高くなる。

　②は，人生の中で起きるどのような出来事に対しても，まずは動く（行動する）ことである。動くことで何か新たな発見があるかもしれないし，新たな人間関係の構築につながる出会いがあるかもしれない。そして，失敗を繰り返しながら，うまくいく方法や問題の解決策をみつける。場合によっては，当初考えていたことと異なる解決法や考えになることもある。その結果を受け入れ，次のステージに進むのである。

　③は，1つの出来事に対して，その解決法が多数あるということである。ものの見方を変えることで，新しい解決法がみつかり選択肢も多様化する。視点を転換することは，行き詰まった状態から抜け出すことにもつながる。

　④は物事の認識方法であり，初めにこうしようと考えたことに固執しないことである。初めに決めた考えを手放すのは勇気がいる。そのために，時間をか

け，場合によっては経済的な面においても，負担を強いられるかもしれない。だが「一歩進んで二歩下がる」「押してもだめなら引いてみろ」ではないが，考え方を柔軟にすることで新たな一歩を踏み出せると考えられる。人生の計画を立てる，つまりデザインすることは，「過程」「プロセス」であるということだ。

⑤は，人生は自分1人で歩み，決断するわけではない。他者の助けを借りることで，自身の考えがより一層よくなることは，経験としてあるだろう。誰かに聞くことやアドバイスをもらうことはとても重要である。

最後に，バーネットらは，⑥コンパスと⑦の自己鍛錬の2つを追加した（Burnett & Evans 2016＝2019：26-29）。

⑥のコンパスとは，まさに人生の羅針盤であり，自身が考える仕事観と人生観である。具体的には，自身の人間性・考え方に矛盾のない生き方ができているかどうかである。

⑦自己鍛錬とは，自分を磨き，自己を成長させていくことである。自己鍛錬を通じて，心を鍛え判断力を高めることは，生活時間の中における何かについて考える時間的余裕がある方がよい。まとまった時間がとれなくても，ほんの少し生活時間の中で余裕時間をつくることで，よい仕事のアイディアが浮かんだりすることは多々ある。生活時間にゆとりを持たせることは重要である。

（3）心の健康を保つ

バーネットらが述べた人生をデザインするために必要な行動（5つプラス2つ）の分類を人生の初期段階において教えられる機会に恵まれれば，その後の人生において，自身が納得できて目標を達成しやすい人生が送れるかもしれない。だが，提示された内容をみると，すべてがポジティブ思考に基づき行動することを意味しているのではないか。もちろん，これは人生において必要なことでもある。

スコットとグラットンによると，長い人生を生きる時代において，意欲的に生きたり仕事をするためには，何かを受け入れたり学ぶことが必要になるが，

その際，「脳が健康な状態であって初めて可能になる」という（Scott & Gratton 2020＝2021：137）。

　いわゆる「レジリエンス」——困難な出来事に対して対応できる・打ち勝つ力——が今後の社会においてますます重要になる。筆者は，ある程度，次のように個人の考え方の方向性を正すことで，心の平安を保てるように思考を訓練することも重要だと考える。

　　①　辛いこと・嫌なことは寝て忘れる。

　　②　辛いこと・嫌なことは３日で忘れる。

　　③　先人たちの智恵に頼る（ことわざ等。例：「捨てる神あれば拾う神あり」「人生に無駄はない」）。

　このように，先人たちの智恵を活かし，心の健康を保てるような思考訓練を進めることが大切である。

2　キャリアデザイン

（1）キャリアの意味

　「キャリア」とは，どのようなことを指すのか。「キャリア」という言葉は，広く一般的に使われている。元々は，ラテン語の轍（車輪の跡）に由来している。多様な意味が存在し，論者によっては定義が多少異なることも事実である。ここでは，国語辞典に記載され「一般的」と考えられる意味と，研究者等の学術的な考察を踏まえた定義を紹介する。

　まず『広辞苑 第7版』では，「①（職業・生涯の）経歴，②専門的技能を要する職業についていること，③国家公務員試験Ⅰ種の合格者で，本庁に採用されている者の俗称」と定義されている。一般的には，①の「経歴」，それも職業上の経歴・経験等という意味で使われることが多い。

　では，研究者等の学術的な意味ではどうなのか。研究者の定義も多種多様であるが，主には仕事に関連したことが主要な意味として使われている。

　まずキャリアカウンセリングの第一人者である渡辺三枝子によれば，「職業」

つまり「仕事」は個人から独立して存在しており，自身でどのような仕事をするか，どういった職種で働くのかを選択することができる。だが「キャリア」というのはそうではなく，個人が自ら積み上げ構成するものであり，個人から独立して存在するものではない。個人にとって多様な選択肢がある中で，何を選び・選ばないかによって後年の人生設計がつくり出されていくため，ダイナミックであり，生涯にわたって展開されていくものとしている（渡辺 2001）。

　また八幡（2009：1）は，キャリアとは，ある個人が時の経過とともに体験する一連の仕事経験や，働くことの経験の連鎖を指す言葉であり，時代とともに広がりをもってきたという。他に梅澤（2001：186-187）は，キャリアには多様な意味があり，生き方や経歴の中での仕事のあり方や職業の有り様にポイントを置いて定義している。さらに梅澤は，キャリアは業務や仕事であり，地位やポストであり，組織内の職種や職務の経歴であるとも定義している。

　八幡や梅澤が指摘しているように，キャリアには多様な意味があり，その多様な意味を，宮城（2002：11-12）は「広義のキャリア」として「生涯・個人の人生とその生き方そのものとその表現のしかた」と定義している[2]。

（2）多様なキャリア

1）ライフキャリア

　「キャリア」には多様な意味があることを踏まえ，先にみた渡辺三枝子は，キャリアのもつ多様な意味は，その「多面性」をも意味しており，多様な意味の中でも共通項として不可欠な要素は，「人と環境との相互作用の結果，時間的流れ，空間的広がり，個性的の意味が共通して内包されていること」であるとして，職業や職務への個人の働きかけに焦点を当てた（渡辺 2018：18）。

　近年のキャリア研究の流れをまとめたものに，藤澤（2021）があるが，それに準じて以下紹介する（図表4-1）。

　近年は，キャリアの概念を「個人の人生・生き方とその表現法」であると定義し，職業・職務内容・進路だけに留まらず，全体的・統合的に「ライフ・キャリア」として捉えるようになってきた。つまり人生と深く関わる「人の生き

図表4-1　多様なキャリア論

テーマ	代表的な論者	概　要
ライフキャリア	Erikson & Erikson	人生全般にわたる8〜9つの発達段階があり，例えば青年期にアイデンティティを確立し，成人期に向けて孤立せず親密さを獲得し，ベテランになってからは停滞せず若い世代の世話ができることなど，世代ごとの発達課題の克服をキャリア形成と捉えた。
	Super	キャリアを役割と時間軸の2次元で捉え，労働者，学生，余暇人，家庭人，市民，子どもという6つの役割を担うことを通じた学習が，自己概念の確立につながっていくとし，「ライフキャリアレインボー」というモデルを提示した。
組織内キャリア	Schein	組織への参加過程（新参者から中心者へ）と密接に関連し，組織からの要請などの環境要因と相互作用しながら形成されるキャリアを描いた。キャリア形成のガイドとなる8つの「キャリア・アンカー」（専門・職能別能力，全般管理能力，自律・独立，保証・安定，企業家的創造性，奉仕・社会貢献，純粋な挑戦，生活様式）があるとした。
ニューキャリア	プロティアン・キャリア（Hall）	プロティアンとは「変幻自在」を意味し，自己管理を重視し，個人の目標や価値観を追求するために組織内外の変化に適応することを促す。
	バウンダリーレス・キャリア（Arthur & Rousseau）	キャリア開発の主体を個人と捉え，1つの雇用環境の境界を越えたキャリア形成を志向する。エンプロイアビリティの形成が組織と個人の関係性の接点と考える。
学習や資産形成を重視するキャリア理論	計画された偶発性（Mitchell, Levin & Krumboltz）	予期しないイベントを学習の機会に変えることで，人はキャリアを築いていく。学習の機会を生み出し発見するためには，行動を起こすことを学ぶことが必要と論じた。
	持続可能なキャリア（Van der Heijden & De Vos）	キャリアの主体者は誰かという議論に対し，組織と個人の共同責任という立場を取る。仕事をしているときのみならず働いていない期間も含めて学びの機会とし，同時に資源を枯渇させないバランスの重要さを強調する。

出所：藤澤（2021：7）。

方そのもの」に拡大定義され，包括的・統合的な概念に発展してきた。キャリアは様々な要因と相互に関連し合い，個人の人生の中で生涯発達し続けるものとして考えられるようになったのである。八幡（2009）も，近年では生涯にわたる生き方全体をライフキャリアとして捉える考え方が主流となりつつあるという。

　佐藤・斎藤・山田（2014：61-93）によれば，ライフキャリア領域では，生活の場におけるキャリア形成に焦点を合わせるからだという[3]。佐藤らはライフキャリアについて論じる際に「自律」についても言及しており，キャリアにおける自立（自律）とは，必要に応じて他者の支援を受けながら，自らの望む生活目標・生活様式を自己決定し，他者と共に問題的状況を乗り越えていくという支え合い型の自立（自律）である，と定義している。また，この点について，現代社会において私たちがしばしば直面する問題的状況は，独力で克服することが容易でなく，支え合いを要する場合が多いからであるとも補足説明している。注目すべきは，生涯発達という生き方全体を捉える際，自立（自律）について触れられていることである。

2）自律的キャリア

　先にみた佐藤らの研究でも指摘されたが，近年のキャリア論では「自律」をキーワードとしてキャリア論を論じる研究も少なくない。ますます多様化・複雑化，そしてインターネットやSNSの普及・浸透により，人々の行動へのアクセスがより容易になったので，2000年前後に「監視社会」が話題になったが，今やそれが現実のものとなっている。

　そうであるならば，私たちは今まで以上に自身の言動について責任をもたねばならないし，反面，何かしらのトラブルに巻き込まれた際も，その監視された装置によって自分の身を助けるものとなる可能性が高い。そういう時代だからこそ，人とのつながりや助けの重要性が再認識されるわけであり，自身のキャリア形成に関してもそうである。

　片岡・阿由・北村（2021：236）は，自律的キャリアとは，孤立することではなく，色々な仲間とつながり，支え・支えられる関係性になることであり，所

属する組織とその同僚とのつながりだけでつくられていたキャリアから脱皮し，新たなつながりを生み出すことで，自分を支えてくれる人をたくさん増やすこと，所属する組織とその同僚とのつながりだけでつくられていたキャリアから脱皮し，新たなつながりを生み出すことで，自分を支えてくれる人をたくさん増やすことであるという。

　村山（2021：211）は，自律的であるとは自らの律に従って自らを方向づけ，判断し，ぶれずに行動できることであり，それは心の中にぶれない羅針盤を持っていることであるという。よい自律とは，我を通すことではない。誰もが自分の律を醸成し，自分の規範やルール・理念や価値観，それに基づいた意見や主張を持つべきだが，それらは完全ではない。常に他律を受容しつつ，他律と対話・議論を交わしながら，両者にとってよりよい律の創出，すなわち「合律」を目指すことが「賢い」ことであると主張している。

　そして高橋（2006：160）は，自律的キャリア形成能力をキャリアコンピタンシーと言い換えている。それは特定の職種の成果ではなく，充実した自分らしいキャリアを継続的に切り開いていくことのできる思考のことである。このような行動特性は，社会でも通用するスキルや資格といったエンプロイアビリティよりも抽象性・普遍性の高い能力を指す。また，自律的なキャリア形成を成し遂げるために，必要な仕事やキャリアを通じて自分を幸せにしていくような能力が，人間には自然な状態では備わっていない。それができるようになるための勉強や練習が必要であるという。

　彼らの研究に共通することとして，自律的とは，他者からのアドバイス・助けを得ることで自身の自律が助けられることであり，自身の自律のためには他者の存在が必要であるとしていることである。

3）D.E. スーパーのキャリア論

①　キャリアの定義

　スーパー（D.E. Super）のキャリア論は，キャリア関係，キャリアカウンセリング等の書籍では，必ずといってよいほど紹介される有名な理論である。彼は複数のキャリア論を展開しているため，代表的なものを概観していこう。

　スーパーは『職業の心理』において，人の人生に観点を置いた理論を展開している。キャリア研究においてスーパーが展開している定義は，「キャリアとは，生涯にわたって従事し，大半を占める職業，職務，職位の前後連鎖したもの」である。

　考えてみてほしい。私たちが仕事をする期間は，個人差はあるものの人生の大半を占める。一例を挙げれば，大学を卒業する20代前半で仕事に就き，その後，60歳で定年退職し65歳まで再雇用されて働き続け，65歳で職業生活を終えるならば，45年弱という人生の半分以上の期間，仕事をしていることになる。

②　ライフキャリアレインボー理論

　スーパーは，人の人生を劇場に見立て，議論を展開している。スーパーのライフキャリアレインボー理論は，「人は一定の時期，主に青年期に職業を選択する。それがキャリアの最終ではなく，キャリアは生涯にわたり，発達し，変化する」というのが主眼である。ライフキャリアレインボー理論では，キャリアの発達を人の発達と関連づけた「ライフスパン」（人生における期間・時期）（図表4-2中の半円の外側）と，人生における役割と関連づけた「ライフロール」（人生における役割）（図表4-2中の半円の中心）という2つの観点から捉えている。

　私たちは社会生活を送る上で様々な役割を与えられており，それを意識するにせよしないにせよ，ある程度，役割に縛られながら生活している。家族生活では子ども・姉・母親等の役割があり，職業生活では職場の課長・店長等の地位に基づく役割があり，これらの役割を果たしながら生活している。こういった日常生活における役割をさらに広げ，ライフキャリアレインボー理論では，人生における役割として，①子ども，②学生，③余暇人，④市民，⑤労働者，⑥家庭人，の6つを挙げている。

　スーパーは，私たちが職場や職業選択をする際，仕事に関することだけでなく，人生の中のそれぞれの生活段階（成長段階・探索段階・確立段階・維持段階・下降段階）において直面する課題があるため，それらをも含めて分析するのは差し支えないとして，5つの発達段階を示している（スーパー・ボーン

図表 4-2　ライフ・キャリア・レインボー

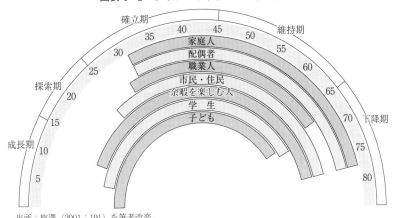

出所：梅澤（2001：191）を筆者改変。

1973）。以下では，その概略を紹介する。

①　成長段階（誕生〜14歳）…幼児期・学童期・思春期

　自己概念は，家庭と学校における主要人物との同一視を通して発達する。欲求と空想は，この段階の初期においては支配的である。興味と能力は社会参加と現実吟味の増大に伴い，この段階で一層重要になる。

②　探索段階（15〜24歳）…青年期

　学校・余暇活動・アルバイト等において，自己吟味・役割試行・職業上の探求が行われる。

③　確立段階（25〜44歳）…成人期

　適切な職業分野が見つけられ，その分野で永続的な地位を築くための努力がなされる。その結果，選択した職業分野を変える場合があるが，試行なしに確立が始まる場合もある。特に専門職の場合がそうである。

④　維持段階（45〜64歳）…維持段階は中高年期

　職業の世界である程度の地位をすでに築いたので，この段階での関心はその地位を保持することにある。新しい分野が開拓されることはほとんどなく，すでに確立されたラインの継続がみられる。

⑤　下降段階（65歳以後）…老年期

　　身体的・精神的な力量が下降するにつれて職業生活は変化し，後に休止
　する。新しい役割が開発されなければならない。つまり後継者の育成であ
　る。

4）E. H. シャインのキャリア・アンカー論

　シャインは，個人のキャリアを長期的な視点で捉え，さらにそこに自身のも
つ職業観・理想像を絡めながら考える。その根幹をなすのがキャリア・アンカ
ーになる（Schein 1990＝2003）。

　キャリア・アンカーとは，職業経験を積み重ねることで自身の中に形成され
る仕事に関する自己概念のことであり，自身の職業選択の指針・キャリア選択
を方向づけるアンカー（船の錨）のことをいう。つまり，自己概念の一部であ
るということだ。自身のもつキャリアの支え，言い換えれば，この仕事をする，
この仕事が天職，この仕事しかないと常に自身が振り返るような仕事は，キャ
リア・アンカーにつながっていくのである。仕事に関する自己概念は，次の3
点を考えてみると明確になるだろう。

　　①　自分の才能・技能・有能な分野は何か。自分の強み・弱みは何か。

　　②　自身の欲求・動因・人生の目標は何か。何を望み，何を望まないのか。

　　③　自分の価値観や自分の行動を判断する主な基準は何か。自分の価値観
　　　　と一致する組織や職務についているのか。自分の仕事やキャリアにどの
　　　　くらい誇りをもっているのか。または恥ずかしいと感じているのか。

　またキャリア・アンカーを考える際，注意すべき点は次の5つである。

　　①　職業選択の際に職業適性テスト等で分析された結果は，仕事を始めて
　　　　から明らかになった才能と能力について言及されていないこと。

　　②　キャリア・アンカーは，仕事上の経験を重視するため，職業適性テス
　　　　トからは予想できない。キャリア・アンカーは個人の内面にあり，キャ
　　　　リアの決定と選択に対して推進と抑制の力を持つ。もし失敗しても，ア
　　　　ンカーによって引き戻される。

　　③　キャリア・アンカー理論の目的は，個人全体のイメージの中で，動機
　　　　と価値と能力が徐々に統合されるのを強調することである。

④　キャリア・アンカーは，キャリア初期の何年かの間に発見する。なぜなら人は，様々な実生活の状況に遭遇して初めて，自分の能力と動機と価値がどう影響し合い，これらがどう自分に可能なキャリア選択と一致するかを知ることができるからである。

⑤　この概念は，他の領域での成長と変化を許す安定性の源泉である。アンカー自体が変化することもありうるし，この概念は人生経験を積んで自己洞察が増すにつれて安定する部分を説明するものだと認識されるべきである。

シャインがこの理論を構築したのは，かつて大学院修士課程の卒業生を対象に調査を行った時である。この調査を通して，たとえば何か自分に適してない仕事についた場合，自分にもっと適している何かに引き戻されるような現象を船の錨（いかり）に例えるようになった。また，この調査から明らかになったのは，キャリア・アンカーには次の8種類があるということだ。

①　専門・職能的コンピタンス

専門性を中心としたもの。

②　全般（経営）管理コンピタンス

何種類かの職能分野に精通する必要性を認識する。重い責任のある仕事を望む。組織への同化。

③　自律・独立

自立的な専門職を志望する。コンサルティング，研究開発等。

④　保障・安定

終身雇用制度が適用されており，公務員的な仕事を望む。

⑤　起業家的創造性

新しく起業し，新製品等を作り出すこと。

⑥　奉仕・社会貢献

世の中をもっとよくしたいという欲求により仕事を選択する。医療，看護等。

⑦　純粋な挑戦

　　困難な課題に直面するような仕事を求める。

　⑧　生活様式

　　生活様式全体を調和させることが大切である。ワーク・ライフ・バラン
　スを重視。

　シャインはこの分類を踏まえ，キャリア形成においてやるべきこととして，
「自分自身の洞察を高め，その結果を組織のキャリア関係の上司と共有するこ
と」としている（Schein 1990＝2003）。そのために組織・経営者は何をすれば
よいか。具体的には，より柔軟性のあるキャリアパス，刺激誘因（インセンティ
ブ）の制度，報酬制度を新たに設けること，自己洞察，自己管理を促進する
（管理職にあるものは，自分自身のキャリア・アンカーを分析し，自身のキャリアを
管理することで部下に手本を示すことになる），組織がキャリアを歩む従業員に何
を要望しているのかを明確に示すことだとしている。

5）M. B. オウサーらのバウンダリーレスキャリア論

　三輪（2021：28-29）は，オウサーらのバウンダリーレスキャリア（Arthur &
Rousseau 1996）を知識労働者のキャリア論として紹介している。バウンダリ
ーレスキャリア論は，IT技術者のキャリア分析から生まれた概念であり，組
織や産業の境界を越えて形成されるキャリアである。IT産業に代表されるよ
うな新しいビジネスでは，暗中模索の中で臨機応変な対応を求められることも
多い。

　バウンダリーレスキャリアとは，仕事内容や企業といった組織等のあらゆる
境界を超えて展開するキャリアのことである。境界線を越えたキャリア構築で
あるため，まさにその線を越えた能力，言い換えれば，どこでも通用するキャ
リア・能力であることを意味する。

　この理論では，組織に対して自身のキャリアを預けるのではなく，自分のキ
ャリアに責任をもつ必要があり，人的ネットワークを作って積極的に学習する
ことが望まれているという。そして，これを支えるキャリアコンピテンシーは，
次の3つであると主張している。

　①　個人の動機や価値（knowing-why）

個人のアイデンティティにかかわるもので，変化の激しいキャリアに対して意味を見出す。

② 知識やスキル（knowing-how）

仕事上の知識やスキルを主体的に柔軟に学ぶこと。

③ 人的なネットワーク（knowing-whom）

組織の壁を越えて，非階層的に，時には即興的に形成されることが大切だとされているという。

6）D. ホールのプロティアン・キャリア

1976年にアメリカのボストン大学経営大学院で，組織行動学や心理学を専門とするダグラス・ホールが提唱した理論であり，社会や環境の変化に応じて柔軟に変わることのできる変幻自在のキャリアを「プロティアン・キャリア」と提唱した（田中 2019：24）。

田中研之輔によれば，この理論では，柔軟にキャリアを変更することができるならば，社会がどのように変化しても失業せずに働き続けることが可能であるという。そして，プロティアン・キャリアのポイントとして次の3つを挙げている（田中 2019：26）。

① キャリアは組織に預けるものではなく，自分で育て形成する。

② キャリアは昇進などの結果ではなく，生涯を通じた全過程である。

③ キャリアは，変化に応じて自分で変えることができる。

この理論は，バウンダリーレスキャリア論と重なる部分はあるが，キャリアの構築を企業主体ではなく個人主体で進め，個人のキャリア構築を重視する点に特徴がある。昨今は特に新型コロナウイルスの影響もあるので，キャリア・仕事に関する新たな考えや労働市場の動向も踏まえると，仕事自体も1つだけでなく，可能なスキルを複数身に付けることも必要になるのではないか。

また，この理論は，適応という概念を用いて環境に合わせて変化していくキャリアを説明したことである。今後の社会で働いていくには，変化に迅速に対応しなければならず，常に最新の技術が必要とされる知識労働者には必須の理論である。

7) J. D. クランボルツのプランドハップンスタンス理論

　プランドハップンスタンス理論（「計画された偶然」という理論）は，クランボルツによって提唱された。人のキャリアは，計画を立てたとしてもその通り進むわけではない。偶然生じる出来事によって，キャリアが選択されたり変更されることもありうる。また，その偶然を受け入れ，流れに身をまかせて，偶然生じた出来事（仕事）に応じて活動することで，想定外のキャリアが形成されていく。そういったチャンスを増やし，キャリア形成の準備をすることがキャリア支援だともいわれる。つまり，偶発的な状況が生じても，柔軟に対応していくことが重要だというのが理論の趣旨である（Krumboltz 2004＝2005）。

　クランボルツの理論は，人生という長い過程においてキャリア計画は思うように進むわけではないというのが根本にある。考えてみてほしい。私たちは，キャリア計画だけでなく，予定通りに進んだ（進んでいる）計画はどの程度あるだろうか。ごく一部のもの以外はそうでないと考える。

　下村（2013）は，日本ではキャリア発達の激変に対応したキャリア発達理論としてプラントハップンスタンス理論が注目されるようになったと捉えており，この理論を次のように紹介している。

　　「人のキャリアには，偶然の出来事が重要な役割を果たす。偶然の出来事によって当人も自覚していなかった新しい分野に対する興味が喚起され，新しい事がらを学ぶ機会が得られる。したがって，新たな発見が得られるような偶然の出来事に出会う機会を増やすようにし，偶然の出来事をうまく自分のキャリアに取り込むこと，また，そのための準備をしておくことが重要である。そして，将来に対してオープンマインドで臨み，偶然の出来事を自分のキャリアに取り込むためには，①好奇心，②忍耐力，③柔軟性，④楽観主義，⑤リスクテイキングといった態度が必要となる」としてまとめている（下村 2013：31-32）。

　このような考えは，これまでのキャリア研究の中では偶発理論として知られていたが，あまり注目されていなかった。1990年代の後半になって注目されるようになった要因を，下村は「90年代前半にバブル景気が崩壊し，日本社会に

おける伝統的な雇用慣行が崩壊したという認識が広がっていたからだという。そのため，労働者たちは自身の身にいつどんな出来事が起きてもおかしくないという認識が広がり，個人のキャリアを考えるにあたり，たまたま起きた偶然のキャリアを考え，たまたま起きた偶然の出来事に対処するための理論的な基盤の必要性を感じるようになっていた。こういった流れは日本だけでなく，海外の研究においてもそうだった」と分析している（下村 2013：32）。

（3）多様なキャリア論から学ぶこと

　本章で紹介したキャリア論は，数多くあるキャリア論の中の一部である。キャリア論を学ぶことは，職業人生だけでなく「私自身の人生」という視点で考えても，今後の人生における仕事とライフイベントとの両立（妊娠・出産等）や日々の職業生活等で迷いが生じた時に，シャインが述べるように自身の中にあるアンカーに揺り戻されるかもしれない。ヒントになるのは，自身が幼少期に，どのような仕事をすることを希望しており，実際にはどのような仕事に就いているのか。それは幼少期に希望した仕事と近いのか・遠いのか。何が適職か迷った時，自身の人生を振り返ることで答えは見つかるかもしれない。

　具体例を出してみよう。幼少期にありがちな「歌手になりたい，アイドルになりたい」という夢だが，実際に夢をかなえられるヒトは少なく，さらにヒット曲に恵まれ，メディアにも頻繁に登場するような売れっ子になるのはごくわずかである。歌手にはなれなくても，音楽という共通項で作曲家・ギタリスト・音楽プロデューサー等の仕事に就いたり，または人前に立つという共通項で教員等の仕事に就くことは，幼少期の夢に近い仕事である。

　このように自身の中で目標とするキャリアが定まっていても，その道に進めなかった際，どのようにして別の道を切り開くのか，どのように気持ちを切り替えるかは，クランボルツの理論がかなり参考になるだろう。つまり，人生の中で起きる出来事にあえて流されてみるということだ。そういった心の持ち方・方向性を，彼らの理論は導いてくれている。

（4）将来就きたい仕事と幼少期の影響

　私たちは，幼児期の頃から，将来どのような仕事に就きたいのかを考えるし，考えさせられている。まだ社会の仕組み・就きたい仕事に就ける可能性・仕事を得るまでに必要な準備などがわからない頃は，様々な仕事を希望する職業として挙げるだろう。

　たとえば株式会社クラレは，1999年の調査開始時から，小学校に入学する子どもとその親を対象に，「将来就きたい職業」とその親が「就かせたい職業」を調査している。その2021年版（クラレ 2022）をみると，女の子は，1位が「ケーキ屋・パン屋」，2位が「芸能人・歌手・モデル」，3位が「看護師」であり，このあたりの順位は10年ほど変化していない。男の子は，1位が「警察官」，2位が「スポーツ選手」，3位が「消防・レスキュー隊」である。これまで上位を占めていた「運転士・運転手」が4位に，逆に2020年からベスト10入りした「ユーチューバー」が7位へと順位を上げている。このように就学期以前は，自身が将来希望する職業を聞かれた際，何の社会的な制約も受けずに回答している。

　だが，ある程度の年齢になり，自身が生活する社会の仕組み，中でも雇用システムや，その仕事をするために必要なことと，それにかける時間，経済的な問題等が明らかになってくると，将来，就きたい仕事も現実的になってくる。もちろん自身の適性という問題もあるが，それは成長とともに調整されるようになる。

　そして，しばらくすると，自身を取り巻く環境を考え，自身が就きたいと思う仕事に就くためには何か必要なのか，まさにキャリアをデザインすることになる。たとえば保育士になりたいと思うならば，保育士養成コースのある専門学校に入学し資格を取得するか，保育士資格を取得できる大学の学部に入学し資格を取得するか，あるいは自身で試験を受け合格の切符を手に入れるかである。そのためには，ある程度勉強することや学校に行くための資金も必要になる。もちろん，入学した学校で授業料免除を受けた給付型の奨学金が付与されれば資金はかからないが，それは多数派ではない。特に日本社会では，親が学

費を出したりまたは奨学金を借りるというケースが多い（自身でアルバイトして授業料を払う者もいる）。

こういったことから考えると，ある程度の時期に自身の将来について考えることが必要である。筆者が2017〜2018年現在に理系の仕事をする女性30人に対して行った聞き取り調査の結果では，文系女性が多数派である中で理系科目に興味をもったのは小学生ぐらいの時，または遅くても中学生までであった。そして，そのきっかけとなったのは家庭環境が最も多く（父がものづくりをしてくれた，親戚のおじさんが理系），進路選択の契機となる出来事はかなり早い時期から生じていた（乙部 2017）。

15歳の春ではないが，小学校・中学校という義務教育期間を終えて，その後，高等学校・大学・専門学校等への進学や就職を考える。だが，そのような年齢の時に自身の職業キャリアについて真剣に考えることができる者がどれほどいるだろうか。

誰しもが，効率よく無駄を省いて自身の希望する職業に就き，一定程度以上の収入を得ることを目指すに違いない。だが，そういった人生を歩むものは，それほど多くない。そうはいっても人生は一度限りである。ならば，限られた時間を有効に使いたいと思うのが心情だろう。そこで必要になってくるのが，自身の職業について「キャリアデザイン」することである。

3　キャリアデザインとは何か

（1）キャリアデザインの定義

キャリアを職業と考えれば，まさに，どのような仕事をしたいか，その仕事に就くためには何が必要なのかを考え，職業人生を設計，計画を立てることが必要である。そうなると，仕事だけでなく，自身のプライベートな部分も大いに関係してくる。そして，自身のプライベートな人生をも含めたライフデザインが必要になる。

キャリアデザインとは，何を指すのだろうか。梅澤（2008：66）は「働き方

と生き方につながりをつけるのがキャリアデザイン」であると述べた。またキャリアデザインについての著作も多い笹川孝一は，次のように定義している。

　「『キャリア』には，人生の行路や生涯，進路・針路や航路，進む，速く走る，出生する，職業経歴，活動分野などの多面的な意味が生まれた。そしてこのキャリアという言葉の多義性が，多面的に，しかも，専門性やポリシーをもって生きたいと願っている人々を，ひきつけつつある。まず，①『キャリア』＝『人生』によって，『私＝ego』に，時間の視点があたる。幼小児期，少年少女期，思春期，青年期，成人期，高齢期，終末期などの人生の各時期を体験しながら，前に進みながら生きていく。②その際に，いわゆる『職業』を含む多様な活動分野をもつ。③人の役に立ちながら出世する。④これに，『法人格』をもつ企業組織，NGOや，家族，事業所，地域，地方自治体，国家，国際社会などの『生涯』や『経歴』，進路・針路を加えると，『キャリア』というコトバによって，人間が生き・働き・遊び・祈り・学び・意味づけすること，社会環境との関係，各組織を介して，人から人へ，世代から世代への生命や技や知識，智慧の伝達・継承＝バトンタッチすることも表現できる。言い換えると，『キャリア』という用語で，近代的個人と近代的社会の相互作用，時間と空間のなかでの人と人とのつながりや組織づくりをも表現できる。

　人は誰でも，この意味での『キャリア形成』を行っていることに，ある日，気づく。そこでは，両親をはじめとする大人や先輩の影響とともに，身体や社会関係の変化に基盤をもつ，自分で自分の行動や学び・意味づけをコントロールする『自己教育』の能力が，無意識のうちに介在している。それは，3歳児ごろから，徐々に始まり，思春期・青年期を経て大人になることで，一応の完成形態をとり，そこからさらに成熟していく。この自己教育の力によって，自分自身や他の人々，そして組織のキャリア形成に積極的・主体的に関与するようになる。この，『キャリア形成に対する，自分自身の積極的関与』を『キャリアデザイン』と呼ぶ。」（笹川 2014b：6）

では，キャリアを形成するには，どのようなプロセスが必要なのか。

（2）キャリア形成のプロセス

キャリアに対する考え方を，特にここでは「デザイニング」という観点から考える。

杉本らによれば，キャリア形成を考える際には，「①目標（あるべき姿）の明確化→②自己資源の棚卸→③目標実現にあたっての不足要素の確認→④不足要素獲得方法の検討→⑤実際の行動→⑥確認＆フォローアップ」というプロセスを踏むのがよいという。中でも，②自己資源の棚卸は重要である。自己資源には，自己が過去に獲得した能力や成し遂げた実績，保有する人脈，パーソナリティや価値観，さらには自己が置かれている環境（住んでいる場所や家庭環境など外生的なもので，目標達成にとってプラスになるものとマイナスに働くものの両方がありうる）も含めて捉えるのがよい（杉本・愛知県労働協会事業課労働情報グループ編 2020）。

筆者は杉本らが述べるように，自己資源に何があり，どう活用できるのかを考える視点が重要だと考える。この作業をきちんと行うことで，足りないもの（自己資源）があるならば，それを補うための行動，人脈づくり，資格取得のための勉強等というように，自身へのフォローを行うことができる。

だが，人生は計画通りにはいかないというブランドハップンスタンス理論があり，それは先に紹介した通りである。自身でキャリアをも含めた人生設計を考えた場合，すべてが計画通り進めばよいが，そうでないことも多々ある可能性が高い。そうした場合，私たちはどのような心持ちで臨んでいかねばならないのか。

令和の時代，私たちは自身の人生を自分の意思で選択できる。もちろん，すべての人というわけではないが，様々な制約，家庭環境，経済状況等を踏まえて，自身に与えられた範囲内で人生を歩んでいく。

その人生の中では，仕事やプライベートな生活において多くの選択を迫られやすいのが，性別でいえば女性である。このこと自体，表向きには，女性の方

図表 4 - 3　仕事と何かを両立

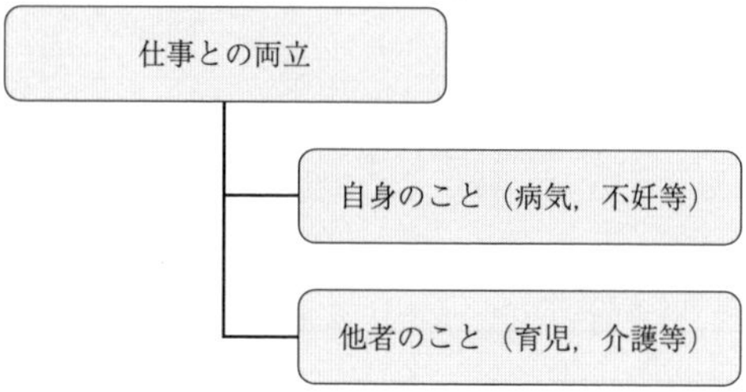

```
┌──────────────────┐
│    仕事との両立     │
└──────────────────┘
        │
        ├──────┌────────────────────────────┐
        │      │  自身のこと（病気，不妊等）    │
        │      └────────────────────────────┘
        │
        └──────┌────────────────────────────┐
               │  他者のこと（育児，介護等）    │
               └────────────────────────────┘
```

出所：筆者作成。

が人生の選択肢が多い，つまり，多様な選択肢が用意されているといわれるが，裏返せば，自身の希望だけでなく定位家族・生殖家族をも含めた家族のおかれた状況によって，自身の職業キャリア・ライフを希望通り進めない可能性が高くなることも大いにあるからだ。

　仕事とプライベートな生活の両立を考える際，2つの軸で考える必要がある。一つは自身のこと，もう一つは他者のことである（図表 4 - 3）。

　仕事との両立において，自身のことを考えるならば，治療が主に考えられる（病気・不妊等）。反対に他者のことを考えるならば，育児・介護等が考えられる。現状でいえば，仕事との両立については，自身のことも他者のことも法律やガイドラインが整備されている。まず病気治療との両立についてである。

　病気については，2013年に厚生労働省が「治療と職業生活の両立等支援対策事業」（平成25年度厚生労働省委託事業）を実施し，疾病を理由に休業するものがいる企業の中では，メンタルヘルスが38％，がんが21％，脳血管疾患が12％であり，年齢が上がるほど有病率は上がり，超高齢社会である現在，今後，疾病の治療と仕事の両立が必要となる人の増加が考えられる。厚生労働省はガイドラインを作成し，その対象とする疾病をがん・脳卒中・心疾患・糖尿病等と考え，反復・継続して治療が必要となる人を対象とした。

　次に不妊治療との両立であるが，不妊治療といっても多くの分類がある。2022年4月から高度生殖補助医療に対して，年齢制限はありながらも，医療保険の適用が始まることを受け，さらにそれらを明確にする必要性が出てくるだ

ろう。そして，他者の要因による仕事との両立については次節で検討する。

4　仕事と育児の両立

（1）育児・介護休業法の概要

　女性労働者についてまわる問題として，仕事と育児の両立がある。本節では育児・介護休業法（育児休業，介護休業等育児又は家族介護を行う労働者の福祉に関する法律）を中心に考察していく。育児・介護休業法は1992年に施行され，何回かの改正を経て現在に至る。現在の状況や問題点を考える前に，それ以前の状況を確認していこう。

　初めての育児休業制度は，1967年の日本電信電話公社（現・NTT）によるものだといわれている。その後1972年施行の勤労婦人福祉法では，女性本人の申し出により育児休業を与えるという努力義務規定が設けられた。1976年には，特定職種育休法（義務教育諸学校等の女子教育職員及び医療施設，社会福祉施設等の看護婦，保母等の育児休業に関する法律）が施行された。これは公立学校の先生や看護婦（当時），保母（当時）という特定の職業に就く女性を対象としたものだった。1986年に施行された男女雇用機会均等法（雇用の分野における男女の均等な機会及び待遇の確保等に関する法律）では，勤労婦人福祉法と同様に女性のみへの努力義務だった。ここまでは，すべて女性が対象であった。

　1992年になると，初めて男性も対象となり，男女労働者を対象とした育児休業法が施行された。法律の目的は，育児を行う男女が仕事と家庭生活を両立しやすいように支援することである。法律施行当時は対象企業が限定されており，社会保険等から出る支給金も微々たるものだった。

　1995年には，介護規定を取り入れた形で育児・介護休業法となった。育児休業は，施行年から1995年まで，事業所規模が30人以下だと適用が除外されたが，1995年からはすべての事業所が対象となり，介護規定も盛り込まれた。2005年になると，育児休業の取得はこれまで正規労働者が対象だったが，非正規労働者も対象になった。男性が育児休業をとりづらいという世間の目を反映して，

2022年4月以降，一部の内容が改正・施行された。「出生時育児休業」といわれ，通称「産後パパ育休」と呼ばれている。

（2）「出生時育児休業」（通称「産後パパ育休」）の新設

　出生時育児休業は，子どもが生まれた後8週間以内に取得することができるものである。それ以前の育児休業と比べて，次の3点が異なる。

① 　育児休業取得の申出期限は原則休業の2週間前まで（改正前は1カ月）。

② 　育児休業期間を分割して2回取得可能（改正前は分割不可）。

③ 　労使協定を締結している場合に限り，事前調整によって休業中の就業も可能。

　簡単にいえば，育児休業の申請は直前2週間前でもよく，育児休業期間も分割して取得できる。また事前に労使協定による締結が必要だが，休業期間中に出社の必要があれば，出社して仕事をすることも可能であることだ。また，その他の改正点は次の3点である。

① 　雇用環境整備及び妊娠・出産の申出をした労働者に対する個別の周知・意向確認の義務づけ（2022年4月から）。

② 　常時雇用する労働者数が1,000人超の事業主に対し育児休業の取得状況の公表の義務づけ（2022年10月から）。

③ 　有期雇用労働者の育児・介護休業取得要件の緩和（事業主に引き続き雇用された期間が1年以上である者という要件を廃止）→（1歳6カ月までの間に雇用契約が終了する予定がないこと）（2022年4月から）。

　また次の4点は，引き続き継続して利用できる制度である。

① 　所定労働時間の短縮措置（短時間勤務制度）。

② 　所定外労働の制限（残業の免除）。

③ 　子の看護休暇制度（小学校入学前の子どもをもつ労働者が，年次有給休暇とは別に，1年間のうち5日，2人以上の場合は10日間，子どもの病気やけがによる看護が必要だったり，子どもの予防接種や健康診断を受けさせることを目的に休暇が取得できる〔1日単位または半日単位〕）。

④　深夜業の制限（午後10時〜午前5時）。

　ここで取り上げた改正では，男性が職場で後ろめたさを感じずに制度を利用できるよう配慮されたものである。法律が改正されたことで，利用促進につながることを期待する。

5　育児・介護休業制度利用者の増加

　本節では，育児休業の取得に関して毎年実施されている「雇用均等基本調査」（厚生労働省）から，事業所側の制度の整備状況や，全体としての取得率の推移をみていこう。

　図表4-4の女性の育児休業取得率の推移をみると，2008年の90.6％以降，80％台を行き来しており，2021年は85.1％と上昇した。対して男性は2007年の1.56％以降，「1」を切ることなく上昇し，2021年は13.97％と過去最高値を更新した。また育児休業を取得できる期間は，原則子どもが1歳の誕生日までとなっている。そうであるにもかかわらず，男性の育休期間が5日未満のものの

図表4-4　男女別育児休業制度取得率の推移

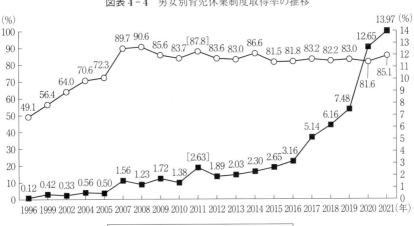

注：2011年度の〔　〕内の割合は，岩手県，宮城県及び福島県を除く全国の結果。
出所：厚生労働省（2022a）。

図表 4 - 5　育児休業者割合（2022年）と育休期間が 5 日未満の男性育児休業割合

（％）

| | 女　性 | | 男　性 | | | 育児休業者計 | 女　性 | 男　性 |
	出産した女性労働者計	育児休業者	配偶者が出産した男性労働者計	育児休業者	取得期間 5日未満			
総数	100.0	85.1	100.0	13.97	3.58 (28.33)	100.0	84.0	16.0
産業								
鉱業，採石業，砂利採取業	100.0	100.0	100.0	24.54	0.32 (4.00)	100.0	21.2	78.8
建設業	100.0	89.9	100.0	14.01	2.92 (42.92)	100.0	59.7	40.3
製造業	100.0	89.9	100.0	15.23	2.69 (19.01)	100.0	73.4	26.6
電気・ガス・熱供給・水道業	100.0	92.6	100.0	8.27	— (—)	100.0	61.7	38.3
情報通信業	100.0	97.6	100.0	19.11	1.61 (10.84)	100.0	71.9	28.1
運輸業，郵便業	100.0	83.5	100.0	15.37	1.64 (12.87)	100.0	59.6	40.4
卸売業，小売業	100.0	83.2	100.0	5.81	3.91 (43.55)	100.0	92.3	7.7
金融業，保険業	100.0	86.9	100.0	40.64	19.86 (63.98)	100.0	78.6	21.4
不動産業，物品賃貸業	100.0	91.5	100.0	8.19	0.41 (6.04)	100.0	84.9	15.1
学術研究，専門・技術サービス業	100.0	87.2	100.0	16.33	1.18 (8.63)	100.0	70.8	29.2
宿泊業，飲食サービス業	100.0	63.7	100.0	8.30	8.49 (62.51)	100.0	90.9	9.1
生活関連サービス業，娯楽業	100.0	77.9	100.0	11.34	— (—)	100.0	94.2	5.8
教育，学習支援業	100.0	86.0	100.0	13.47	0.09 (0.67)	100.0	88.5	11.5
医療，福祉	100.0	88.1	100.0	13.24	1.65 (13.31)	100.0	94.9	5.1
複合サービス事業	100.0	90.9	100.0	18.00	8.75 (68.62)	100.0	84.0	16.0
サービス業（他に分類されないもの）	100.0	87.5	100.0	24.45	0.68 (3.77)	100.0	72.2	27.8
事業所規模								
500人以上	100.0	91.7	100.0	17.00	3.08 (23.57)	100.0	77.1	22.9
100〜499人	100.0	94.7	100.0	14.70	2.82 (16.38)	100.0	84.7	15.3
30〜99人	100.0	79.3	100.0	13.08	4.58 (36.17)	100.0	87.7	12.3
5〜29人	100.0	79.9	100.0	12.39	3.72 (38.40)	100.0	83.4	16.6
30人以上（再掲）	100.0	87.4	100.0	14.77	3.49 (24.01)	100.0	84.2	15.8

注：2019年10月 1 日〜2020年 9 月30日に出産した者又は配偶者が出産した者のうち，調査時点（2021年10月1 日）までに育児休業を開始した者（開始の予定の申出をしている者を含む。）の割合である。
出所：厚生労働省（2021；2022a）を基に筆者作成。

割合は28.33％と３割近くであった（図表4-5）。

　次に確認したいのが，産業別にみると，育児休業取得率は大きく異なることである。男女それぞれをみてみると，女性は取得率の高いものから順に，「情報通信業」97.6％，「電気・ガス・熱供給・水道業」92.6％，「不動産業・物品賃貸業」91.5％であった。男性は，「金融業，保険業」40.64％，「鉱業，採石業，砂利採取業」24.54％，「情報通信業」19.11％であった。

　また男性の取得期間が５日未満は，3.58％であるなか，「金融業，保険業」19.86％，「複合サービス事業」が8.72％であった。第１章で確認したように，特に新型コロナウイルスの影響により男女ともに雇用者が増加しており，さらに大学生の就職先産業としては飛ぶ鳥を落とす勢いである「情報通信業」は1.61％という低めの数値であった。このことは，今後，男女ともに人生のライフデザインを考える際に考慮すべきことであり，産業ごとに育児休業の取得に差異があることを踏まえ，仕事と生活の両立について考える必要があるといえる。

注
⑴　かつて女性が，職場の花，潤滑油といわれた頃には，人生の中で仕事に対する比重が少なかった。
⑵　狭義のキャリアとは，「職業，職務，職位，履歴，進路」を指し，職業，職務内容，職歴，経歴，またこれから進むべき進路・方向性として捉えられている。そこに職業とそれに付随する様々な要素，経験，地位，取得した（または今後の方向性としての）資格，業績，学歴・学位，能力，技能・知識なども総合的に含めて，キャリアを表しているのである。
⑶　佐藤ら（2014）によれば，社会・文化のなかで人間が生きる社会的リアリティの意味を探究するライフキャリア領域は，…（中略）…内省的思考を通して，問題的状況を乗り越えていくことのできる自立／自律性を養う。ここでいう自立とは，必要に応じて他者の支援を受けながら，みずからの望む生活目標・生活様式を自己決定し，他者と共に問題的状況を乗り越えていくという，支え合い型の自立である。…（中略）…問題的状況は，独力で克服することが容易でなく，支え合いを要する場合が多いからである。内省的思考の展開過程こそ，生活者が他者と支え合いながら，社会・文化への働きかけを行い，問題の解決に取組みつつ，自己の生き方，ライフキャリアを能動的にデザインしていく過程なのである」と述べている。

第Ⅱ部　キャリア形成とビューティケア

第 5 章	化粧研究の歴史

1 化粧に関する先行研究

　本章では，キャリア女性のビューティケアを考える前に，まず化粧に関する歴史を概観し，その上で現在の位置づけを確認する。また，女性が働き，活躍しやすいような法律が整備されているなか，管理職（課長相当職以上）に就く女性の化粧行為（意識，行動）について検討する。

（1）先行研究
　人は化粧をする。歴史を紐解いてみても，かなり以前から化粧をしている。後述するが，化粧には多様な意味があり，また多様な区分もなされており，一括りにして論じるのは難しい。化粧に関する研究分野は多くあり，端的にいえば「複合領域」であるといえる。主には心理学・社会心理学での研究が中心だが，宗教学・国文学・歴史学・文化人類学・社会学・社会福祉学等における研究も盛んである。ただし本書では，キャリア女性の化粧を考察することが目的であるため，主に社会科学の領域（特に社会学的視点）から考えていくこととする。
　まずは化粧に関する先行研究を概観する。社会科学の分野における化粧研究は，1980年代頃から心理学・社会心理学分野から少しずつ進められた。
　化粧品の老舗メーカーのポーラ（創業1929年）は，化粧を美しさの文化として捉え，学術的に探求することを目的として，1976年にポーラ文化研究所を設立した。ポーラ文化研究所は化粧を文化として広く深く研究し，その成果や文化資産を社会に公開することで化粧文化への理解を広げることを目的の一つと

して，1980年に『化粧文化』という雑誌を創刊した。

　『化粧文化』の中で，「化粧を学問にするには，どのようにすればよいのか」という問いが投げかけられており，それに対して，深作光貞は「『化粧学』のすすめ」（深作 1982：1-11）の中で，「衛生学，薬学，生理学，医学，化学などの自然科学から心理学，社会学，美学などの人文科学に至る諸分野を総動員することで，『化粧』を学問的に捉えることが可能であるとし，当時，一番近い分野は，「家政学」である」と述べたという（川野 2018：137-144）。

　現在，家政学は，大学により異なるが生活科学・生活環境・生活デザイン等，主に「生活」をキーワードとした学部名になっていることが多い。深作の指摘から考えれば，まさに，私たちの日常生活を中心としたものであることを指摘したかったと考える。

　日常生活での化粧といっても，その守備範囲は広い。本書では，働く女性を大きなテーマにしていることもあって，日本における化粧と働く女性に関する最初の研究をみていく（日本労務研究会編 1966）。1965年に労働科学研究所において，職場における化粧がそこで働く女性の精神衛生と疲労感においてどのような関係があるのかを調査した。調査対象者はキーパンチャー18名・美容部員32名を対象として，1週間の缶詰研修の中で，化粧する群と化粧しない群に分けて疲労感の違いを測定したところ，化粧した群の方がストレスの緩和・脳機能の回復が進んだという。1965年は高度経済成長期であり，男性だけでなく女性も，働く人（どのような仕事をしているかは別の問題であるが）が増加した頃でもある。その頃に化粧と働く女性への影響を研究した意義は大きい。

　次いで，1980年代から1990年代にかけては2つの功績があった。一つは，資生堂（創業1872年）・ポーラ（創業1929年）という歴史の長い化粧品メーカーの研究所に勤務する研究員らが，化粧に関する研究を書籍化して出版したことである。当時，ポーラ文化研究所に勤務していた村澤博人は『美人進化論——顔の文化誌』を1987年に刊行し，その後『顔の文化誌』（『美人進化論——顔の文化誌』を基に内容を大幅に改め再構成し加筆訂正を行い決定版としたもの）を1992年に刊行した（2007年には，加筆後，文庫化された）。

　次に資生堂ビューティサイエンス研究所が『化粧心理学——化粧と心のサイエンス』を1993年に刊行した。内容は多岐にわたり，化粧の歴史・ケア・香り等の研究内容を書籍化したことで化粧が学問の研究対象であることを示した。この取組によって多様な分野の研究者にも化粧に関する研究成果が知られるようになり，以後，化粧研究が少しずつ広まるきっかけになったと考えられる。

　さらに化粧を学問の研究対象とし，大きく発展させたことの一つに，大坊郁夫による研究の蓄積がある。彼は，社会心理学的観点から「対人魅力」の一環として，顔に施す「化粧」を研究対象として取り上げた。彼の功績は幅広く，日本人の顔をベースとした化粧だけではなく，韓国・中国等との比較研究も行った。また化粧研究はどちらかといえば，化粧は私たちの行動に何かしらプラスの効果をもたらすものという言説が多い中で，「化粧の両面効果」（大坊1998a），つまりマイナス面を研究したことも大きな功績である。大坊の研究は心理学・社会心理学の研究でありながらも，その隣接分野（家政学・社会学・哲学等）においても参考にされることが多く，その後，社会学分野の研究へとつながっていく。

　大坊の研究は，先に深作が提示した隣接学問分野の一つである家政学の中でも被服分野の「装い」という観点から，服装と化粧に関する研究を神山進・高木修と共同で進めた（大坊・神山編 1996）。大坊の精力的な研究の後を追うようにその後，多くの研究がなされるようになった。

　同時期に，石田（1995）は，化粧を文化的・社会学的に論じた（ちなみに石田も資生堂ビューティサイエンス研究所に所属していた）。また，同年，私たちが，化粧を施す「顔」を総合的に研究する学会「日本顔学会」が発足した。ここでは，化粧（服装）も含めた人の顔を対象として，人類学・社会学・心理学・芸術学等，様々な分野における化粧の研究が相互に連関しながら進められた。

　化粧の研究は，心理・文化的な観点からの研究の進展をきっかけに，人の心理的な反応・文化的な要因・日常生活を送る社会など，つまり社会学的観点からの研究が2000年代に入ると登場するようになる。そして，このような流れを経て心理学・社会心理学における研究が隆盛を極める中でで，米沢（2006）に

よって社会学の分野においても化粧行為が研究対象になることが広く明らかにされた。米沢（2006：139）は，化粧は自身の外見をプロデュースする力の一つとしてみなされていると主張し，さらにコスメフリークという化粧命の女性たちは，自らが満足することを目的に化粧しており，自分が自分に満足することを重要視していると主張した（米沢 2010：139）。そして，化粧をして自身の美貌を保つことは，「女力」ではなく「自分力」に投資することであると指摘した。同時期に，ポーラ文化研究所（2007）によれば，電車の中でメークをしたことがある者は19％と決して多くなかった。だが経験者の約半数（43％）は20代で，そのメークアイテムはリップメイク（特に口紅・リップグロス）が多いという結果であった。

　次に谷本（2008）は，化粧が化粧品広告として表現されたものの中から，その意味するものを研究しており，かつて化粧品は高級品であり，その広告も人々が憧れるものという視点からのものが多かったことを指摘した。化粧品の中には今や小学生向けのものもあり，さらにプチプラと表現される低価格帯の化粧品から1品数万円以上もする高級品まで多様化した。

　平松（2009）は化粧から日本文化を考えることを主眼において，特に日本文化おける化粧の位置づけを，歴史・化粧意識等を絡めて学術的に研究している。

　木戸（2015）は，心理学が専門でありながらナラティブアプローチを取り入れた研究をしており，化粧を日常生活における語りから理解するという手法で，社会学と心理学が交差する観点から研究している。そして，化粧の中でもナチュラルメイクが好まれる背景として，日本では，文化的に横並び意識が強く，平均的なものが好まれる文化的な意識があることを指摘した（木戸・サトウ 2019：60-61）。

　黄（2019：116）は，化粧行為を社会学における相互行為的な観点から論じており，それには2つの機能があると説明した。1つ目は，対面する他者に好感をもたせることであり，それは社会・時代の化粧に関する身体文化のあり方に深く関係している。2つ目は，女性の化粧に関する自己満足は，女性のアイデンティティに関わるということであり，この点から社会的他者による評価が必

要であると述べた。

　最後に栗田宣義（2021：18）の研究では，社会における「美しさのダブルバインド」について紹介しており，私的空間ではキレイで魅力的であることが求められ，公的空間では学力に代表されるように業績・意欲・社会評価がすべてであるという偽のメッセージが流される。これは，自らの利益を高める合理的かつ効果的な行為をなすことが困難になる状態であるという。

　ここまでは，主に社会学とそれに準ずる文化社会・文化心理の分野における研究である。

（2）先行研究の分類

　次に取り上げるのは，化粧研究は主に心理学・社会心理学の分野では数多くの研究が蓄積されているが，その蓄積された研究を分類してみると大きく5つに分類できる。

　1つ目は，化粧研究の中で最も多いもので，化粧をすることで「ポジティブな，積極的な気持ち，感情になる」という点を研究したものである。この研究は，化粧研究の嚆矢といわれているグラハムら（Graham & Kligman 1985 ＝ 1988）が大きな契機となった。この内容は，けが等により顔に悩みがある者に化粧したところ，前向きな気持ちになったというものである。

　その他には，コミュニケーション不安が高い人が化粧をすると前向きな気持ちになるという深田・梶本（2014）の研究，気持ちの切り替え等を行うことで自身の内面の気持ちを前向きにできるという柳澤・安永・青柳・野口（2014）の研究，化粧に高い関心を持つ人は関心を持たない人と比較して物事に対する熱中度・夢中度が高く，人との関わりに対して積極的でファッションに対しても高い意識があるという隈元・柳田（2015）の研究，普段化粧をしている人は化粧することで自分に自身が持てるようになるという藤原（2017）の研究，ポジティブな感情が肌状態を向上させるという森河・中野・井上ほか（2021）の研究等がある。

　こういった研究は化粧療法と呼ばれる研究にもつながり，池山（2019）をは

じめ多数研究されており，たとえば老人ホームを利用する高齢の女性に普段しない化粧をしたところ，生活にハリが出たり，塞ぎがちな感情が上向きになったという報告もある（池山 2019）。

　2つ目は，対人魅力・外見の印象の向上についての研究である。私たちは見知らぬ他者と遭遇した場合，顔も含めたその外見から色々な情報を得ようとする。その顔の知覚は与えられた情報をはるかに超え，顔だけを見てその人の感情や人格特性・職業等を判断してしまうという（Bruce 1988＝1990：39-40）。

　大坊（2001）は，外見が魅力的であると仕事の能力があると評価される傾向があるといい，外見の魅力となる顔の魅力を増すためには，平均顔に近づけることが有効だという東城・中川（2019）の研究がある。平均顔に近づけるために化粧を施し，その化粧の目的と自意識は，年齢，未既婚の区別により異なり，特に公的自意識が強いと，身だしなみや異性への意識・魅力向上など他者から見られる自分を意識することとの関連性が強いという（柳澤・安永・青柳・野口 2014）。

　反対に顔の魅力を低める「化粧の両面効果（プラスの化粧，マイナスの化粧）」の研究として，大坊（1998a）や九島（2020）らの研究がある。顔に似合わない化粧や状況や役割に合わない化粧をすると，外見的魅力や客観的な評価を下げてしまうという（九島・齊藤 2015）。

　またハキム（Hakim 2011＝2012：6-7）は，美しさ・性的魅力・自己演出力・社交スキル等を合わせて「エロティック・キャピタル」と呼び，それは外見の魅力と対人的な魅力が結びついた漠然としたものだが，この資産に恵まれた男女は，人を引きつけ，同僚として付き合いやすく，周囲の人（特に異性）から行為を持たれやすいという。さらに，その身体的魅力あるいは身体的魅力の向上，自身のキャリアの向上，経済的成功につながるという。

　大坊編（2001：36）では，男性の求職志願者は管理職でも事務職でも，外見的に魅力があると仕事の能力があると評価される傾向がある。反対に，女性の求職志願者については，事務職は同様だが，管理職の場合，魅力的であることによって仕事の能力が低いとみなされる傾向にあった。

　ハマーメッシュ（Hamermesh 2011＝2015：65）は外見の良さと収入に関する関係性を調査し，外見が良い方が高収入である傾向は男性の方が顕著であるとした。同じように，小林・谷本（2016：109）は容姿がキャリア形成に及ぼす影響を考察し，20歳時の容姿が10ランクのうち1ランク上がると，男性は1.4倍，女性は1.7倍，課長になりやすかったという。男女ともに役職に就く可能性が有意に高まったのである。これらの研究から，小林（2020：1-4：102）は，なぜ人は見た目を意識するのか，美容活動は美容（容姿，見た目，美しさ，容貌）という資本への投資であり，見た目とはその結果である。容姿の良い人はもてて金持ちになり，幸せになるチャンスが増える。資本であるからには増やせるので，合理的に考えれば，美容に投資して豊かな人生を目指すはずであり，人によっては，見た目のおかげで特定の教育を受けたり特定の職業についたり，その結果，収入が変化することがあるかもしれないと考察した。

　3つ目はナチュラルメイク（素顔に近い化粧）を賞賛する研究である。すでにナチュラルメイクを賞賛することは，学術研究が始められる以前から行われており，化粧品メーカーが提案する化粧（特に就職活動等のメイク）でも「だれにでも似合う・好感度の高いメイク」として，化粧品メーカー各社がホームページ等で紹介していた。

　これまでの研究には，素顔風のメイク・ナチュラルメイクを賞賛するものが多く，木戸（2009：365-375）は，日本におけるナチュラルメイクの普及は，ナチュラルメイクが日本独特の化粧法として文化的に強く根づいている化粧法の一つであると指摘しており，その実例として，萩（2017：130-137）によると，看護師にはナチュラルメイク（薄化粧）が好まれており，その方が患者が看護師に話しかけやすく，清潔感・安心感があり，信頼できる，優しそうといった印象を与え，反対に派手な化粧（目元を強調したもの）は不潔感を感じさせるという。

　では，ナチュラルメイクとは何なのか。互（2019：79）によれば，魅力的な化粧とはナチュラルメイクであり，濃いメイクだと本人の印象よりも化粧の印象が残る。逆にいえば，強烈な印象を残したい時は濃いメイクの方がよいと提

案している。このようなナチュラルメイクをアジアの化粧という観点から研究
した山下（2010：86-89）は，アジアの化粧は西洋とは異なり，個性を尊重させ
るのではなく仕方が統一されており，類似した顔つきになることが求められ，
それは個性をなくし他者と相違ないという規範性が優越することにあると述べ
ている。

　4つ目は，男性の化粧についての研究である。男性の化粧は歴史を紐解けば，
何を基準にするかによりその普及時期は異なる。戦後，男性用化粧品の発売と
いう観点でいえば，1985年にコーセーが男性用メイキャップシリーズ「ダモン
ブロンザー」を発売している。当時，有楽町の西武百貨店の男性社員全員がメ
イクして売り場に立ち話題になった。その化粧法は，茶色のファンデーション
を塗り，日焼けした肌を演出し，眉毛も太くりりしくするというものであった。

　だが当時は話題性だけで終わり，それ以上に発展しなかった。理由として考
えられるのは，男性が化粧をすることへの嫌悪感と，化粧したことで演出され
る男らしい顔（薄茶色の日焼け肌にきりりと太い眉）が受け入れられなかったか
らだという（村澤 1996）。だが，少し時が経ち2003年になると，伊勢丹百貨店
のメンズ館に「男性化粧品コーナー」ができたことの意義は大きいと石田は指
摘した。これは仕事等で自身の身だしなみに気を遣い，外見の印象操作をした
いと考える人が一定数いることが考えられるという。そのことを「メトロセク
シュアル」と表現し，本来のメトロセクシュアルの意味（都市生活，異性愛，
高い美的センス，ファッションとショッピングにお金と時間を費やす等）とは異な
るが，自らの美的外見の向上と維持を至上として，何事も惜しまず実行してい
る男性のことを指した（石田 2005）。

　その後，2020年に新型コロナウイルス感染症が拡大し，在宅勤務の一環とし
て，zoom 等を利用して画面越しにオンライン会議を行うようになったことが，
男性の外見や化粧に対する意識に変化を与えた。

　山田（2021）は，「コロナ禍」という状況下では，化粧が「必需品・身だし
なみ」だけでなく，それによる「魅力向上・気分高揚」という作用に注目が集
まることで，男性の化粧行動は加速すると考えた。川野・徳迫・沢辺・日比野

(2021) は，男性の化粧は今や性差の問題ではなく，デジタルによって「整えられた顔と身体」が「生身の身体」より優位であるという現代的身体観があるという。つまり新型コロナウイルス感染拡大防止に向けた取組の影響（オンライン会議等）により，カメラを通した（それもほぼ顔の加工をしない）自身の姿を必然的に目にする機会が増えたりしたことで，意識が向上したと考えられるのである。

　5つ目は身だしなみの化粧についての研究である。化粧をすることが身だしなみの一つであるという研究は，化粧が宗教的なもの・慣習的なものというよりも，生活する中での身だしなみの一つとして広まり，現代社会においてもそうであると考える人が多いという事実がある（木戸 2007：岡村・金子 2005）。

　ポーラ文化研究所（2020）によると，「令和を生きる私たちにとって，現在のメイクはあなたにとってどのようなものか」という問いに対する1,375名（15〜64歳）の回答を分析したところ，すべての年代において「身だしなみ」が最も多かったという。そのため，先行研究の紹介だけでなく，なぜ身だしなみのための化粧をするのかを第4節で検討する。

　化粧研究は女性被験者を対象に調査することが多いが，化粧研究がさかんになりはじめた1980年代以降は，男女雇用機会均等法，男女共同参画社会基本法，女性活躍推進法が施行され，社会に出て働きたいと希望する女性は働くことが可能な社会である。そうであるにもかかわらず，先行研究では，学生をも含めた女性を被験者とした研究がほとんどであり，女性をカテゴリー別に区分した研究，たとえば女性の活躍推進の象徴であると考えられるキャリアを構築した女性たちの化粧に関する調査は，ほとんど見受けられない。逆に，就活メイク・リハビリメイク等の，職場においてはどのような化粧がよいか，自身の顔の気になる部分を消すリハビリメイクを施すことでどのような変化があるのか等の研究は存在するが，女性を職務別に分けたり，働く産業別に分類して行われた研究はあまりない。

2　化粧の歴史

化粧の歴史はとても古く，また世界各地で行われているものであり範囲がかなり広いため，本書では日本における化粧の歴史を振り返りたい。化粧はいつ頃から施されるようになったのか。石田（2015：358）は，「化粧の起源は不明であるが，四大文明に紅や白粉や香料が存在するように，化粧の歴史は人類の歴史と同じくらい古い」と述べている。[1]当時から化粧やスキンケアが行われていたことから考えれば，人が自身をよりよく美しくみせたいという願望とそれを叶える手段が，当時から存在していたということであろう。

村澤博人によれば，古墳時代の埴輪・土偶には，土偶顔面に鯨面，いわゆる入墨と思われるようなものが目と口のまわりに施されているという。これを化粧とするかどうかには諸説あるが，村澤は顔の美しさを際立たせるという意味での化粧とは考えられにくいとして，それ以上の言及を控えた（村澤 1987：16-23）。

飛鳥時代になると，大陸から化粧用の白粉や唐風の化粧法が伝わり，さらに『日本書記』によると，奈良時代には日本で初めて鉛白粉がつくられたとの記述があるという。そしてこの時期は，眉についての化粧，眉についての記載（『万葉集』等）が多いという（村澤 1987）。奈良時代の正倉院の鳥毛立女屏風には，顔に白粉を塗り唇に紅をさす女性が描かれている。平安時代は，源氏物語絵巻をみても，同様に顔には白粉，殿上眉といって額の上の方に描く眉，垂髪，お歯黒が登場したのもこの頃である。顔の書き方は引目鉤鼻であった（石田 2015：359）。

村澤（1987：38-45）によると，眉化粧はさらに発展して眉毛を抜いて化粧をするという方法に変わり，この時期，貴族社会のシンボルとして男性の化粧が身分・地位を表すものとして，武家社会にまで広がったという。

鎌倉時代になると化粧は庶民にまで広がり，髪は短くなり結い上げられるようになった。江戸時代は，日本の伝統的な化粧が確立した時代だといわれ，白

粉，お歯黒，眉墨，紅という白，黒，赤が基本になった（石田 2015：359）。

　山村（2016：36-191）によれば，江戸時代は身分秩序を重んじる封建社会であり，化粧も身分や階級，未既婚の区別などを表す慣習として，社会システムの中に組み込まれていたという。この時期，女性向けの教養書として，『女鏡秘伝書』『女用訓蒙図彙』があり，その中には化粧が女性にとって必要不可欠なものであり，女性に生まれたならば化粧をすることは必須であると記されていた。白粉や頰・唇は紅を薄くつけるべきで，濃いのは品がないとして薄化粧を推奨していた。既婚者へのお歯黒は定着し，出産を機に眉をそる引眉，庶民でも島田や勝山の髷を結うことが行われるようになった。その後，明治維新後に発足した明治政府によってお歯黒や眉剃りが否定された。その一方，殖産興業政策によって化学産業が発展し，化粧品も石けんやクリーム等が作られるようになった。化粧法も眉を剃るのではなく，太く書く太眉が流行し，これまで美人とされていた基準（江戸時代：浮世絵風美人）から太眉，二重まぶた，ふっくらとした顔立ちの西洋風の美人がもてはやされるようになった。大正時代になると，少しずつではあるが事務員・タイピスト・電話交換手等として働く女性が増加し，身だしなみとしての化粧をする機会が増えたこともあり，化粧をする女性が増加した。また，棒状の口紅（リップスティック）も登場し，口紅の普及にも拍車をかけた。昭和時代初期の頃は，大正時代から庶民の娯楽になっていた映画の中のハリウッドスターを参考にした化粧が流行した。ところが戦争が始まると化粧品も輸入が禁止され，女性のパーマネントの禁止，華美な化粧の廃止が決められた。

　第二次世界大戦終戦後の化粧は，アメリカの化粧法の模倣であった。ベースにコールドクリームを塗り，その上に黄色の白粉をはたいて艶を出し，赤い口紅，黒や茶色等のアイシャドウを塗るという方法であった。その後は，国内，外国ともに，当時の映画界のスターたちの化粧を真似るというものだった（オードリー・ヘップバーン等）（村澤 1992：146-164）。

　高度経済成長期とともに女性の化粧法もめまぐるしく変化し，1960年代は，日焼け肌，ソフトな印象のメイク，70年代は，ヒッピー風メイク，80年代は，男

女雇用機会均等法が施行されたこともあり，太い眉，赤い口紅で，自己主張を
するメイクが流行した。80年代の後半に長く続いた昭和時代が終わり，平成時
代の幕開けとなった。90年代初めは，バブル経済が崩壊し，経済状態が悪化し
た（石田 2015：359）。

　ポーラ文化研究所（2020：6-35）によれば，バブル崩壊前後では，社会だけ
でなく女性のメイクも様変わりし，バブル期はアイシャドウは紫・青，口紅は
青みのあるピンクで，華やかなイメージを演出した。バブル崩壊後から2000年
代初めは，歌手の安室奈美恵の影響もあり，細い眉，パールのアイシャドウ，
ブラウンの口紅等が流行した。2000年代の終わりにはモデルの蛯原友里が大ブ
ームとなり，「エビちゃん」をイメージしたかわいらしいモテメークが賞賛さ
れた。眼は，アイシャドウで色味をつけるというよりも，眼自体を大きくみせ
るために，アイライン，マスカラ等で，まつげを長く多く見せるための工夫が
なされた。

　2010年代以降は，人生100年時代という言葉も聞かれるようになり，化粧も
すっぴん風のメイクがはやり，またメイクの手本もこれまでの欧米からアジア
に変わった。韓国風のオルチャンメイク（赤っぽい色を使い血色のよい目元を演
出）も流行した。

　そして，2020年に新型コロナウイルスの感染拡大防止に向けた取組の一つと
して，外出時にはマスク着用によってマスクで口元を覆うようになったため，
口紅のメイクというよりも，眉毛，目元で自己主張するメイクをするようにな
った。

　このように，化粧の歴史は，流行も含めてその時代が求めるものを表してお
り，また化粧をすること自体にコストがかかるが，主に女性を中心に（今後は
男性への普及も大いに考えられる），身だしなみ，自己演出等を目的として行わ
れてきた。

　今後，どのような色味でどのようなアイテムを使って顔を整えるかは，時代
の変化とともに見守っていきたい。

3　化粧の定義

　化粧の定義は，論者の数だけ定義があるといっても過言ではない。

　『広辞苑　第7版』によれば，「紅・白粉などをつけて顔をよそおい飾ること。美しく見えるよう，表面を磨いたり飾ったりすること」と記載されている。

　化粧研究は先に述べたように，様々な分野で行われているが，1980年代に化粧研究の口火を切ったと考えられる村澤（1987）は，「化粧とは時代の美意識の反映であり，人が意識的，または無意識に行なう行為」と化粧を定義し，その後，村澤（1992）では「何かの目的のために，生まれつきの顔や体の表面に顔料などを塗りつけたり，皮膚や毛髪や爪など体の一部を変形させたり除去したりする行為」と改めて定義した。

　化粧研究を広く認識させた第一人者である大坊郁夫は，化粧の意味として「変身すること」と「装うこと」を挙げており，基本的な動機は，他者に自分を「このように認めてほしい」という承認欲求の期待の表れであり，他人からどう評価されるか気になるという評価懸念があるという。また化粧することで自尊心を維持し，対人的な関係の円滑さを図るために，当該の文化基準と連動しながらなされる印象操作という側面が大きいと述べた（大坊 1997：60）。

　社会文化的な観点から化粧の研究をした石田かおりは，化粧はかつて，成人の証と位置づけられており，その典型的な例として貴族の化粧と江戸時代の女性の化粧があると指摘した。貴族の化粧は，12世紀の平安期に始まり明治維新まで続いた。明治期以降も成人女性の証としての意味が続き，1980年代までは，そうした意識が支配的だったという（石田 2009a）。

　最後に，化粧を日本の歴史的観点からみた樋口（1980：101）によれば，化粧とは，日常的・生活的な形とは違った，いわゆる晴れの風俗として，神や人に見られることを予想し，自分自身も第二の自分を演出していると自覚して，身体に直接あるいは間接に装いを加える風習であるという。また山村（2016：3）は，化粧を広い意味での身体加工と捉えるなら「入浴，洗髪，洗顔などでから

だを清潔にする。髪を含む体毛を切り，結い，縮れさせる，あるいは抜くなど
の加工をする。入れ墨や瘢痕分身のように洗い落とせない身体変工をする。顔
やからだの表面を紅や白粉などで彩色する。液体や軟膏などを塗って体表の手
入れをする。美容整形などの医療行為によってからだの一部の形を変える」と
定義した。

このように多くの論者により化粧の定義が行われているが，筆者は，化粧を
「個人のおかれた社会的状況に応じて，装うことである」と定義する。

4　身だしなみとしての化粧

先行研究でも指摘されているように，化粧とはかつてより「身だしなみとし
ての化粧」であるという認識があり，今でもそうであることが明らかにされた。
本節では先行研究の内容を踏まえ，なぜ私たちは身だしなみの一つとして化粧
をするのかを考える。

石田（2007）は，身だしなみの化粧とは，集団生活を送る上で相手に必要以
上の不快感を与えずに人間関係を円滑にすることを目的とした，礼儀としての
身体表現であると述べた。その化粧をするという行為は，かつて，成人したこ
との証という位置づけだったという（平安期の貴族や江戸時代の女性の化粧等）。
そういった認識は1990年代後半の半ばあたりまで続き，それこそ，女子学生に
は高校卒業後に化粧品量販店から無料の化粧品講習会の案内が送られてきたり，
また社会に出て働き始めることをきっかけに，社会人としての身だしなみ，マ
ナーとして化粧することが一般的だった。[3]

同様に村澤（1996：124-150）によれば，日本人のもつ化粧観として身だしな
みの化粧があり，それは伝統的な化粧意識として「隠すこと」，すなわち近所
への買い物や職場において化粧をしないで素顔をみせることは，マナー違反
（身だしなみを整えてないこと）であると考える傾向があった。だが1970年代に
日本では女性解放運動が起こり，その運動に賛同して参加した人たちは，素顔
にジーパン，ハイヒールははかないという着飾ることを拒否した姿をしていて

話題になった。着飾ることは，男性に対して媚びを売ると考えることも可能であるからだ。当時，女性はどこに行くにも化粧するのが当然と考えられていたため，それをしないのは，女のたしなみをわきまえておらず，大変失礼なこととして理解されていた。だが，これまでの（今でもそうだが）男性中心の社会体制に反旗を翻す行動をとる女性たちが現れ，さらに1980年代になり，男女雇用機会均等法が施行されるようになると，社会が求める女性に対する化粧意識も徐々に多様化するようになったという。

　だが多様化したとはいっても，化粧することを身だしなみ・マナーと考える人は多く，大坊（1990：30-40）は，化粧を社会的マナーの一つとして捉えた。[4]社会的なマナー・身だしなみとして考えるならば，社会の中における自身の位置づけ・見られ方を考慮したものが身だしなみの化粧であり，それは公的な自意識と関連する（阿部 2002：47）。

　平松（2014：289）は，化粧は「美しく装うこと」と「身だしなみ」という2つの意味をもち，化粧をすることで自身の外見が変化し，そのことは，他者に対する印象を変えるだけでなく自身の心にも影響を与えるため，化粧を行う意義は大きいという。

　ここまでの内容をまとめれば，身だしなみとしての化粧は，古くから行われていたことが理解できる。では，なぜ日本社会では身だしなみの化粧をすることが女性に求められるのか。

　まず女性という点でいえば，有史以前から，女性は，宗教的・呪術的な意味で化粧をしていた。ただし，それは男性も同様であった。それこそ貴族階級においては男性も化粧をしており，時代を経て江戸時代になっても，貴族階級だけでなく「かぶき者」（反体制志向をもつものが，奇抜な化粧や服装で人目を引く）や「癪眉」（かったいまゆ）（眉を細く剃って整える）の若者が存在した。明治時代になると，富国強兵のスローガンによって男性の化粧は徐々に衰退したが，第二次世界大戦の頃，軍人が化粧をしていた事実があり，それは戦争に参戦する緊張感や恐怖心を化粧することで隠す意図や，反対に化粧をして身なりを整えることで士気を上げる等の理由があった（今井 2015：506-508）。

　言い換えれば，明治維新をきっかけに女性の化粧は，西洋を見本として西洋人のようになるための化粧が身だしなみの化粧とされ，反対に男性の場合，戦時中の一部の軍人の化粧を除き，現在でも一般人が化粧をすることはあるが，身だしなみの化粧として求められることはないことが明らかになった。

　たとえば令和時代においても，女性は公的な場面における儀式，重要な人物との面会，面接の場合には，多少の個人差はあるにせよ，たとえ化粧をすることが嫌いでも，ほとんどの者は薄くファンデーションを塗り，眉を整え，唇の色に近い口紅を塗り，身だしなみとしての化粧をするのだ。

　反対に男性は，先行研究でみたように，スキンケアや眉毛を整えたり等，オンライン会議のための顔映えをよくするための化粧をすることはあるにしても，公的なそれも対面で行われる重要な儀式・場面においては，特別な職種ではない限り化粧はしないだろう。

5　身だしなみは礼儀

（1）身だしなみ

　身だしなみについて考える際，たとえば「電車の中で化粧をする女性」というのが最もわかりやすい事例であると考える。なぜ，人は身だしなみとして化粧をするのか。そもそも身だしなみとは何なのか。

　『広辞苑 第7版』によれば，身だしなみとは「①身のまわりについての心がけ。頭髪や衣服を整え，ことばや態度をきちんとすること。②教養として，武芸・芸能などを身につけること。また，それらの技芸」と定義されている。化粧は，①の「身のまわりについての心がけ」という意味であると考えられるが，簡単にいえば，人の外見や他者との会話という，その人物について何らかの判断をする際にわかりやすい基準となるものであり，それをきちんとすることであると考える。

　だが身だしなみを整えるという行為は，日常生活において，それを整える・整えないということは，人により差異があるのは周知の事実であるし，その基

準は曖昧である。たとえば化粧一つとっても，化粧をして仕事をする人もしない人もいるだろうし，また，したくてもできない・したくないけどしなくてはいけない等いろいろなパターンが考えられる。

　牧角（2015：186-187）は，かつて電車の中で化粧することの不快感を「身だしなみを整えるという家のなかでするべき所作を公共の場に持ち込むという，礼儀に反する行為だからである」と述べた。ここ数年は，新型コロナウイルスの感染拡大防止による影響で，人々がマスクをしており，身だしなみを整えるという行為よりも感染拡大防止を行うことの方が，社会生活の中における価値が高いため，あまり見受けられなくなった。

（2）儒教の教え

　日本人のもつ礼儀作法，たとえば約束時間の厳守・指示・注意喚起されたことを守る等といった規範意識，つまり礼儀作法といわれるものは，幼少期から日本社会における文化的価値基準として備わっている。礼儀作法・礼儀・規範意識等，いわゆる「世間の常識」といわれる人々の考え方の根底には儒教精神がある。儒教は「孔子」を祖としたものであり，その根幹には「仁」と「礼」という人の道徳的な思想がある。

　「仁」とは「まごころ」「思いやり」という意味で理解されており，同時に「忠」（自分自身や相手に対する誠実さ），「恕」（忠恕：まごころと思いやり），「義」（人のなすべき正しい道），「考」（子が親に対してとるべき態度・行動の類型，人間関係の秩序の根本である）等の道徳性の必要をも説いている（湯浅 2020：75）。まとめていえば，正義・親切・孝順である（黄 2014：53）。

　「礼」とは社会における秩序を構成する社会的規範を意味しており，人の行動規範から，国家制度，さらには宗教儀礼まで人間全体に関わるものである。湯浅によれば，「礼」の文字がもともと捧げ物を象ったものであることから理解できるように，礼という観念は，人とその祖先との関係（宗教儀礼・祖先祭祀）が源であり，その後，社会の中の人間関係へと転嫁したものである（湯浅 2020：7）。簡単にいえば，「礼儀」「礼儀作法」と表現される儒教の礼教性（社

会規範・倫理道徳）は，国家制度に組み込まれ上から与えられたものではあるが，下から，つまり一般大衆からの支持があったからこそ，儒教が長きにわたり国家の最高指導原理となった（加地 2015）。

　まとめると，「仁」は人の気持ちの部分，「礼」とはそれを体現する社会規範である。そして「礼」「礼儀」と表現されるものは，法律のように明確に定義されたものではなく，時代・性別・地域等により異なるが，その生活を共有する人たちが守り，従うべきだと考えられている「社会規範」であるといえる。

（3）化粧の宗教性

　身だしなみの化粧を考える上でもう1点考えたいのは，化粧の宗教性と規範との関係である。私たちは，古代より何らかの規範に基づき生活しているが，生活の根底となる背景・思想・考え方には，意識するにせよそうでないにせよ，「宗教」が大きな影響を持つ。

　身だしなみとしての化粧を考える際，宗教との関連性を論じた山下（2010：86-89）によれば，アジア（ここでは，日本を含む東アジア・東南アジア・南アジアのこととする）の化粧[5]は，西洋のような個性を尊重させる化粧ではなく，仕方が同じか統一されており，類似した顔つきになるような化粧である。

　このことは，化粧の宗教性という点から考えると，「顔を汚す」という行為は宗教における「呪術性」を意味しており，それは顔を汚すようにみえる（言い換えれば化粧をしたと一目見てわかるような）化粧をすることが，アジア圏（ヒンドゥー化した南アジアや東南アジア）における化粧，つまり宗教的に女神（インド）・巫女（日本）等に変身することを示すための化粧であるため，目立つことが必要であり，白い顔・赤い口というように一目見て化粧をしたとわかる化粧が求められるのだ。

　山下は「化粧は人間が神あるいは神秘的存在になるための操作であり，その意味でまさしく『化ける』のである。そこにあるのは『没個性化』であって，ナチュラルメイク云々の余地は存在しない。『没個性』を指向する化粧の伝統は，神が憑依したり，聖なるものと一体になったり，最高実在と一つになると

いう，西洋や西アジアにおける神と人との関係からは導き得ないアジアに独特な宗教観念の為せる技ということができる」（山下　2010：88）と指摘している。

　また山下は「化粧により変身するがゆえにナチュラルメイクは必要としない。その場合の化粧に要求されるのは，むしろ個性の減却であり，規範性の優越である。『個性』はアジアの化粧にとって本質的な意味をもたない」（山下　2010：88）とも述べている。

　この議論は宗教上の化粧という観点からのものだが，宗教上の化粧は目立つ化粧をすることで個性を消すが，現代社会，特に日本では，目立つ化粧ではなく自然に近いナチュラルメイクが好まれており，それが身だしなみの化粧として賞賛されている。

　そのような化粧をすることで，個性が消されるわけだから，現代日本社会において好まれる化粧と宗教上の化粧は，化粧の仕方・意味づけは異なっても，同一のことであると考える。

6　自己演出としての化粧

（1）外　　見

　顔は一般的には外見の一部とされ，外見・見た目・容貌等と表現され，最近はルッキズム（外見至上主義）という考えも注目されている。外見は，私たちが見知らぬ他者を判断する時の第一印象としての手がかりとなる。そのため「人は見た目が大事」「第一印象で9割判断される」等，外見を重視する考えに基づいた書籍等が世の中に広く流布している。確かに，人は初めて出会った他者の情報を短時間で得るために，まず外見の印象から判断を試みる事が多く，その後，会話を交わしたり何かの行事に参加したりすることで，お互い（一方的）に理解を深めていく。確かに，そういった点だけでいえば，第一印象の形成に貢献する外見が重視されるのは，短時間での判断という点においては納得できよう。だが「人は見た目によらぬもの」ということわざがあるように，外見だけがすべてを物語るわけではない。なぜなら，たいていの人は，他者によ

い印象を与えるように外見を取り繕うからである。何を持ってよい印象となるかは社会的状況により異なるが，このことは，多くの人が納得できることであるし，実際，社会の中で人は，自分の外見を場面に応じてつくり上げるからである。

　本節では，その外見の中でも，まず最初に目が行くであろう顔に施す化粧と自己演出について検討する。

（2）スナップショット的視点

　私たちが化粧を行うのは，どこであろうか。[6] それは私たちが生活する日常生活世界である。日常生活世界における出来事を分析する際，丸木（1986：32）がいう「スナップショット」を連続撮影したように，その社会的状況，場面を分析・記述したものが，アービング・ゴフマンである。ゴフマンは，人の人生・生活を劇場と捉える「ドラマツルギー」論を唱え，その劇場（言い換えれば社会的場面）において，「集まり」（直接対峙する2人以上の集合）とされる対面的相互行為を行う際の諸処の状況を詳細に分析しており（Goffman 1963a＝1980：10-11），学術的に注目されることがほとんどなかった人の生活を社会学的に分析したのである。

　ところで，私たちは，その集まり（つまり人対人という最小の単位）において，お互いの目的を達成するために話したり接触したりする。その際，社会的場面（広範な社会事象・行為・出来事であって場所と時間が定められており，前もって場面の段取りが定められている場合が多い）における集まりでは，人は人と対面して相互行為を行う。椎野（1991：35）は，社会生活とは社会的＝社交的な活動のことであり，また社会組織といっても（企業・官僚・組合・政党・家族のような）集団や社会組織体ではなくて，公共の場所＝状況においてお互いに直に接して，その場に居合わせている人々の「共存」における組織だった「対面的相互行為」のことであるとした。集まりにおける相互行為といっても，次のように2種類ある（Goffman 1961a＝1985：i-iii）。

　　①　焦点が定まったもの

　　会話等であり，そこでの行為の継続をそこに居合わせた人が同意している時に成立する。出会い，状況に関わりのある活動システム。

②　焦点が定まらないもの

　　人々が互いに他の人の前に居ることだけで引き起こされる対人的コミュニケーション。

　ここでは，①の焦点が定まったものについてみていく。焦点の定まった相互行為場面における行為は，その状況に応じて自身に課せられた役割を演じる。ただし，私たちが社会規範・暗黙の規則と考えるものは明示されているわけでなく，曖昧であり定まっていない。そこでの社会規範・暗黙の規則は，場面の状況に応じて変更が頻繁になされる（転調）。それに対応するためには，その役割とは何かを察知し，それを行動に移すことができる状態が求められる。

　こういった行為は，その場面に対して参加，関与する意欲のあるものがとる行為であって，その社会的場面に参加・関与する気のないものは，その場面にふさわしくない行為を行うだろう。

　社会的場面に参加する資格があると他者に認めてもらうための自身の外見を，ゴフマンは「自己の表看板」と表現しており（Goffman 1961a＝1985：28），服装・化粧・髪型・その他の身につける装飾物を，状況の規律にふさわしいように整える。

　レアリーらは，これらの行為は自己呈示（印象操作）であり，「他者が自分に対して形成する印象をコントロールしようとするさまざまなプロセスのこと」であると定義している（Leary & Miller 2000=2004：162）。そしてジェンダー的にみれば，女性の方が男性よりも多くの拘束が伴う。先に述べたように，その基準となる規範は，法律のように明確に明示されているわけではないからだ。またホックシールドは，ゴフマンの理論では，社会的場面において感情表現をした方がよいと判断される場合には感情表現するだろうし，また自身の外見の印象操作の一環として，化粧・服装等のアイテムだけでなく，自身の感情表現をすることを積極的に選択することがあるかもしれないと述べている（Hochschild 1983＝2000：247）。

　ホックシールドが指摘するように，外見を整えるだけでなく参加する意欲があることを感情表現することで，さらに外見の印象が強くなるだろう。たとえば美しく着飾り，顔はニコニコと上機嫌であることを表現すれば，さらに外見の印象が強くなり印象に残りやすいことは容易に想像できよう。

　外見を整えることは，場面への参加の準備が完了していることを他者に示す一つの手段になる。その中でも，人が最初に目にするのは顔であり，それは外観の中で最もデリケートなものの一つである。顔を見れば，もちろんすべてのことがわかるわけではないが，人の感情をその表情から判明することが多く，その手助けをするのが，その時の服装・身体の動き・声の大きさ・抑揚等である。

　ゴフマンによれば，社会的場面に参加する際，その行為が何を意味するのかについては社会共通の意味があり規則化されているという。たとえば，大きな声を張り上げ目が釣り上がっていれば怒りを表し，反対に目尻が下がり口角が上がっていればうれしい等のプラスの感情を表していると私たちは解釈する（Goffman 1961a＝1985：37）。またゴフマンは，人の身体を記号とみなし，そこから表現されるもの・身振り・手振り等のジェスチャーが意味するものから，私たちは，その人の伝えたいことを理解するのである（Goffman 1961a＝1985：38）。

（3）化粧は仮面（ペルソナ）

　丸木（1993：132）によれば，ゴフマンは，社会的場面において人は「状況適合性」のルールにふさわしい自己を呈示すると考えている。そして，自己呈示した他者が歓迎するような自己呈示は何なのかを考えて，その場面にふさわしい自己呈示を行うという。レアリーらは，これらが自己呈示（印象操作）であり，「他者が自分に対して形成する印象をコントロールしようとするさまざまなプロセスのこと」であると定義する。このことは，言い換えれば，その場面において最もふさわしいであろうと考える仮面（ペルソナ）をつける，つまり役割演技をすることなのである。状況に応じて適切な役割を演じペルソナをつ

けることは，社会人生活の中でも必要なことである（Lyman & Scott 1975；
Leary & Miller 2000＝2004：162）。

　仮面（ペルソナ）をつけるという行為を，丸木（1993）の解釈に従い，それ
を外見そして化粧に置き換えて考えれば，私たちは，対面・遭遇した社会的場
面や状況において，どのような自己呈示がふさわしいのかを判断し，自身がふ
さわしいと考えた外見に変化させる（つまり化粧を行う）。その（つまり化粧と
いう仮面をつけた）状態で社会に参加し，その自分自身を他者に呈示する形に
なる。

　その仮面を簡易に表現すれば，米沢ら（2021）が表現するように，化粧が
「コスメ」といわれるようになった頃から，化粧はいくつもの「私」を表現す
るための手段になり，顔のコスプレ（顔の着せ替え）ができるようになったの
である。このような顔のコスプレが全景化してくることで，顔は人格を表すと
いう概念も希薄化し，いくつもの顔・いくつもの「私」になることが当たり前
になっていくと述べている（米沢ら 2021：20）。それはゴフマンに流にいえば，
複数の仮面（ペルソナ）をつける（着替える）ことである。

（4）役割を演じること

　人が社会的場面において仮面（ペルソナ）をつけることは，別の表現でいえ
ばその場面にふさわしい「役割を演じる」ことであり，それは他者に対して自
己呈示することである。丸木（1986：37）は「その場面における行為者は他者
の前で，その時その時の状況に適応し『形態』，仮面をいくつか，既成の多様
な選択肢の中から選択しなければならないのだから，自己呈示は非常に複雑な
作業となる[7]」と述べている。

　簡単にいえば，人は社会的場面において，自身でどのような役割を演じるべ
きかを考え，その役割を演じようと考えた自己を複数の中から選択して，他者
に対して自己呈示するということだ。少し複雑な言い方ではあるが，ゴフマン
は，個人には何か決まった特定の自己があるのではなく，複数の自己をもって
おり，それはどれも自身の自己である。対面的相互行為場面において，自身が

見せたいと考え呈示した自己が自己なのである。それは自身が，その場面にお
いてふさわしいと考えたものであり，他者が同様にふさわしいと思っているか
どうかは定かではない。

　片桐（1996）によれば，ゴフマンの考える役割とは，特定の状況に置かれた
行為者の期待される「典型的な」パターンであり，いつも典型的なパターンの
役割を演じているわけではないという。構成される状況が異なれば，その場面
にふさわしいと考えられる役割も変わるという。簡単にいえば，現実の相互行
為は台本（＝役割）どおりに演じられるわけではなく，状況に依存していると
いうことなのだ（片桐 1996：23-46）。

　したがって，化粧することは仮面（ペルソナ）をつけることであると考える
ならば，化粧する人自身がその場面にふさわしいと考える化粧を施し，その社
会的場面に参加する。だが，その状況を構成するものはあまりにも多く，場面
に応じた詳細な分析が必要であり，それは分析する軸を相当細かく分けなけれ
ばならないし，またその場面に居合わせる人の行動・心理的な状態・性別・年
齢等，枚挙に暇がない。

　そういった状況を，丸木（1986：36）は「多くの諸問題を内蔵しているにも
かかわらず，彼によって開かれたパンドラの箱は，たやすく閉じられそうもな
い方法論上の興味あるチャレンジなのである」と評した。

　注
(1)　今井（2015）によれば化粧には多様な意味があり，「人類に文化とよべるものが
　　　備わったとき，すでに化粧は存在した」といわれたという。世界的な観点で考える
　　　と，化粧の起源は，旧石器時代の原始人類ネアンデルタール人のいた５万年前の化
　　　粧に使われる顔料がついた貝殻がみつかったため，その辺りからだといわれている。
　　　西洋の化粧文化としては，古代エジプトであるとされており，それは，壁画や王の
　　　墓の埋葬品からだった。当時の化粧には実用的な意味があり，それは顔に塗るのは，
　　　紫外線や太陽光線の予防のため，目のアイシャドウは目の病気の予防と太陽光線か
　　　ら肌を守るためだった。
(2)　鈴森（2018）は，化粧行為を分類する際，人類学では，①身体変工─身体の一部
　　　を加工する行為（髪を切る・縮らす，歯を抜く，鼻や耳，唇に穴を開ける，足を変

　　形させるなど），②色調生成―皮膚に永久的に色や模様を加える行為（入れ墨，タ
　　トゥー Tatoo，創痕，瘢痕など），③彩色一時的に皮膚に色や艶を与える行為（ボ
　　ディペインティング，メイクアップ，ネイルメイクなど）の３つに分類されるとし
　　た。

⑶　1990年代初めにバブルが崩壊し，その後，経済状況が悪化した頃，安室奈美恵の
　　登場によって，彼女が提示するヘアメイクが大流行した（細マユ，少し黒い肌，薄
　　いパール，白系のアイシャドウ，ベージュの口紅）。また，その頃，ガングロ，ヤ
　　マンバメイク等，女子高校生を中心とした流行発信が主流化し，すでに高校に化粧
　　をしていくことが容認されているような社会であった（実際は，校則で禁止されて
　　いることが多く，そうなると，平日の放課後または祝日には化粧をして遊んだ。

⑷　化粧をする動機として，「個性の表現」（相手に応じて化粧を変える，流行の化粧
　　を取り入れる等）と「社会的調和・順応性」（化粧が濃すぎないようにする，自分
　　らしい化粧をする等）という二面性があることを示唆した（大坊 1996：28-46）。

⑸　山下（2010）によれば，この地域をひとくくりにするのは，気候風土的に似てい
　　ること，仏教や儒教等，この地域を起源とする共通の宗教的影響が浸透しているか
　　らである。

⑹　丸木（1993：20）によれば，行為と行動の違いとして，行為は，人間が行う意識
　　的活動の動作，行動は，動物一般の行動を指す。行動を取り上げる背後には，行為
　　を行動や本能と区別する意図が働いている。その場合，人間の行動には，自意識が
　　ともなうものであるとして，人間特有の主観的意味内容（想像性）や規範性と結び
　　付いた創造的側面を重視する社会学者や教育学者は前者（行為）を用いると説明し
　　た。

⑺　丸木（1986：30）によれば，「人は自己の外見を『理想化された自己』に合致さ
　　せたり，不適切な自己を隠したりする時，１つの仮面〈ペルソナ〉を付ける。こう
　　した仮面劇は，社会的人間の根本的条件なのだが，自己がパフォーマンスの際に呈
　　示できない要素はすべて自己の背面とでも言うべき領域に閉じ込められて知ること
　　ができない。ゴッフマンの見解では，自己もまた１つの呈示された形態（仮面）で
　　あるので，仮面の背後に閉じ込められたままの自己は知ることができないものとな
　　ろう」と述べた。

第6章	女性のキャリア形成と ビューティケアに関する調査

1 女性労働者・管理職の現状

　女性の活躍がいわれて久しい。2016年に推進法が施行され，国は事業主（常時雇用する労働者が301人以上）に対して行動計画の策定・届出を義務づけた。行動計画には，女性の活躍状況（女性管理職の割合等）を踏まえた数値目標の設定があり，その一つに課長相当職以上（役員含む）の管理職に占める女性の割合が設定されている。厚生労働省（2022a）によれば，課長相当職以上に占める女性の割合は12.3％と低く，それを産業別にみると「医療，福祉」（48.2％），「生活関連サービス業，娯楽業」（24.3％），「宿泊業，飲食サービス業」（22.3％），「教育，学習支援業」（19.8％）であった。また，「労働力調査」（総務省，2021年）では，女性雇用者を産業別にみると「医療，福祉」（24.1％），「卸売業，小売業」（19.1％），「製造業」（10.9％）と，これらの産業で働く女性がほぼ半数を占め，産業別にみると女性労働者の状況の違いは一目瞭然である。

　本章では，女性管理職のキャリアを産業別に検討する。産業別にキャリア意識を考えるのは，女性管理職の割合は全体でみれば低いが，産業別に検討すると差異があり，そこには，各産業のもつ特徴（たとえば，正規・非正規の割合，労働生産性の高低等）が多々あるからだ。また，どのような産業で働く人が多いかを一言で説明するのは難しく，グローバルレベルでみた景気動向・科学技術の進歩・主要なエネルギー等，複雑な要因が絡まり合う。

　そのため，本章では，女性労働者の半数近くが働く各産業において，管理職にまで昇進した女性のキャリア形成等を明確にすることを目的とする。なお本

章～第8章で論じるキャリア形成とは，「自身の人生の中において，学校卒業後から調査時点までの職場，職種の変更も含めた仕事の状況」とする。そのため転職・退職・再就職等も含め，自身がどのような職業人生を歩んできたのか，その中でどのような行程を経て管理職になったのかを分析する。また第8章では，管理職である女性たちはどのようなビューティケア意識を持つのかを明らかにする。

2　先行研究

　これまで女性のキャリア形成や女性管理職に関する研究は，数多く蓄積されてきた。大きく分けると，主に3つの観点から研究されている。1つ目は大きな枠組みとして日本社会における働き方・雇用システムの特徴，2つ目は1つ目に付随する形で女性のキャリア形成に関する問題（促進・阻害要因），3つ目はワーク・ライフ・バランス（仕事と育児，介護との両立）である。

（1）日本社会における働き方，雇用システムの特徴

　1つ目の日本社会における働き方・雇用システムの特徴について，小熊（2019：565）は，日本社会の仕組みを雇用・教育等の面から歴史的に考察し，高度経済成長期が，学歴の低い中高年男性に長期雇用と年功賃金・昇進の可能性を与え，そのことが「ものづくりの国」を支え，格差が比較的少なく，勤労意欲が高い社会の形成に貢献したという。このことは，近年の高学歴の女性が学歴があるにもかかわらず，ライフイベント等を理由に長期雇用ルートに乗れないため，高学歴女性の排除を生み出す一因にもなったという。同様に鶴は，日本の正規社員は「職務，勤務地，労働時間（残業の有無）が事前に定められていない」という無限定なものであり（鶴 2016：32），将来，職種・勤務地の変更・残業などの命令があれば，基本的に受け入れなければならないという「暗黙の契約」が上乗せされていた（鶴 2016：34）。このルートに乗れるのは，家庭責任を主として担わない男性や独身者であり，女性の高学歴化により社会

進出が進むと仕事と育児の両立問題が露呈し，その対応として法律や就業規則の整備で補うことになるという（鶴 2016：41）。

中根は，日本社会について集団構成の第1条件は，それを構成する個人の「資格」の共通性と「場」の共有によるものであると指摘した（中根 1968：28）。資格とは，氏・性別等のような生まれながらに個人に備わっているものもあれば，学歴・地位・職業などのように，生後，個人が獲得したものがあり，一定の個人を他から区別しうる質的な基準のいずれかを使うことで集団が構成される場合，「資格による」という。

これに対して「場」とは，地域・所属機関のように，資格の有無を問わず一定の枠によって一定の個人が集団を構成している場合を指す（中根 1968：29）。どの社会でも個人は，資格と場による社会集団あるいは社会層に属していると述べており，男性中心である雇用社会では生まれながらの性別で社会集団を区別されるならば，女性はそこから排除される可能性が高くなる。

脇坂（2018：5）は，日本の雇用システムの3つの特徴として，①ブルーカラー労働者の幅広い業務をこなす熟練および知的熟練，②ホワイトカラーにおける「遅い選抜」，③女性が相対的に活躍していない，の3点を提示した。そのような日本の雇用社会であるならば，そこから派生してくる問題は多々あり，女性が労働者として参入するには困難が伴うことが想像できると評している。

（2）初期キャリア，初職の問題

初職キャリアの問題について，高崎（2020：66）は次のように述べている。

　　「初期キャリアとは学校を卒業して数年間または10年の場合もあるが『一人前になる』までの間を指し，それは業種や職務内容によって異なる。大卒であっても入社3年以内に離職すると，離職リスクの高い人材とみなされたり，能力開発機会は，入社後の数年間に集中することから，早期離職は，職業能力を身に付ける機会を逃すことになる。能力開発によって職業能力を身に付けることは，個人のエンプロイアビリティを高めることにつながるため，初期キャリアは新入社員本人にとって重要な時期である。

初期キャリアは，企業の人的資源管理において重要な意味をもつ。企業で認めてもらうためには，メンバーシップを獲得し，その後，他のメンバーに企業の人であると認めてもらう。女性は，たとえ総合職でも男性と比較して，職域や異動・残業の状況が異なる。残業頻度の差は，仕事経験の差にもなる。結果的に職務能力の差が生じることになる。」

　大沢（2015：21-23）は，高学歴女性はどのようにキャリア形成しているのかについて，①初職継続型（学校卒業後，最初に就いた仕事を現在も継続），②転職型（現在仕事に就いているが，これまでに1年未満の離職期間あり），③再就職型（現在，仕事に就いているが，これまでに1年以上の離職期間あり），④離職型（現在仕事に就いていないが，かつては仕事に従事），⑤就業経験なし（学校卒業後1度も仕事の経験なし），という5つのパターンに分類して調べたところ，①や②のように仕事を継続していくグループと，③や④のように子どもに手がかからなくなってから再就職する，またはそのまま主婦になるというグループの2つに分かれたという。就職氷河期世代で結婚や出産の時期にある30〜34歳をみると，①＋②の就業継続型と③＋④の再就職型及び離職型の割合はほぼ半々である。転職組まででも含めると，就学前の子どもを育てていると思われる35〜39歳層でも4割は就業継続しており，会社や社会が思っている以上に高学歴女性の割合は高かったことを報告した。大沢が指摘する問題点として，高学歴女性でも初期キャリアである初職を継続しているものはそれほど多くなく，また日本では再就職市場が整備されていないため，転職等によって生産性の低いセクターに移行したり非正規の職に就いている人が多いことである。

　山口一男によれば，初期キャリアで差異が生じると，その後のルートにも大きく影響し，管理職割合の男女差のうち約60％は，男女で教育・年齢・勤続年数・就業時間が同じでも管理職割合には男女差がある。男性は，ホワイトカラーの正規であるならば，学歴によらず最終的に（勤続年数が長ければ）90％以上が係長以上に，また大卒の8割，高卒の7割が最終的に課長以上の地位を得るのに対して，女性は，勤続年数が長くても課長以上の割合は大卒で3割に達せず，高卒ではその半分の15％にも達しない。女性は，制度的には一般職・総

合職の区別のようなコース制を用いて統計的差別を行い，管理職昇進トラックから外す，というような慣行を多くの日本企業が持つことが，男女格差の主な原因だと指摘した（山口 2013：35；2014）。

（3）昇進・昇格に関する問題

次に，管理職に昇進するには当然，その時の職位が変わらなければならないので，様々な昇進・昇格に関する問題が生じる。本項では，その点について考察する。

山口（2016）は，女性の賃金が低い理由を，正規雇用内における男女の賃金格差から生じていると指摘した。具体的には，男女の昇進率の違いによる職務格差や職種との関連から女性には事務職が多く，且つ事務職内で賃金格差が生じている点である。学歴だけでなく，どのような部門（たとえば，研究開発か人事等）かによって昇進チャンスが異なるという研究結果もある（橋本・佐藤 2014）。

その昇進に関しても，竹ノ下（2018）は，管理職への到達における移動のメカニズムが大企業と中小企業では異なり，大企業では出身階層・出身大学・新卒一括採用という日本的な雇用慣行に基づく正規雇用が支配的だが，中小企業では，出身階層や教育達成による格差・不平等が小さく，外部からも積極的な登用を行い，労働市場の流動性の高さが明らかだったという。労働市場の男女の不平等や女性の就業率の上昇も踏まえると，それを視野に入れる必要も考えるべきだと述べている。

竹ノ下が指摘するような移動のメカニズムが存在し，既婚女性は企業に定着するが未婚女性は流動化していくという研究結果を踏まえれば（労働政策研究・研修機構 2021：181），既婚女性は管理職へと昇進する確率が低下することになるのか。実際，労働政策研究・研修機構（2015）の調査においても，管理職女性は男性と比較して未婚率がかなり高いという特徴がある。

誰を昇進の検討の対象者とするかという管理職の早期選抜を実施する企業が37.5％あり，対象者の選抜は入社から5年以上10年未満の者を対象に行う企業

が31.2％ある，という調査報告もあるが，多様な経験を積ませるために優先的に配慮をする事もされているようである。具体的には，特別なプロジェクトや中枢部門への配置など重要な仕事を経験させたり，経営幹部との対話や幹部から直接，経営哲学を学ぶ機会を与えられたりする，等である（労働政策研究・研修機構 2015：23）。

　そして管理職になるには，これまでの地位から「昇進・昇格」しなければならず，そのためには，どのような職業意識をもつかがある程度重要になる。なお本書では，「職業意識」を「仕事をする際，仕事に対して，自身がこれまで意識していること，職務を成し遂げようと心がけていること，仕事に対するやる気」と定義して考察を進める。

　キャリア構築の根幹をなす「職業意識」に関する研究によると，女性のキャリア構築は，どのような職業意識を持つのかに左右される。仕事に対するやる気・モチベーションは，既婚者ほど育児との両立も加わるため高くなるが（金井・佐野 1991），近年は育児休業制度の利用者が増加したため，逆に育児休業から復職後は，特に大企業ほど，仕事に対するモチベーションが低下する女性が多いという。このことは，育児を理由に休業前の職務から別の職務に変更したことで，モチベーションに変化が生じたとも考えられる（三菱UFJリサーチ&コンサルティング 2016）。

　加えて，高学歴女性の中でも職業意識が高いものほど，仕事に不満をもち，転職率が高い。なぜなら，日本企業では男性には昇進や昇格の機会が開かれているが，女性はいずれ離職することが前提になっているため，その機会が開かれていないからである（大沢・馬 2015，等）。キャリアの継続には仕事に対する満足度が重要であり，大薗の研究では，女性管理職は，男性管理職と比較して仕事全体の満足度が高く，賃金・労働時間・福利厚生・能力開発も同様であるという（大薗 2013）。女性管理職が多いほど女性従業員の昇進意欲が高くなり，それはロールモデルの役割をも果たす（川口 2012）。キャリアが構築されると，管理職への「昇進」がみえてくる。昇進に関して，女性管理職自身が考える昇進理由を明らかにしたものに，労働政策研究・研修機構（2014b：23）

があり，昇進理由として職務に対する評価だと考えるものが多かったことである。また昇進・昇格するには，自身の職務能力の向上（仕事における成長）が必要であり，同様のことを堀井（2015：88）や21世紀職業財団（2019：51）も言及している。

　昇進するには自身の昇進に対する意識や昇進意欲を高める必要があり，坂田桐子はチャレンジングな仕事や昇進に結び付くような仕事の経験が必要であると指摘し（坂田 2018：33），武石も，女性活躍推進や両立支援に対する取組を企業側が提示するだけでなく，女性側に認知されることで女性の昇進意欲を高めると指摘した（武石 2014：36）。

（4）昇進・昇格に対する早期選抜の必要性

　管理職昇進に向けたみえない天井もあり，村尾（2017）は女性であるという属性が係長以上への昇進確率を大きく下げる要因となり，さらに子どもがいることが係長以上への昇進確率を下げるという。

　女性の昇進が遅いのは，日本の組織には人事管理制度による仕事の配分や昇進・昇格において大きな男女差があるためである。出産後は所得の低下（出産ペナルティ）が生じる。これは高学歴女性ほど大きい。それを回避するために，高学歴女性は晩婚化や非婚化が進んでいると考えられる。少子化対策だけでなく企業の女性に対する差別的な慣行を見直し，職場において男女の均等を達成するような政策が必要になる。

　だが，日本は企業の差別的な雇用慣行の是正よりも仕事と育児の両立支援策に重きを置いており，このような組織文化を変える必要がある。女性は短期勤続であるという前提で，男性と同じような能力開発の機会や昇格がなされず，また昇格の機会が与えられたとしても，男性よりもその時期が大幅に遅くなることが多い（牛尾・志村・宇佐美 2015）。

　このような昇進・昇格についての問題は，多く指摘されているように企業内における人材育成の時期に問題点がある。だれが昇進候補者となるかを決める時期が遅い「遅い選抜」であると，女性が昇進の候補になる時期と第一子出産

の時期が重なることが多いので，出産を機に辞める方向に力が働く。あるいは企業に残っても昇進を希望しないかもしれない。

　一方，昇進候補者を決める時期が早い企業で昇進を果たした女性は，家庭と仕事を両立して，その後のキャリアも形成しやすいかもしれない。仮説としては，選抜の早い企業に女性管理職が多いと考えられる（脇坂 2018：156）。小島（2017：4-10）も同様に，管理職に就く女性の方が内的報酬（自分の能力やスキルを発揮したいという欲求がライフイベントを経ても変化しない）に対する欲求が強い点に鑑み，女性に対するキャリア支援の強化として，早期の人材育成を説いている。

　30歳前後になると，社内で管理職候補となり，昇進・異動する時期とライフイベントが重なることも少なくない。ライフイベントと昇進・異動が同時にくると，管理職への精神的負担から管理職への意欲を失うことにもなりかねない。早いうちから管理職となるための必要な経験を積ませることで，ライフイベントとの重複を回避することが有効であるとした。

　このような早い選抜による早い昇進を提言した大湾（2017：34）や吉澤（2016：11），労働政策研究・研修機構（2014b：211）の研究がある。だが現実問題として，女性の定番は遅い昇進であり，その場合，管理職が多く，子持ちも多いという指摘もある（奥井ほか 2015：44）。

（5）キャリア形成を手助けする上司の役割・影響等

　女性がキャリアを形成するには，上司の支援・協力は欠かせない。そういったキャリア形成における上司の役割について，永瀬らは，上司が女性を育てようという意識や仕事を評価してくれることが必要だと指摘した（永瀬・山谷 2012：102）。そういった上司や人事課からのサポートが適切な時期に行われることで，キャリア形成の機会を手にすることになるのを「幸運」と捉えた視点からの研究もある（石黒 2012：123）。

　また上司によるキャリア形成の後押しは，男性に比べて女性の方が経験する機会が多いという（21世紀職業財団：2019：51）。裏返せば，上司が背中を押し

てくれることで，昇進試験を受けたり仕事への意欲が向上すると考えられることだ。仕事へのやる気という点でいえば，上司に相談することで，仕事へのモチベーションを維持できる等といった上司による影響は大きいと考えられる（堀井 2016：153；武石 2019：88；荒木ら 2017：11）。

このように昇進の背景には，職務遂行能力が向上することで，上司に「戦力」として認められることがある。昇進・昇格の機会は突然生じるのではなく，日頃の職務遂行状況等，上司の目に留まることが必須である。その入り口になるのが，組織内外を問わず管理職への昇進の一翼を担う「他者とのつながり」にあるのではないか。

そういったつながり，ネットワークに関する研究も，同様に多くの蓄積があり，たとえば，女性労働者という視点でいえば，仕事と育児の両立における支援ネットワーク等が多数ある。ネットワークに関する研究では，主に3つの点から検討可能である。

まず基本的な視座として，人は，自らの意思とニーズに基づいてネットワークを選択的に形成・維持し，ライフコースに準じて再編する（森岡 2012）。

次に，このような前提を踏まえ労働者の労働環境を考えると，日本の組織は組織主導型から個人主導型に推移しており，そうなると労働者自身が他者との関係性を構築できないと，孤立者が増加する（石田光規 2009）。だからこそ，組織内外において，個人のスキルアップにつながる他者との集まりがある場合，特に女性労働者の40代前後は，つながりを求める者が最も多い（穂積ら 2018）。つながるきっかけは，大学等の同窓生・仕事仲間・子どもの学校等であり（松本 1995），関係性の維持にはコミュニケーション能力が必要である（安田2004）。

最後に，高学歴であると管理職に昇進する可能性が高く，管理職のつながりに関する研究では，開放的なネットワークを持つ人ほど昇進が早く（Burt1992＝2006），管理職ほど仕事仲間やネットワーク総数が多く，そこで構築されたネットワークは自らのキャリア形成においてもプラスに働く（原田 2017）。

まとめると，労働者のつながりは，就業継続という点においてつながること

の重要性が指摘されており，特に高学歴で管理職の場合，昇進速度を速めたり等のプラスの効果があることだ。

（6）ワーク・ライフ・バランスに関する研究

仕事と家庭生活の両立をはかるにあたって，家庭生活の状況，育児，介護等に対する様々な支援の有無により，就業継続は大きく異なると考える。ワーク・ライフ・バランス施策は，主に内閣府を中心に，2000年代あたりから進められている。近年は，企業におけるワーク・ライフ・バランスの推進，企業業績，女性の活躍を指標とし，多くのことが指摘されている。

阿部・児玉・齊藤（2017）によれば，企業のワーク・ライフ・バランス施策と女性の出産・就業継続・企業の女性比率・女性管理職比率の関係性を検証した結果，企業のワーク・ライフ・バランス施策の促進は，女性の出産・終業継続・女性活躍に対してプラスの効果を示した。だが子育て支援やフレキシブルな働き方は，就業継続には正の効果があるが，女性比率・女性管理職比率にはほとんど影響がない。就業継続には効果がある。女性活用と企業業績の関連は一律ではなく，国・地域・時期によって結果は異なり，男女格差が大きな国では正，格差が小さい国では負または無関係であったと報告した。

山口（2011）は，女性人材活用の成功にはワークライフバランスの推進に組織的に取り組んでいる企業であることが必要であると述べた。また労働政策研究・研修機構（2014b：11）によれば，大企業の女性管理職は未婚が4割程度を占めるものの，子どもがいる者も3割程度いるため，そこへの支援は必須である。そのため企業が提示する両立支援は，丸山（2001：16）が述べるように，金銭ではなく，個人差のある「時間」に対する支援が必要だと指摘する。たとえば，出産後も就業継続した者は，児童手当や保育所の料金という現金ではなく，時短勤務・延長保育時間の延長等の時間面での支援を強く希望した。同様に，仕事と家庭の両立は30〜40代が重視することであって，50代になると仕事に切り替わるという（21世紀職業財団 2019：108）。やはり，管理職になる世代への両立支援策は必須である。また家族の問題でも，永瀬らは，夫の家事・育

児の分担や残業できる体制を整える家庭内の工夫が必要だと指摘した（永瀬・山谷 2012：103）。

（7）雇用継続モデルの変更の必要性

　近年，出産後退職するのではなく，育児休業制度を利用して就業継続することが社会的に受け入れられてる中で，永瀬ら（2021：72）は休業経験や時短勤務が低い評価につながったり配分される仕事にチャレンジ機会が制約されているケースがある事を指摘し，社内の昇進モデルを男性による長期雇用モデルからライフイベントモデルに変えることが求められると提言した。同様に今野（2017）は，これまでの総合職は働き方に制約のない無制約社員を前提につくられたが，今後は制約のある働き方をする社員（制約社員）への対応を考える必要がある。生活上の都合を配慮して制約的に働きながら基幹業務を担うことができる制度を組み合わせる改革が求められる。

　さらに武田（2019：48）は，かつて仕事にまい進する女性をバリキャリ（仕事をバリバリ頑張る女性）と表現したり，ゆるキャリ（仕事と家庭生活をほどよく，バランスよくこなす女性）と表現したりしたが，「"フル"キャリ」といって，理想的にはどちらも「Fullfillしたい（全うしたい，目標を成就させたい）」と考える女性たちが増えており，武田の調査によれば，全体の半数近くを占め，ライフイベントか仕事かというようにどちらか一方を選ぶのではなく，どちらにも可能な限りFull（最大限）に頑張りたいと考え，そのため時間的にも肉体的にも精神的にもFull（溢れるほどにいっぱい）になりやすい側面を持つという。そして，そういう女性たちがキャリア形成する際，育児休業のように子どもの世話をするために自身の仕事を休める制度ではなく，両立支援の一環として，それを成し遂げるために従業員の家事負担軽減への支援が求められていると分析した（武田 2017）。

（8）産業別・職種別研究

　最後に，女性のキャリアについて産業別・職種別にみた研究をみていく。産

業別といっても幅広いため，ここでは先に紹介した女性労働者が多く働く「製造業」「卸売業・小売業」「医療，福祉」の研究を紹介する。

　「製造業」では女性は管理職がほとんどおらず，製造ラインで働く者が中心であり（日興フィナンシャル・インテリジェンス 2015），このことと関連するように，女性管理職は，大卒等の学歴要因だけでなく，どのような部署（研究開発）にいるかが重要だとした（橋本・佐藤 2014）。

　「卸売業・小売業」では，男性とは異なる形で仕事を任せることでキャリアを構築したり（中村 1988），キャリア形成のために，職場の上司というよりも同僚としてのパートタイム労働者との関係性によって，職務を遂行できるかどうかが決まるとした（乙部 2006）。同様に，木本も従業員の半数以上を占めるパートタイム労働者との関係性の構築が重要だと指摘した（木本 2003）。

　「医療，福祉」では，女性管理職のキャリア形成には，管理職の中でも看護師長クラスの場合は病院内でのキャリア構築が可能だが，それ以下の役職になると複数の病院の経験が必要である（中根 2013）。また女性ソーシャルワーカーのキャリア構築には，自分の父親のキャリア形成に向けた向上心・真面目さが影響していた（鈴木 2006）。

　このように産業別に検討した女性のキャリア全般（キャリア形成・キャリア構築等）の研究は見受けられるが，各産業における管理職女性のキャリアを比較した研究はほとんどない。

　反対に，職種別に研究したものに山口（2017b：136）がある。山口の研究は，女性が高学歴化してきたにもかかわらず，企業の中でなかなか活躍できない要因をこれまで定説化されていた「仕事と育児，介護」「性別職務分離」「正規，非正規という雇用による区別」等の研究結果を踏まえ，職業別に男女の所得格差を比較したところ，管理的業務の場合は男女の所得格差が小さいが，事務職の場合は男性と比較して，年齢や勤続年数の長さに対する所得の見返りが低く，専門・技術職の場合，特にヒューマンサービス系といわれる職種（保育士，看護師等）の場合，賃金が低く抑えられていたことが明らかになった。

　男女間のキャリア格差の大きい銀行事務職を対象に，能力主義管理が導入・

強化された1960～90年代前半の性別職務分離の形成過程を歴史的に分析した駒川（2014），ホテル従業員のキャリア意識を研究した香坂（2018），介護職における就業継続の意向の要因について研究した富永・中西（2021），女性公務員のキャリア意識を職業人生決定度・継続就業意思・自己人生肯定感という3つの観点から考えた中嶌（2015）がある。これらの研究では，職種を限定して，自身の職務に対する肯定的な意識・就業継続に向けた要因等を明らかにしているが，女性管理職のキャリアに特化した研究ではない。

　以上の先行研究から，本書では，女性のキャリア形成や女性管理職に関する研究を3つの観点から検討した。女性がキャリアを構築したり管理職に就くには多様な要因が考えられ，そもそも日本社会における雇用システム・雇用慣行を基礎とした昇進・昇格の問題，その際，自身が昇進・昇格したいという意欲があったり，仕事の成果が上司に認められたり等が考えられた。だが昇進・昇格が始まる30代前後にはライフイベントが重なることも多く，そうすると昇進・昇格の機会を逃したり，あるいはそのスピードが遅くなったりする。そのため，近年は，両立支援策の整備だけでなく，ライフイベントにより影響を受けることを前提としてライフイベントモデル，制約社会モデルの構築が提案されていた。

　以上の研究に共通することは，女性のキャリア形成・構築等を一括りにして考えており，各産業による違いを研究したものは見受けられない。

　なぜ，産業別にキャリアを考える必要があるのか。各産業において，仕事の特徴，正規・非正規割合，男女比等が異なると，職場におけるキャリア構築のための環境要因（特に社会的環境）が異なり，そのこと自体が障壁となりうるからである。[1]

（9）管理職の化粧

　先に検討した化粧に関する先行研究から明らかなことは，近年のルッキズムとそれに対する批判，SNS等にみるバーチャルな化粧，コロナの影響による自身の外見の演出，外見・容貌の社会的評価による生涯賃金，管理職への登用

違い等，外見（ここでは化粧で装った顔）は私たちの生活・人生において何かしらの影響を与えているのではないかと考える。

　なぜここで，キャリア女性の化粧を考えることになったのか。

　それは，女性活躍，男女共同参画等，女性の活躍・活用がいわれるようになって久しいが，女性がキャリアをいかに構築するのか等については研究されるが，それに付随することとして，彼女たちはいかにして，自身の管理職的立場を知らしめるために，アプローチするのかということが重要になると考えられるからだ。

　「顔は人生の履歴書，顔に責任をもて」とは，これまで男性がいわれてきたことだが，女性も，どのような立場でどのような仕事をしているのかということが，外見をはじめとする印象操作に表れているのかもしれない。筆者がそう思ったのは，実際に会う管理職女性は，化粧品メーカーや女性雑誌が提示する「キャリア女性メイク」「知的なメイク」のような化粧をしていない場合が多いと感じたからだ（もちろん個人差はある）。

　管理職という立場上，職場内だけでなく，職場外の人と一緒に仕事をする機会も多いと推察する。そうであるならば，彼女たちは，自己演出，自己呈示として，どのような外見，つまり化粧を施しているのか。筆者は，化粧をすることが，仕事に対してどのような効果，影響を与えるのかを，聞き取り調査から明らかにしようと考え実施した。

3　女性管理職に関する調査

（1）調査の概要

　調査対象期間は，2017年9月から2018年3月までである。調査対象者は，すべての産業で働く者とするのではなく，前述した「製造業」「卸売業，小売業」「医療，福祉」で働く課長相当職以上の正規女性を対象とし，総計43名に聞き取り調査を行った。その際，配偶関係，子どもの有無は問わず，また所属する部署も特に限定しなかった。調査対象地域は，東海・北陸地域に企業の本社・

支社がある事業所とした。

　調査方法は半構造化面接法によるものとした。事前に質問項目を郵送または
メール添付という形で調査対象者に送付した。調査当日は，基本的に筆者が調
査対象者の勤務する企業を訪問するか，調査対象者の指定する場所（喫茶店，
ラウンジ等）で，聞き取りを行った。聞き取り時間は平均すると約1時間であ
った。調査対象者には，調査内容を研究以外の目的では使用しないことを伝え，
調査対象者の了解を得て，聞き取り内容はICレコーダーを使用して音声録音
させていただいた。

　主な質問項目は，フェイス項目（家族関係〔配偶者・子どもの有無等〕），キャ
リア形成項目（学校卒業後からのキャリア形成・職務状況・職業意識・自身が考え
る管理職昇進の理由・キャリア形成において有益だと思った職務上のつながり・キ
ャリア形成において有益だと思った私生活〔仕事以外の生活〕上のつながり），ビュ
ーティケア項目（仕事に関する化粧については，化粧の頻度・化粧をする理由・化
粧する際に気を付けていること・仕事化粧におけるプラス点とマイナス点・化粧と
キャリア形成の関係・キャリア形成上における化粧の変化。プライベートでの化粧
については，化粧の頻度・化粧をする理由・髪型についての意識〔髪型についての
考え・ヘアカラー・ヘアケアの実情〕）であった。

（2）対象者の基本属性

　まず調査全体の概要を示し，その後，産業別にみた状況を示す（資料1，以
下，巻末資料参照）。調査対象者43名の概要として，平均年齢は48.0歳，配偶関
係は，未婚が9名，既婚で子どもありが26名（離婚も含む），既婚で子どもなし
が8名であった。職歴・職場状況は，学校（高等学校・専門学校・短期大学・大
学）卒業後に就職した企業での初職継続者が18名，転職者が25名であった。そ
のうち7名が個人事業主であった。

　調査対象者の概要を産業別に示す。43名の内訳は，「製造業」が20名，「卸売
業，小売業」が11名，「医療，福祉」が12名であった。平均年齢は，「製造業」
が43.7歳，「卸売業，小売業」が52.4歳，「医療，福祉」が51.1歳であった。配

偶関係は,「製造業」20名のうち,未婚が6名,既婚で子どもありが9名(離婚も含む),既婚で子どもなしが5名であった。「卸売業,小売業」11名のうち未婚が1名,既婚で子どもありが8名(離婚も含む),既婚で子どもなしが2名であった。「医療,福祉」12名のうち,未婚が2名,既婚で子どもありが9名(離婚も含む),既婚で子どもなしが1名であった。職歴・職場状況は,「製造業」20名のうち,初職継続者が15名,転職(雇用者)が5名,転職(個人事業主)は該当者なしであった。「卸売業,小売業」11名のうち,初職継続者が2名,転職(雇用者)が5名,転職(個人事業主)は4名だった。「医療,福祉」の12名のうち,初職場継続者が1名,転職(雇用者)者が8名,転職(個人事業主)は3名だった。

　管理職・個人事業主になった年齢は,平均41.1歳であった。産業別にみると,「製造業」が39.3歳,「卸売業,小売業」が40.4歳,「医療,福祉」が44.8歳であった。

　まとめると,配偶関係では,既婚で子どもがいるものが半数近くと最も多く,職務継続状況では,半数以上が転職しており,中には起業して個人事業主になったり,結婚後,配偶者が個人事業主であったため,その仕事を手伝う形で働く者もいた。特に「卸売業,小売業」での転職が際立っていた。管理職になった平均年齢をみると,最も若い「製造業」と「医療,福祉」では,5.5歳の開きがあった。

(3) 管理職に至るまでの多様な過程

　彼女たちは,どのようなキャリア形成過程を経て管理職になったのか。[2]分析指標を次の4パターンに分け,さらに対象者43名を産業別に分類した。

　　①　総合職(技術職)(専門職)→管理職
　　②　一般職→(コース転換制度利用→総合職)→管理職
　　③　転職(自己都合・出産・育児理由)→管理職
　　④　転職(自己都合・出産・育児理由)→個人事業主(個人事業主の妻)

1）総合職（技術職）（専門職）→管理職

　学校卒業後は総合職・技術職・専門職[3]として入社し，入社した企業で部署・部門間異動を経験し（経験しない者もいるが），その後，管理職に昇進するというパターンである。1986年に均等法が施行された際，大企業を中心に「コース別雇用管理制度」が導入され，主に女性従業員に対して一般職・総合職に区分された。総合職の女性は，産業全体でみれば決して多い方ではなく2割程度である（厚生労働省 2022a）。総合職としての採用は，企業の基幹業務を担い，管理職・役員へという昇進ルートが想定される。また技術職で入社した場合，そのまま技術系部門で管理職になる場合もあるし，人事課等に異動してそこで新入社員教育・人材育成を行う場合もある。

　本調査においては，43名のうち13名（30.2%）がこれに該当した。該当者13名を産業別にみると，「製造業」が11名，「卸売業，小売業」が1名，「医療，福祉」が1名であった。

　「製造業」の場合，理系学部出身で学校卒業後に技術職として入社すると，在職中に特別な配置転換がない限り，技術職として専門的な仕事を継続していた。技術職という専門職として働き続け，徐々に職位が上昇した。

　「卸売業，小売業」の場合，一般職・総合職という区分はあるが，総合職として入社することが多い。特に女性の非正規割合が高く，人材の転出入の頻度も高い。そのような中，就業継続する者は多数派ではない。様々な思い・葛藤を経て働き続けた結果，管理職に昇進した。

　「医療，福祉」の場合，この産業では国家資格を取得して仕事に就くことが多く，対象者も看護師・保育士・介護福祉士等の資格を保持していた。その資格を活かせる企業で働き続け，後に管理職に昇進した。

2）一般職→（コース転換制度利用→総合職）→管理職

　学校卒業後は一般職として入社し，10年以上継続勤務した後にコース転換制度を利用して総合職に転換し，後に管理職に昇進するというパターンである。本調査では，43名のうち7名（16.3%）が該当した。該当者7名を産業別にみると，「製造業」が5名，「卸売業，小売業」が1名，「医療，福祉」が1名で

あった。コース転換の前提は，企業が労働者をコース別に雇用していることで
あり，「製造業」の場合，事務系の職務を一般職が行うことを前提にコース制
定されている。一般職の仕事は，総合職と比較すると日々の定型業務が多く，
責任も少なく，やりがいも感じにくい。このような状況に不満を持ち，それを
打開するために，コース転換制度を利用して職責や職務を変更する。この制度
を利用するには，本人の希望だけでなく，上司の推薦がないと転換試験を受験
できない。厚生労働省（2018）によれば，コース別雇用管理制度がある企業の
うち「コース転換制度あり」とする企業は79.7％であり，企業規模が大きいほ
ど導入率も高い。

　「卸売業，小売業」の場合，小売業といっても多様な業態があり，また従業
者規模も小規模事業所から大型店と幅広い。一般職として入社して，事務系の
仕事をして，部門変更で営業や販売の仕事に変わり営業成績を上げ，その後，
管理職に昇進した場合もある。

　「医療，福祉」の場合，事務職で入社後，介護関係の資格を取得し，介護現
場で働いた後に管理職に昇進したというパターンもあった。

3）転職（自己都合・出産・育児理由）→管理職

　学校卒業後，入社した企業を結婚等の自己都合により退職後，別の企業に再
就職し，その企業でキャリアを形成し，管理職に昇進したというパターンであ
る。日本社会における企業では，長期雇用を前提とするシステムが多く，一度
その企業に就職すると，転職しないことも多々ある。本調査においては，43名
のうち17名（39.5％）がこれに該当した。産業別にみると，「製造業」が4名，
「卸売業，小売業」が5名，「医療，福祉」が8名だった。

　「製造業」は日本社会では古くから産業の中心であり，労働生産性という視
点でみても日本社会の経済成長のカギを握る産業でもある。そのため，同産業
へのハードルが低いのだろうか，学校卒業後に入社した企業を自己都合で退職
後，複数の職場を経て，同じ製造業の別の企業で管理職として働き，キャリア
を構築した。

　「卸売業，小売業」の場合，（調査時は）求人難であったことが多く，転出入

者も多数である。そのため，これまでの経験を活かし，管理職として入社しキャリアを構築した。

「医療，福祉」の場合，看護師・保育士等の国家資格を保持しているため，資格さえ持っていれば全国どこでもその資格を活かした職務はみつかりやすい。そのため医療・福祉系の仕事は，結婚等の自己都合で居住地を移動した場合も，資格を活かした新たな職場をみつけ働き続ける。

4）転職（自己都合・出産・育児理由）→個人事業主（配偶者が個人事業主）

　学校卒業後に入社した企業を結婚等の自己都合により退職後，自身で起業したり，結婚後の配偶者が個人事業主であるため共に経営に携わったりするパターンである。個人経営の店舗（衣料品・飲食店）をもったり，保育園を開所したり，介護関係の事業所を立ち上げたりしていた。本調査では43名のうち6名（14.0%）が該当した。産業別にみると，「製造業」がなし，「卸売業，小売業」が4名，「医療，福祉」が2名であった。

　「製造業」の場合，該当者はいなかった。つまり起業という点でいえば，ものづくりだけの店舗を構えるのはハードルが高いと考え，起業は考えられにくいのだろう。

　「卸売業，小売業」の場合，たとえば，学校卒業後，衣料品が好きでアパレル関係のメーカーに就職し，ある程度の仕事を覚えた後，自身で起業していた。

　「医療，福祉」の場合，何らかの国家資格を保持しており，たとえば看護師ならば職場（病院）を複数回変えたり，介護福祉士・社会福祉士の免許を取得した者が，両方の資格を活かしながら介護事業所の施設長として勤務したり等である。超高齢社会を見据えた選択である。

　このようにキャリアの重ね方においても，入社した企業で就業継続したり，転職しながらキャリアを形成したりと，その方法は産業によって，それぞれ特徴的だった。

4　管理職への昇進

（1）分析手法

　第6・7章では調査対象者の語りの内容を分析するために，録音された音声データを文字化してテキストデータとした。分析方法はテキストマイニングという手法である。それはデータ化された文字情報の中から，情報を集め文章中の単語を選び出し，その単語同士のつながり・使用頻度・傾向等の特徴を抽出する方法である。テキストマイニングの手法を用いた分析ソフト「KH Coder 3」を使用して分析を行った。

　手順は，各質問項目に対する回答を文字データ化し，文字のコーディングを行う，というものである。その際，データを分析するテキストの誤字脱字や表記の揺れを確認後，統一した。一例として，「ファンデ」を「ファンデーション」に，「メイク」を「化粧」に，「ロング」を「ロングヘア」に等である。また，分析にあたり事前に Term Extract を用いて，対象とする複合語を確認した。調査対象者の語りの中で，一般的に語られる単語（「私」「自分」「今」「言う」等）は除外する単語とした。反対に強制抽出する単語は，「女性活躍」「ママ友」「デジタルパーマ」「ヘッドスパ」等50語であった。強制抽出することで，その単語が分離されることなく，1つの単語として認識可能となるからである。その後，各質問項目を分析ソフトにかけ，回答内容における単語の出現回数ごとに分析を行った。次に全体を分析する際，出現頻度が5回以上の単語を取り上げた。そうすることによって，調査対象者の語りの中で，どのような言葉が多く発せられたかを抽出することが可能である。

　次に，抽出された言葉の類似度に基づき，似たようなものをグループ化する「階層的クラスター分析」を利用した。方法は Ward 法，距離計算は Jaccard 法を用いた。抽出された単語が実際の語りの中でどのように使われているかを確認するために，「KWIC コンコーダンス」（Key Words in Context）の機能を必ず使用した。

　調査対象者の語りから抽出された単語（抽出語）のつながり・関連性を明らかにするために，「共起ネットワーク」を使用した。共起ネットワークとは，単語と単語が共通して出現する関係（共起関係）を円（バブル）と線で表した図である。抽出度が高い単語とそれに関連する単語とのつながりを確認することが可能である。円（バブル）の大きさが大きいほど頻度が高く，また円（バブル）をつなぐ線の太さが太いほど関連性が強くなる[4]。共起ネットワークを使用することで客観的なデータが可視化され，その意味することが理解しやすくなる。

　円（バブル）の色分けをする際，それぞれの単語がそのネットワークの中でどれぐらい中心的な役割を果たしているかを「中心性（媒介）」で確認する。なお，共起性や関連性は図形の位置や近さとは関係しない。「共起ネットワーク」による分析の際に注意することは，単語自体の出現回数が多くても，共起性の低い単語は表示されないことである。言い換えれば，多くの人が語る単語は共起性が高いことになる。

（2）管理職への昇進要因

　管理職に昇進するには，様々な要因が複雑に絡み合う。本調査では，女性管理職自身の語りからその要因を分析する。記述の順番は，まず調査対象とした産業（「製造業」「卸売業，小売業」「医療，福祉」）全体における結果を記載し（資料2），その後，産業別に検討する。

　産業全体において，女性管理職自身が考える管理職への昇進要因（起業要因）として語られた言葉を出現頻度の高い順に並べ，頻度が5回以上ある単語を抽出した。総抽出語数は3,559語であり，そのうち1,406語を使用した。出現頻度が高い順にみると，「人」が27回，「会社」が23回，「仕事」が20回，「管理職」が17回，「思う」が14回，「女性」が11回，「異動」が10回，「資格」が10回，「上司」が10回，「多い」が9回，「事業」が9回，「働く」が8回，「年」が8回，「立ち上げ」が7回，「採用」が6回，「上がる」が6回，「前」が6回，「総合職」が6回，「入社」が6回，「認める」が6回，「評価」が6回，「活動」

が5回,「女性活躍」が5回,「少ない」が5回,「上」が5回,「人材育成」が5回,「成果」が5回,「成長」が5回,「長い」が5回であった。

　次に階層的クラスター分析を行った。クラスターは5つに分類され,各クラスターの抽出語（頻度が5回以上）を組み込み,その特徴を表すクラスター名を名づけた。

　クラスター1は「異動」「事業」「活動」「女性活躍」を中心とする抽出語で構成された「女性活躍推進事業の推進に向けた準備」,クラスター2は「年」「立ち上げ」「総合職」「認める」「成果」を中心とする抽出語で構成された「女性活躍推進事業の立ち上げ」,クラスター3は「資格」「上がる」「上」を中心とする抽出語で構成された「昇進・昇格」,クラスター4は「管理職」「女性」「上司」「働く」を中心とする抽出語で構成された「上司の役割・重要性や就業継続意欲」,クラスター5は「人」「会社」「仕事」「思う」「採用」「上がる」「前」「総合職」「入社」「認める」「評価」「少ない」「人材育成」「成長」「長い」を中心とする抽出語で構成された「職場環境・人間関係」についての項目である。

　次に,階層的クラスター分析で単語のまとまりを確認後,共起ネットワークで傾向を分析した。このネットワークの中心性は「異動」「報告」「成果」であることが示された。

　1つ目の特徴は,総合職としての成果が認められたりしたことで管理職に昇進し,女性活躍推進事業のプロジェクトを立ち上げる際,そのメンバー・責任者に抜擢されたりしたことであった。このことは,クラスター1とクラスター2の内容を合わせた「女性活躍推進事業の始動」に関連することであった。

　　「事業部から経理に異動したことが,人生の転機。その後,女性活躍の波に乗って基幹職になった。」A8
　　「女性活躍推進活動計画として一定数の女性管理職が必要だったことも無関係ではないと思う。女性管理職10％を目指すという目標が（社内には）あるが,あまり意識が高いとは思えない体質の会社。どうなるかと思っている。」B3

　2つ目の特徴として，管理職への昇進には，昇進・昇格が必要なため，その意志があることを上司に進言したり，上司から働き続ける姿をロールモデルとして学んでいることである。このことは，クラスター2とクラスター3の内容を合わせた「上司の役割・重要性」に関連することであった。

　　「自己成長から組織成長への視点をもつようになった。それまでは自分軸だった。（初めは）上司から管理職に向かないといわれた。昇格試験の推薦をもらえなかった。」A18

　　「仕事への意欲は高いと思う。もともとフルタイム希望でこの仕事をはじめたので。前任者に，（私の仕事ぶりが）意欲的に見えて（管理職候補として）見込まれたのではないか。」C4

　3つ目の特徴は，仕事の成果が評価されたことであり，このことは，クラスター5と同じ内容の「職場環境・状況」に関することであった。

　　「今までの（仕事の）積み重ねがやっと評価されたから（自分の中では遅かった）。普通の人なみに，一生懸命仕事をしていたから。でも，同期よりはちょっと早いけど。」A9

　　「採用時から管理職。2014年から障がい者相談支援専門員。資格が土台にあって，研修をうけてさらに資格を得る。」C7

（3）キャリア形成に向けたネットワーク（公的・私的）

　キャリアを形成する過程においては，職務内容・資格の有無等の様々な要因がプラスに作用することで，最終的に管理職に昇進する。基本的に，人は社内外を問わず人とともに仕事をする。キャリア形成に関して，人と人とのつながりが大きな影響を与えることは，容易に想像できる。ここでは，公私ともに，キャリアを構築する際にどのようなつながり（人間関係）が重要であったのかを確認した。

1）仕事上のつながり

　女性管理職自身が考える管理職への昇進に有益な仕事上のつながりとして語られた言葉を，出現頻度の高い順に並べ，出現頻度が5回以上ある単語を抽出

した。総抽出語数は5,112語であり，そのうち1,970語を使用した（資料3）。

　出現頻度が高い順にみると，「人」が68回，「仕事」が48回，「上司」が32回，「思う」が29回，「違う」が14回，「会社」が13回，「企業」が11回，「事業」が11回，「多い」が11回，「教える」が10回，「知識」が10回，「部署」が10回，「女性」が9回，「先生」が9回，「プロジェクト」が7回，「研究」が7回，「資格」が7回，「紹介」が7回，「情報」が7回，「大学」が7回，「立場」が7回，「いろいろ」が6回，「キャリアアップ」が6回，「ネットワーク」が6回，「メンバー」が6回，「活動」が6回，「経営」が6回，「経理」が6回，「行く」が6回，「作る」が6回，「社員」が6回，「社内」が6回，「先輩」が6回，「大学の先生」が6回，「当時」が6回，「働く」が6回，「部門」が6回，「話」が6回，「お客様」が5回，「学ぶ」が5回，「技術」が5回，「指導」が5回，「時代」が5回，「出会う」が5回，「中国」が5回，「同僚」が5回，「入社」が5回，「勉強」が5回であった。

　次に階層的クラスター分析を行った。クラスターは5つに分類され，各クラスターの抽出語（頻度が5回以上）を組み込み，その特徴を表すクラスター名を名づけた。

　クラスター1は「社員」「女性」「当時」を中心とする抽出語で構成された「女性社員の当時の状況」，クラスター2は「メンバー」「部門」「勉強」「作る」を中心とする抽出語で構成された「社内における知識の伝授」，クラスター3は「ネットワーク」「研究」「行く」「企業」「多い」を中心とする抽出語で構成された「ロールモデルとしての上司」，クラスター4は「キャリアアップ」「出会う」「人」「仕事」「思う」「教える」「知識」「情報」「立場」「お客様」を中心とする抽出語で構成された「仕事仲間（社外・部門外）と知識の共有」，クラスター5は「上司」「違う」「会社」「事業」「部署」「先生」「プロジェクト」「資格」「紹介」「大学」「いろいろ」「活動」「経営」「経理」「社内」「先輩」「大学の先生」「働く」「話」「学ぶ」「技術」「指導」「時代」「中国」「同僚」「入社」を中心とする抽出語で構成された「社外の人との交流」についての項目であった。

　次に，階層的クラスター分析で単語のまとまりを確認後，共起ネットワークを利用して傾向を分析した。このネットワークの中心性は，「キャリアアップ」「研究」「社員」であることが示された。

　1つ目の特徴は，仕事上における他者とのつながりに関することであるため，対象者の語りでは「人」と「仕事」の抽出度が高かったことである。また多くの単語が抽出度は高くなかったものの，小さく長くつながっていたことであった。言い換えれば，多くの要因がつながり，それらが仕事のキャリアを形成していると推察される。

　2つ目の特徴は，「上司」は頻度の高い抽出語として出現していたものの，共起ネットワークには現れていないことであった。換言すれば，上司の存在は，先行研究でも指摘されているが，仕事の後押しや相談やネットワークの紹介という間接的なものであって，調査対象者自身にとってはキャリア形成に向けた直接的なつながりだと認識されにくいと考える。共起ネットワークの図をみると，そのことを裏づけるようにヨコのつながりを連想させる抽出語が多く，つながりが強いため，線と線をつなぐ線の色が濃くなっていた。

　また，そういった視点で共起ネットワークをみると，全体がほぼ1つの濃い線でつながっていることが可視化された。

　3つ目の特徴は，2つ目の特徴とも関連するが，「社内・活動・プロジェクト・情報・先輩」等の多くの抽出語がつながっていた点である。これらは社内におけるつながりのことだと推察される。言い換えれば，社内の役職に基づいたタテの関係性はいうまでもないが，それ以外（社内の自身の配属されている部門・部署以外の人との仕事に関係するつながり）も，自身のキャリアの中で重要なつながりとして認識されていたといえる。

　　「上司，先輩の知識が豊富なので，色々教えてもらったことで知識が増えた。同期が一生懸命仕事をするので，がんばらなきゃと思える。」A3
　　「営業の立場で考えると，お客様にとっては必要な知識だと思っても，研究の立場で考えると，それを開示することはリスクだ，というように，開示情報の線引きの仕方の違いも勉強になった。」A11

　「直属の上司は，人からどう（こういう風に）しろ（と教えられるの）ではなく，自分がどうしていくのかを考えろと言われました。つねに，自分の実力よりも少し高いハードルを与えてくれました。新しいことを始めるにも人を紹介するからと……。上司が自分の知り合いの人を全部紹介してくれました。」A19

　「上司が異動する時，かけてくれた言葉。『みんなの協力があってこの仕事ができたんだよね』と。（迷惑をかけたので）そういう人から言ってもらえたのがうれしかった。」B3

　「直属の上司が育ててくれた。いろいろ怒られた。化粧，ストッキングについて指導が入る（控えめにするようにと）。化粧も薄くなり，お客様との会話ができるようになった。徐々に売上げがついてくるようになった。」B7

　4つ目の特徴は，社外の人とのつながりである。たとえば，出身大学でお世話になった先生だったり，取引先・共同研究でつながりのできた大学の先生である。学術的な知識や最新の情報を教えてもらったり，職場の同僚と技術向上や自己啓発等の講習会に出かけたりした際に，つながりができた人（同業他者，異なる業種の他者）であった。

　「共同研究先の大学教授のネットワークは幅広い。大学の先生は，男女の隔てなく接してくれる。企業側より（研究が）進んでいるので，学ぶことが多い。」A7

　「トータルでみる。多方面からの意見を聞ける。医療は進化するので，教わることが多い。いろんな勉強会に自ら摑みに行く。参加する。」C2

　「家事代行（初めて企業した職種）の時に指導を受けた先生は『ヒト，モノ，カネ』と言っていた。保育園，幼稚園（の先生だった）だから，これまでの経験を活かしてできるかなと思った。チラシを配ったりゼロから自分でしていた。この仕事（障害児デイサービス）を始めたら，元々は，男の人たちがつくったのはデイサービスだったが，その人たちは，はじめてつくる人の気持ちがわかると言って，ノウハウを全て教えてくれた。その

人が，安くやってくれる大工さんなどいろいろ紹介してくれた。とんとん拍子に進んだ。困っていると手をあげたら，紹介してくれた。保険屋さんの紹介も。家事代行の勉強会のとき，社労士事務所の先生が社員の労働条件とか考えてくれたりした。パソコンのソフトももらったりした。あ，ヒト，モノ，カネがつながったと思った。」C6

2）プライベート上のつながり

管理職への昇進に有益だと考えたプライベート上のつながりとして語られた言葉を出現頻度の高い順に並べ，頻度が5回以上ある単語を抽出した。総抽出語数は2,689語であり，そのうち1,047語を使用した（資料4）。

出現頻度が高い順にみると，「人」が25回，「仕事」が24回，「友人」が19回，「子ども」が15回，「女性」が10回，「子」が9回，「働く」が9回，「会社」が8回，「大学」が7回，「夫」が7回，「違う」が6回，「資格」が6回，「時間」が6回，「主婦」が6回，「母」が6回，「看護」が5回，「人事」が5回，「多い」が5回，「当時」が5回，「年」が5回，「聞く」が5回であった。

次に階層的クラスター分析を行った。クラスターは5つに分類され，各クラスターの抽出語（頻度が5回以上）を組み込み，その特徴を表すクラスター名を名づけた。

クラスター1は「母」を中心とした「続ける」「残業」「姑」等の抽出語で構成された「子どもの面倒」，クラスター2は「主婦」「多い」を中心とする抽出語で構成された「多様なカテゴリーの友人たち」，クラスター3は「時間」「終わる」を中心とする抽出語で構成された「趣味の時間」，クラスター4は「友人」「大学」を中心とする抽出語で構成された「学友からの有益な情報」，クラスター5は「人」「仕事」「子ども」「女性」「子」「働く」「会社」「夫」「違う」「資格」「看護」「人事」「当時」「年」「聞く」を中心とする抽出語で構成された「かけがえのないつながりによる人たち」という項目であった。

次に，階層的クラスター分析で単語のまとまりを確認後，共起ネットワークで傾向を分析した。このネットワークの中心性は「気持ち」「時間」「終わる」「主婦」であることが示された。

　1つ目の特徴は，大学時代をはじめとする学生時代（または現在の友人）を中心とするつながりであった。職場における公的な関係性だけでなく，私的な関係性をも構築した友人であった。そして，ここでの共起関係における友人は，「仕事をしている友人」であった。このことはクラスター4の内容も合わせた「仕事をもつ友人たち」に関連することであった。

　　「X社の先輩，6人。会社のことがわかるので，主婦になったり，グループ会社のXXに入ったりしているが，話しやすい。」B5

　　「仕事とプライベートは分けている。いち（1人の）女性として友人と関わる。女性が会社，理事長，障害児のデイサービスをやっているとみんなの偏見があり，目の色が変わるから。」C6

　2つ目の特徴は「主婦」を中心としたものであり，主婦といっても自身の学生時代の友人だったり，会社の上司・同僚・部下で，退職後，主婦になったりしたものを指す。それぞれが調査対象者自身を取り巻く状況に詳しく，学生時代の友人ならば昔からの気心が知れた仲間であり，職場の元同僚ならば社内の様子がよくわかる存在のため，恰好の相談相手となった。

　またプライベートに対する考えは仕事と分けたいと考える者，仕事の延長にプライベートがあると考える者など様々で，同じ社内の人でも働く部署が違えばプライベートな関係を形成しやすいことも特徴の一つである。このことはクラスター2・3・5の一部の内容を合わせた「主婦を中心とした仕事をしていない友人たち」に関連することであった。

　　「朝と土日は子どもに寄り添う。友人，義姉は，（私と同じように）働きながら子育てしていたので，悩みや苦労を言い合って支えてもらった。」A15

　　「長年の友人。こんな店で働いているから，来て，（商品を）見てちょうだいと。」B8

　3つ目の特徴は，「母」を中心とするものである。自身の母や義母（夫の母）の存在が重要で，家事を頼んだり，子どもの保育園や習いごとの送迎を頼めたことが就業継続につながったことである。このことは，クラスター1の内容と

同様に「母の重要性」に関連することであった。

　　「母親。平日に（泊りがけで）子どもの面倒をみてくれるため，時短をせ
　　ずに仕事ができた。終電になっても，子どものことでハラハラすることが
　　なかった。」A15

　　「今は，人事部にいるので，女性活躍推進，両立支援を考える時，子ど
　　をもつ母の気持ちを（大学時代の友人に）聞いたことはある。」A11

　4つ目の特徴は，仕事と子育てを両立する際には夫の仕事への理解・家事へ
の協力がとても重要であり，家族の理解・協力という親族を中心とするつなが
りであった。

　　「夫（仕事に対する理解）。残業，出張はOK。何も言わない。夫の理解
　　が仕事の評価につながっていると思う。土曜日，日曜日，夫といたり，友
　　人と遊んだり。家事分担はなく，私がしている。夫に求めていない。文句
　　言わないし，自由にさせてくれるから。何も言わないところが夫の良いと
　　ころかも。やってよ，と言われないから，自分も言えない。」A12

3）女性管理職の職業意識

　女性管理職自身が考える職業意識として語られた言葉を，出現頻度の高い順
に並べ，頻度が5回以上ある単語を抽出した。総抽出語数は3,637語で，その
うち1,430語を使用した（資料5）。

　出現頻度が高い順にみると，「仕事」が46回，「思う」が22回，「人」が20回，
「意識」が9回，「好き」が9回，「会社」が8回，「子ども」が8回，「お客様」
が7回，「楽しい」が7回，「女性」が7回，「常に」が7回，「組織」が7回，
「気持ち」が6回，「持つ」が6回，「成長」が6回，「生活」が6回，「大事」
が6回，「男性」が6回，「話す」が6回，「時間」が5回，「出る」が5回，
「責任」が5回，「働く」が5回，「立場」が5回，「良い」が5回であった。

　次に，階層的クラスター分析を行った。クラスターは5つに分類され，それ
ぞれのクラスターに分けられた抽出語（頻度が5回以上）を組み込み，その特
徴を表すクラスター名を名づけた。

　クラスター1は「生活」「医療」を中心とする抽出語で構成された「ヘルパ

ーの重要性」，クラスター2は「男性」「話す」「働く」を中心とする抽出語で構成された「職業人としての女性」，クラスター3は「子ども」「時間」を中心とする抽出語で構成された「仕事と育児の両立」，クラスター4は「成長」「壁」を中心とする抽出語で構成された「仕事の成長」，クラスター5は「仕事」「思う」「人」「意識」「好き」「会社」「お客様」「楽しい」「女性」「常に」「組織」「気持ち」「持つ」「成長」「生活」「大事」「時間」「出る」「責任」「立場」「良い」を中心とする抽出語で構成された「人間関係」についての項目であった。

　次に，階層的クラスター分析で単語のまとまりを確認後，共起ネットワークで傾向を分析した。また，このネットワークの中心性は「部署」「立場」であることが示された。聞き取り内容が職業意識・仕事意識なので，「仕事」「思う」がその語りの根幹にあった。

　1つ目の特徴は，「日常生活」を中心とした語りであり，生活に密着した医療・福祉系の仕事が該当した。医療者はどのような立場で患者・利用者と接しているのか，また，どのように考えているのかということだ。医療の世界では，医師・看護師が立場が上で，ヘルパーはその下で利用者の生活の手伝いをすると考えられているが，実際には，生活が整わないと，いくら最新の医療技術を駆使しても効果が現れにくい。このことは，クラスター1の内容も含んだ「日常生活」に関連することであった。

　　　「誰かの役に立つ仕事がしたい。仕事をしている以上，必要とされている感じがないとなかなかモチベーションが保てない。社内でもそうだし。お客様にサービスを提供する立場なので，あの人がいると助かると思ってもらえるような仕事がしたいと思っている。常に自分を成長させたい。そのためには，ずっと同じことではなく新しいことにチャレンジする気持ちを忘れない。だんだん年とると面倒くさくなるので。」A15

　　　「今を大切にする。楽しむ。お客様が何を求めているかを考え，少しでも早く丁寧に仕事をする。たとえば，作業の仕事も多くて，接客だけではない。焼き菓子を袋に詰めるなどの作業の時，2人でやったら，相手より

少しでも速くやろうとか，丁寧にやろうなどと思って自己満足を感じるのが好き。新入社員の子にも仕事の楽しみ方を教えている。」B4

　2つ目の特徴は，職場における意識についてである。かつての男性社員に多い働き方（仕事中心で家庭のことを顧みない）を歓迎しておらず，特に女性が少ない職場の場合，女性らしさや周囲への感謝の気持ちを忘れずに働くことであった。広くいえば職場環境に関することであった。このことは，クラスター2とクラスター5の内容を合わせた「ジェンダーからみた職場環境」に関連することであった。

　　「男社会の中で生きてきたので，女性らしさを忘れない。私の入社当時は，部署の中に女性が1人もいなくて，女性でバリバリ働く人は，なりふりかまわず男性みたいにガツガツしているというイメージを持っている人もいた。私は，男性みたいにガツガツ働くのはイメージしていない。男性と同じように，負けないように，ガツガツバリバリはやるけど，私はしなやかにやりたい。あいつは見た目も仕事も女を捨てているよなと言われるのではなく，ちゃんとしているし，がんばっているよね，という風になりたい。」A11

　　「特に管理職になってからですが，1人でできることには限りがあり，チームでいかに力を出すかということを意識しています。時に，自分のやり方とは異なる提案が出たりしますが，可能性を見出すという意味ではそのまま実行してもらい，様子をみることもあります。成功しそうにない場合もありますが，それが『組織の力』だとして受け入れています。メンバーにも1人で戦っているわけではなく，組織が後ろにいて支えているということを意識的に伝えています。」A13

　3つ目の特徴は，子どもを中心とした仕事と育児の両立やワーク・ライフ・バランスに対する意識である。やはり仕事をすることで子どもと関わる時間が減るため，仕事と育児をどのようにバランスをとりながら進めていくのかを常に意識していることであった。このことは，クラスター3の「子どもに関すること」と関わることであった。

　「公私のバランスよく働く。（時短勤務で働く）時間が短いので，（仕事の）内容がわからないこともある。仕事，子ども，なるべくバランスよく，無理をしないように。細く長くやっていけるような仕事がいい。子どもといる時間を犠牲にしている。そうした時に私は幸せか。時間は有限。仕事は面白いし，仕事をしない自分は考えられないが，子どもが小さいうちに（子どもと関わる時間を）犠牲にするのは，私は幸せじゃない。あきらめたものは収入。何かを犠牲にしないと。みんな迷いながらやる。葛藤は常にある。余裕がなくなると，家族に伝わる。細く長くやっていけるような体制にしたい。無理せず，バランスよくを心がける。」B1

　「子どもと関わる仕事がしたかったので，子どもたちがいきいきと笑っていられることと，この子たちの幼児期の人格形成の時期，そこに一番寄り添えること。本人を大事にする。人として大事にする。そういうことをいつも頭において子どもと関わる。」C8

5　産業別にみた女性管理職の昇進要因

　ここからは，前節で検討した女性管理職自身が考えた管理職への昇進要因に関する項目を産業別に検討する。[(5)]

（1）製造業における女性管理職の昇進要因

　製造業の女性管理職自身が考える昇進理由について語られた言葉を，出現頻度の高い順に並べ，頻度が5回以上ある単語を抽出した（資料6）。総抽出語数は2,652語であり，そのうち1,038語を使用した。出現頻度が高い順にみると，「人」が21回，「会社」が19回，「仕事」が15回，「管理職」が14回，「思う」が11回，「異動」が10回，「上司」が10回，「女性」が8回，「多い」が7回，「事業」が6回，「上がる」が6回，「総合職」が6回，「認める」が6回，「評価」が6回，「立ち上げ」が6回，「採用」が5回，「上」が5回，「人材育成」が5回，「成果」が5回，「入社」が5回であった。

　また，共起ネットワークを利用して傾向を分析した。このネットワークの中心性（媒介）は「機会」「母」「大きい」「報告」であることが示された。聞き取り内容が職業意識・仕事意識であるため，「仕事」「人」「思う」がその語りの根幹にあった。また共起バブル（円）の大きさが大きく，出現回数も多かった。

　1つ目の特徴は，総合職への昇進や仕事の成果が認められたことが，管理職への昇進につながったことであった。

　2つ目の特徴は，女性活躍推進事業の立ち上げに関することであった。製造業は，女性管理職の割合が他産業と比較して低い（厚生労働省〔2022a〕によれば，全産業では12.3％だが，製造業では8.3％と平均より低い）ことからも明らかだが，「総合職」として勤務する女性が，働く部門を異動して企業の中で女性活躍推進事業を立ち上げたり，その部門の「部長」として仕事することであった。

　3つ目の特徴は，（技術士の）資格を取得したり，仕事の能力が高ければ，女性総合職が少ないからこそ目立ちやすく，早い昇進につながりやすかったことである。それは女性だからということで下駄を履かせられるのではなく，逆に女性が少ないからこそ，男性社員に負けないように仕事をしたことで，同期よりも職位が早く昇進することにつながった。また少ないからこそ，上の人（つまり上司）に目をかけてもらいやすかったことである。

　このように，製造業の場合，女性管理職が少ない中で昇進・昇格した者の中から，次世代の採用や教育を任されたり，新たなプロジェクトの要員に加えられたりする場合があった。まさに少数だからこそできたことが，管理職への昇進要因につながったと考えられる。特に子どもをもつ女性管理職の場合，子どもの発熱・急用等で，臨機応変に対応した母の存在の大きさは忘れてはならないことである。

　　「技術士資格を取得したため，昇進できた。（昇進の）明確な理由があって，技術士の資格を取れば，役職が1つ上がるというシステムがあった。係長までは同期と一緒。技術士の資格を取ったことで抜きん出た。課長になっても仕事の量や責任は変わらない。規模の大きな会社じゃないので，

役職間の仕事の差はない。技術士の資格を取ったことで社外（他社）の活動が増えた。同じ会社の人とずっと話をしているよりは，他社の人（と話した方が）刺激を受ける。」A1

「設計課所属時に，人が少ない中，自分の業務に加えて，若手の指導を率先して行った。発注者との協議などの打ち合わせも，上の人たちに同伴してもらうことなくこなしていた。若手の指導は世代間のあきを埋めるために。歳の割にはちょっと上の仕事をしていたことが評価されたのか，同期よりは昇進が早かった。たとえば，若い頃，50人のおじさんの中に（私だけ）1人という夜のお酒（のつきあい）にも参加していた。設計にいた人間には世代間のあきがあった。リクルートも力を入れている。技術の伝承もしていかなくてはいけない。人材育成，人材開発のグループ長がもう1〜2人要るという時に，その部長が私を指名してくれた。私もそれに興味があったし，そのことをグループ長に言っていた。それで昇進できた。」A2

「総合職へ転換し，品質保証で一人のスペシャリストとして認められたことをきっかけに異動し，女性活躍推進ワーキンググループを立ち上げ，活動の成果を事業部長まで報告する機会を得た。ここの部署（女性活躍ワーキンググループ）は，横の連携があり，さらに上の人とのつながりもできる。このことが女性活躍推進活動をしていることで，本来なら課長が報告するようなことを事業部長まで報告することにつながった。これは女性活躍の仕事だからできたことなので，異動したことも長い目でみるとプラスになったと思う。」A4

（2）「卸売業，小売業」における女性管理職の昇進要因

卸売業・小売業の女性管理職自身が考える昇進理由について語られた言葉を，出現頻度の高い順に並べ，頻度が5回以上ある単語を抽出した（資料7）。総抽出語数は268語であり，そのうち109語を使用した。出現頻度が高い順にみると，「人」が6回のみであった。

　また，共起ネットワークを利用して傾向を分析した。このネットワークの中心性（媒介）は，「会社」であることが示された。全体でみれば，職場環境に関することが中心であった。

　1つ目の特徴は，ライフイベントによる影響である。具体的には，自身や同僚が職場で産休・育休の制度を利用したり，育休後に時短勤務を心置きなく利用できたことが就業継続につながったことであった。要は，同僚の人間性・人柄のよさが仕事の継続につながったということだ。

　2つ目の特徴は，「女性活躍推進」の一環としての管理職への昇進である。小売業は顧客サービスという考えもあるため，多くの人たちが休む土曜日・日曜日・祝日にも出勤を求められる。そのため，入社以来継続して働き続ける者は決して多くない。だが会社のために働くという気持ちで，悩みながらも働き続けたからこそ，管理職に昇進できたのである。このように，小売業の場合，職務内容というよりも，まず職場の同僚も含めた職場環境が整うことで就業継続を促し，そのことが管理職への昇進要因につながったと考える。

　　「マルチタスク的にいろいろな仕事をしていたから。また，会社がいい会社だから働き続けることができた。私以外の人もみんな長い。事務員さんも。意地悪な人がいない。きちんとした人，心が貧しくない人が多い。心が豊か。産休，育休の制度はあったけど，自分がとったのは産休のみ。育休をとらない理由は，水回り（住宅関連商品を販売する店舗のため）は，毎年新商品が出て変わるので，休んでいるとわからなくなるから。その時はまだ育休をとった人はいなかった。下の子の時は，時短もとれるようになった（私はとらなかったけど）。3時間の時短をとっている人は多い。」
　　B5

（3）「医療，福祉業」における女性管理職の昇進要因

　医療・福祉業の女性管理職自身が考える昇進理由について語られた言葉を出現頻度の高い順に並べ，頻度が5回以上ある単語を抽出した（資料8）。総抽出語数は638語であり，そのうち258語を使用した。出現頻度が高い順にみると

「資格」が6回のみであった。

　また，共起ネットワークを利用して傾向を分析した。このネットワークの中心性（媒介）は「人材」「前」「長い」「チャレンジ」であることが示された。

　1つ目の特徴は，結婚や出産等の理由で退職後の再就職先として，これまでと同様にクリニックに勤務することだったり，資格を活かして「訪問介護」「訪問看護」等のこれまでやりたいと考えていた仕事をしたことであった。

　2つ目の特徴は，「福祉分野でのキャリア」であり，福祉分野での勤務経験や勤務年数が長いことから，管理業務を任されやすいことだった。福祉分野における基本的精神は対象者に寄り添うことであり，基本的な考え方は同じなので，前の職場の経験・キャリアが大いに活かせたことが昇進につながったのである。

　3つ目の特徴は，資格取得に対する支援であり，具体的には資格を持つことが採用されるための基準であるが，新たな資格取得に向けてチャレンジしたり，知識や技術に磨きをかけるために研修会への参加の支援をしたり等であった。このように医療・福祉の場合，昇進要因として，ライフイベントが理由で職場・職務の変更が可能だったこと，国家資格の取得がそれを活かしたキャリアを形成し，そのことが管理職への昇進要因につながったことだと考える。

　　「（夫が立ち上げて展開した自営業の）事業拡大にともない…（中略）…，家族でやった方がよいという思いがあるため（介護事業所を立ち上げた）。（これまでに自分は）ずっと長く，訪問介護や在宅に関わるお仕事をしてきた。2000年より前から途中数年はクリニックにいたが，15年ぐらい訪問看護をしてきた。パートだったが長く続けていた。

　　21歳で看護師免許をとり，付属の看護学校だったので親の病院で3年半働き，結婚退職。その後，大阪の近くのクリニックに勤めたりしていた。名古屋で15年ぐらい在宅の仕事をした。訪問看護に携わったのをきっかけとして，看護学校の友達ができた。訪問介護・介護保険が無かった頃，看護スタッフと患者さんとの関わり方，（病院と）違って楽しいよ，と聞いた。名古屋に転居して勤めるにあたって，クリニックも考えたが，子ども

が小さいと夜勤とかはできないけど，土日祝休みで10時から14時のパート
のような中途半端な時間でも希望が通りやすくて，そういうところで訪問
看護にチャレンジした。案外やりがいがあり，それで現在に至る。」C2

　「まずは経験年数が長い。常勤になる前は，週5日，17時まで働いてい
たので。人材の少ない福祉の中では，年齢，順番を考えても管理職がまわ
ってくる。人材不足の世界。前任の管理者がいなくなったというところで
まわってきた。」C3

6　産業別にみた女性管理職の仕事上のつながりとネットワーク

（1）「製造業」における仕事上のつながり，ネットワーク

　製造業の女性管理職自身が考えるキャリア形成に役立った仕事上のつながり
について語られた言葉を，出現頻度の高い順に並べ，頻度が5回以上ある単語
を抽出した（資料9）。総抽出語数は3,280語で，そのうち1,290語を使用した。
出現頻度が高い順にみると，「人」が48回，「仕事」が30回，「上司」が26回，
「思う」が20回，「違う」が12回，「会社」が10回，「企業」が10回，「部署」が
10回，「事業」が9回，「プロジェクト」が7回，「研究」が7回，「資格」が7
回，「多い」が7回，「知識」が7回，「女性」が6回，「先生」が6回，「先輩」
が6回，「大学」が6回，「大学の先生」が6回，「キャリアアップ」が5回，
「ネットワーク」が5回，「メンバー」が5回，「学ぶ」が5回，「活動」が5回，
「技術」が5回，「教える」が5回，「経理」が5回，「社員」が5回，「出会う」
が5回，「中国」が5回であった。

　また，共起ネットワークを利用して傾向を分析した。このネットワークの中
心性（媒介）は，「学ぶ」「違う」であることが示された。

　1つ目の特徴は，上司が仕事に関連する人を紹介してくれたことが，仕事上
の新たな関係性の構築に拍車をかけたことであった。

　2つ目の特徴は，異なる部署・部門の人と一緒に仕事をすることで，知識を
得たり，営業部門での商品説明と開発部門における説明の違いから多くを学ん

だことであった。

　このように「製造業」の場合，上司の支援だけでなく職場内外の人間関係を広めたことが，管理職への昇進に対してプラスの影響をもたらしたといえる。

　　「自部門のメンバーだけでなく，他部門のメンバーや役職のある人との仕事の連携。会社組織で自分の存在価値を出すことは大切だと考えている。私の場合は，存在を知ってもらうという意識はなく，目の前の仕事をしっかりやるという視点で，結果的に知ってもらえたと考えている。人とのつながりも，誰かに作ってもらうのではなく，自分で作っていくしかないと考えている。仕事の取り組み姿勢，自分の考えなど，自分をベースに広げていき，信頼してもらいつなげていくしかない。人からどうしてもらうではなく，自分がどうしていくかということである。」A14

　　「新規事業の上司。実績のある人。○○大の数学の先生。私に意欲があると知り，（仕事のパートナーとして）組んでくれた上司。上司が自分の知り合いの人を全部紹介してくれた。全部紹介するから後は全部自分でやりなさいと言われた。いろんな人といつも自分で出会い，知識が変化することが常に起きているが，このことが自分のキャリアアップにつながっているのではないかと思う。○○大学の○○先生に意欲を示し，弟子入りさせてもらった。」A19

（2）「卸売業，小売業」における仕事上のつながりとネットワーク

　卸売業・小売業の女性管理職自身が考えるキャリア形成に役立った仕事上のつながりについて語られた言葉を，出現頻度の高い順に並べ，頻度が5回以上ある単語を抽出した（資料10）。総抽出語数は821語で，そのうち297語を使用した。出現頻度が高い順にみると，「仕事」「人」が7回であった。

　また，共起ネットワークを利用して傾向を分析した。このネットワークの中心性（媒介）は「理解」であることが示された。

　1つ目の特徴は，職場の上司・多様な人（同僚・上司・顧客）とのつながりであった。具体的には，育児休業・時短勤務等の制度を利用しても受け入れて

くれる，同僚の存在であった。

2つ目の特徴は，悩み等の情報共有であり，具体的には，異なる部署・会社であっても，経営に関する話をした際に悩みを共有し，自分の仕事に活かすこと等であった。

3つ目の特徴は，対人接客技術の伝授であり，自身のノルマ・売り上げを上げる際，お客様との会話の仕方や自身の化粧に対する注意点等といった，お客様に商品を購入しもらうためのノウハウを伝授してもらったことで，自身の売り上げが上がったことであった。

このように「卸売業，小売業」の場合，モノを販売するということが基本にあるため，モノを販売し，売り上げを上げなければならない。また顧客相手の仕事であるため勤務時間・繁忙期も様々で，仕事をする時間が不規則であることに付随して，プライベートな時間も変則的になりがちである。そのため，お互いに臨機応変に対応・協力していく体制が整う職場でのつながりがあることは，職場を退職することなく就業継続しやすいと推測できる。

　「育児勤務（短時間勤務）をしていた際の上司・同僚の理解，協力なしでは続けられなかった。理解といっても両方の立場で思うことはある。その頃は多分，私が大卒のこともある。200人入社の中で，均等法もあり，総合職で，会社としても期待されていた人材だった。当時，○○売り場の上司は独身で女性だったが，私は当時15時半上がりであり，みんなが働く中，途中で帰っていた（時短）。また，子どもの病気で有給がなくなるくらい休んでいた。……。鉄道系の会社は，行政のいうことを即座に取り入れる風土がある（育休のこと）。労務は，遅れをとらず受け入れる。自分はある制度を利用して受け入れる。ママ友から，そんな会社でそんな勤務ができるのはすごい，と言われたことはある。この制度を利用するのは社内で3人目。先にとった2人はもう社内にいないので，ある意味，（私は）パイオニア。今，育児休業をとって復帰するのが当たり前になっているので，自分が何か役立っているといいなと思っている。」B3

　「入社当時は（髪型は）ソバージュで，化粧していた。この人（上司を指

さす）に育てられた。最初の頃からいろいろ怒られた。化粧，ストッキング等指導が入った。（今は）化粧も薄くなり，お客様との会話ができるようになった。……。そうしたら，自然に売り上げが上がり，客がつくようになった。」B7

（3）「医療，福祉業」における仕事上のつながりとネットワーク

　医療・福祉業の女性管理職自身が考えるキャリア形成に役立った仕事上のつながりについて語られた言葉を，出現頻度の高い順に並べ，頻度が5回以上ある単語を抽出した（資料11）。総抽出語数は996語で，そのうち367語を使用した。出現頻度が高い順にみると，「人」が13回，「仕事」が11回，「思う」が5回であった。

　また，共起ネットワークを利用して傾向を分析した。このネットワークの中心性（媒介）は，「頼む」「包括支援センター」「多彩」「介護」「病歴」「情報」であることが示された。

　特徴は，市役所・包括支援センターまたは事業所内のスタッフが利用者の細かい個人情報を開示してくれることで，利用者に対してよりよい支援ができることであった。こういった縦割りではなく，ヨコのつながりが充実することで，細やかな対応が可能になった。

　このように「医療・福祉」の場合，事業所を超えたヨコの連携が進むと，患者・利用者にとって，よりよい的確なサービスが可能となる。そうすることが，顧客満足やそこで働く従業員の満足にもつながり，職場の雰囲気がよいと，人材不足であるこの業界においてもスタッフの入れ替わりがあまりなくなり，チームワークがよくなる。正の循環がもたらされることは，管理職への昇進にとってプラスの影響を与えたと考えられる。

　　「この事業所は，多彩なスタッフが必要。まず事業に賛同してくださる方，市役所の福祉課，地域包括支援センターの人たちから仕事をもらうから確実性がある。病歴等もわかる。市役所と連携したことが一番のメリットだと思う。今は個人情報が大事。直接お客さんから仕事を頼まれても個

人情報がわからないが，包括支援センターから仕事をもらうと，そういうことが全て書いてある書類がもらえる。たとえば家族がどうなっているか，病歴がどうなっているか，誰が介護しているか，などが書いてある。そうすると安心して仕事を引きうけられる。粗相がない。不備があったら市役所などにお願いできる。仕事は，1週間に1人，2人，3人とか継続する人もいる。ほんのわずかの時間のこともある。私たちは，介護支援の人が来る間の隙間時間（昼ごはんの用意をしてほしい，入浴の見守りをしてほしい，など）に仕事を頼まれる。見守りなど，大変な仕事ではないが，頼む側としてはとても助かると言われる。」C1

　「横のつながり。同じ立場の人がいるので。副所長会など。他の課とのつながり。同じパートさん。今の職場は雰囲気が良いので，パート10年以上の人が多い。」C11

7　産業別にみた女性管理職のプライベート上のつながり

（1）「製造業」におけるプライベート上のつながりとネットワーク

　製造業の女性管理職自身が考えるキャリア形成に役立ったプライベート上のつながりについて語られた言葉を，出現頻度の高い順に並べ，頻度が5回以上ある単語を抽出した（資料12）。総抽出語数は1,530語で，そのうち599語を使用した。

　出現頻度が高い順にみると，「仕事」が14回，「友人」が10回，「子ども」「人」が9回，「女性」「働く」が7回，「母」が6回，「人事」「大学」が5回であった。

　また，共起ネットワークを利用して傾向を分析した。このネットワークの中心性（媒介）は「高校」「大卒」「聞く」であることが示された。

　1つ目の特徴は，社内外の働く女性たちとのつながりであり，仕事上の情報交換をすることが有益な結果につながることだった。

　2つ目の特徴は，家族の理解であり，子どもの面倒をみてくれる母の存在や

残業で遅くなっても家事を手伝ってくれる夫の存在であった。

　3つ目の特徴は，社内外の友人（特に高校・大学時代の友人）の場合，共に過ごした時間が長く，仕事や家族や自身のことを相談しやすかった。また部署が異なる友人の場合，会社内の情報にも精通しているため，的確なアドバイスが可能であることだ。このように，「製造業」の場合，母親を中心とした親族の理解・協力と，社内外の友人の理解が，自身にとってプラスのつながりになっていたことであった。

　　　「学生時代の友人たち（友人たちも経理）。他の会社だけど，資格の取得
　　　に向けてがんばっているので，触発されてがんばった。入社してから，簿
　　　記は1級を取得できた。その他，FP3級，ビジネスフォーム2級，3級
　　　をとった。」A3

　　　「社外のママ友たち。子どもの友達，私が何をやっているかいまいちわ
　　　からない人たち（仕事のことは話さないので）。考え方が多様で，価値観は
　　　1つじゃない。どういう接し方をすればいいのかな，ということをママ友
　　　からも学ぶ。考え方，価値観，環境も違う。（私は）PTA活動を通じて，
　　　先生と仲よくなり，いろいろ学ぶ。会社では同期の女性が少ないゆえに仲
　　　がよい。ほぼ働き続けているが，既婚者は少ない。」A7

（2）「卸売業，小売業」におけるプライベート上のつながりとネットワーク

　卸売業・小売業の女性管理職自身が考えるキャリア形成に役立ったプライベート上のつながりについて語られた言葉を，出現頻度の高い順に並べ，頻度が5回以上ある単語を抽出した（資料13）。総抽出語数は512語で，そのうち206語を使用した。出現頻度が高い順にみると，「仕事」が7回，「人」が6回であった。

　また，共起ネットワークを利用して傾向を分析した。このネットワークの中心性（媒介）は，「仕事」であることが示された。

　1つ目の特徴は，ものを売る仕事であることもあって，その購買層でもある「子ども」に関する情報を，自身の子どもや従業員やアルバイトの話から得た

りすることであった。

　2つ目の特徴は，家の家事を頼める母や親族の存在が，仕事を続けることにつながったことであった。

　3つ目の特徴は，職場の同僚で今は主婦になった友人は，職場の内情がわかるため，いろいろ話を聞いてもらいやすいことであった。

　このように「卸売業，小売業」の場合，「製造業」と同じように，母を中心とした親族の理解・協力と，特に社外の友人（それもかつての職場の同僚）の理解が，自身にとってプラスのつながりとなっていたことであった。

　　「夫の理解なしでは仕事を続けられなかった。また産褥期には実母（遠
　　距離），姑の世話になった。姑には保育園の送迎，子どもの成長途中で同
　　居してからは，ほぼほとんどの家事（炊事，洗濯，掃除など）を任せて仕
　　事を続けさせてもらった。3人目の時，姑がこちらに来ようかなというこ
　　とで同居を始める。普通に勤務しても夜の8時，9時，10時になってしま
　　う。家事をお願いできたので続けられた。」B3

　　「職場の先輩5人と仲よくしており，主婦になったり，グループ会社の
　　○○に出向しているが，会社のことをわかっているので，5人が愚痴とか
　　聞いてくれる。」B5

（3）「医療，福祉業」におけるプライベート上のつながりとネットワーク

　医療・福祉業の女性管理職自身が考えるキャリア形成に役立ったプライベート上のつながりについて語られた言葉を，出現頻度の高い順に並べ，頻度が5回以上ある単語を抽出した（資料14）。総抽出語数は651語であり，そのうち245語を使用した。出現頻度が高い順にみると，「人」が10回，「友人」が5回であった。

　また，共起ネットワークを利用して傾向を分析した。このネットワークの中心性（媒介）は，「人」「子ども」「歳」であることが示された。

　特徴としては，私的ではあるものの，仕事に直接的というよりも間接的に関わった人とのつながりが中心であった。大学時代の友人とは，仕事に関するこ

との情報交換をしたり，勉強会で一緒になった仲間とは，その後も継続して交流し，細く長くつながれるようになったことであった。

　医療・福祉の場合，大学が同じだと同じ職業に就く可能性が高く，これは医療・福祉の特徴でもあった。このことは，仕事自体が組織的な側面をもつだけでなく，資格を取得した専門職であることも関係する。このように「医療・福祉」の場合，職場の内外を問わず，仕事現場に関連する人たちとのつながりが中心であった。

　　　「大学の友人。もともと福祉の勉強をしていた。大学の友人がそれぞれの現場で頑張っている。それぞれ勉強して，自分も専門職の知識を身に付けた。」C4

　　　「身近に障害のある人がいるので，そういう人とのつながりはここでの仕事に大きく役立つ。そういう人をみてきたから。」C9

8　産業別にみた女性管理職の職業・仕事に対する意識

（1）「製造業」における女性管理職自身が考える職業意識

　製造業の女性管理職自身が考える職業意識について語られた言葉を，出現頻度の高い順に並べ，頻度が5回以上ある単語を抽出した（資料15）。総抽出語数は2,133語で，そのうち813語を使用した。

　出現頻度が高い順にみると，「仕事」が30回，「思う」が13回，「好き」が8回，「人」が8回，「組織」が7回，「意識」が6回，「会社」が6回，「女性」が6回，「男性」が6回，「気持ち」が5回，「出る」が5回，「常に」が5回，「成長」が5回，「責任」が5回，「話す」が5回だった。また，共起ネットワークを利用して傾向を分析した。このネットワークの中心性（媒介）は，「開発」「技術」「提案」「出る」「目の前」であることが示された。

　1つ目の特徴は，職場における意識や役割に関することであり，目の前の課題に懸命に取り組んだり，仲間と話したり，新たな技術を提案したり等であった。

　2つ目の特徴は，難しい作業も色々と工夫することで，楽しく向上心をもって取り組むようにすることであった。

　3つ目の特徴は，男性が多い職場であるが，男性と同化してバリバリ働くのではなく，女性らしさを踏まえて働くこと等であった。このように，「製造業」における女性管理職の職業意識は，会社組織の中で働くことを前提に考えられており，仕事は好きだが，女性らしさを忘れずに，また組織の発展を視野に入れた意識をもって働いていた。

　　「最初の頃は，ひたすらとにかく目の前の仕事をやる，慣れてくると，
　　もっとこうすればよいと思うことが多々出てきた。まわりが効率の悪いこ
　　とをやっていると口出しするようになった。20代半ばから後半は，ひたす
　　ら自分の技能を上げることを考えていた。30歳あたりで，まわりの後輩の
　　指導や部署内の業務体制などについて意識するようになった。30代半ばく
　　らいから，会社が良くなることを考えて仕事をするようになった。設計の
　　現場で，開発，技術提案，制度について，仲間と話すようになった。この
　　会社は昔，設計と現場という2つのパターンの仕事しかなかった。他にも，
　　土木学科を出た人がいろいろな部署に広がり，開発や技術提案などのいろ
　　いろな仕事で活躍するようになった。30歳ぐらいから，業務だけでなく会
　　社の制度などにも関わっていくようになり，そういう仲間たちと話してい
　　ると，いつまでも上の言うとおりではなく，自分らがここから動かさなき
　　ゃあかん。という気持ちが出てきた。」A2

　　「自分の仕事にプライドを持つ。常にエンドユーザーを意識する。男ば
　　かりの職場で男性と同化しがち。だから，女性であることを忘れない。」
　　A9

（2）「卸売業，小売業」における女性管理職自身が考える職業意識

　卸売業・小売業の女性管理職自身が考える職業意識について語られた言葉を，出現頻度の高い順に並べ，頻度が5回以上ある単語を抽出した（資料16）。総抽出語数は659語で，そのうち274語を使用した。出現頻度が高い順にみると，

「仕事」が10回，「お客様」が5回，「子ども」が5回だった。

　また，共起ネットワークを利用して傾向を分析した。このネットワークの中心性（媒介）は，「仕事」「余裕」「家族」「話」「お客様」であることが示された。

　1つ目の特徴は，顧客に満足してもらえるような仕事をしたり，仕事自体を楽しむことであった。

　2つ目の特徴は，丁寧な接客を心がけることであり，お客様に対して誠実な対応をすることで，自身の売り上げもついてくるようになったことであった。

　3つ目の特徴は，顧客対応の仕事ゆえに勤務時間が不規則になりがちであるため，子どもが小さいと共に過ごす時間が少なくなるという，犠牲にするものがある。ゆえに，仕事とのバランスを考えて勤務シフトを組んだりすることであった。このように「卸売業，小売業」の場合，常に顧客がどのようにすれば満足するのかが中心であり，それは顧客満足が店舗の売り上げに直結するからである。どのような場合であろうとも，顧客に関することを意識の中心にもちながら働いていた。

　　「笑顔。頼まれたことの1つ上を返す。相手をよくみて，わかりやすく
　　話したり，頼まれた資料を返すように。」B5
　　「お客様には，頭低く，腰低く。」B7

（3）「医療，福祉業」における女性管理職の職業意識

　医療・福祉業の女性管理職自身が考える職業意識について語られた言葉を，出現頻度の高い順に並べ，頻度が5回以上ある単語を抽出した（資料17）。総抽出語数は836語で，そのうち336語を使用した。出現頻度が高い順にみると，「人」が10回，「思う」が8回，「仕事」が6回，「生活」が5回であった。

　また，共起ネットワークを利用して傾向を分析した。このネットワークの中心性（媒介）は，「聞く」「看護」「ヘルパー」「良い」であることが示された。

　1つ目の特徴は，患者・利用者に寄り添う気持ちが大切なことであった。

　2つ目の特徴は，「人」が中心であり，一方では自身の職場の同僚，他方で

は福祉施設の利用者であり，これらの人たちがいかにしてよりよい環境の中で働いたり，生活することが可能なのかを中心に見据えた職業意識をもちながら，働いていた。

このように「医療・福祉」の場合，「人」が中心であり，一方では自身の職場の同僚，他方では福祉施設の利用者であり，これらの人たちがいかにしてよりよい環境の中で働いたり，生活することが可能なのかを中心に見据えた意識をもちながら，働いていた。

　「医療は，上からみている部分がある。ヘルパーは地位が下にみられている。安くてなんでもやってくれて，たくさんいて。実際に自分がヘルパーをやってみると，生活を支えないと医療は上にのってこない。最先端の医療技術を取り入れても，生活の衣食住を整えないとだめ（有効に働かない）。どうして看護師がヘルパーになったのか，とよく聞かれる。自分も，ヘルパーは看護師の下のようにみていたが，やってみると，生活に密接なサポートをしていて，もっと評価されてもいいかなと思う。今は情報量が多い。これを，主治医の先生，リハビリ担当者，ケアマネジャー，看護師にもっと情報提供する場ができればよい。そうすればよりよいグループで，チームケアができると思う。両方の立場を経験したからこそ自分が言ってもよいのではないかと思う。」C2

　「公平性。立場が上なので，ものの言い方，言葉使いに気をつける。注意する時もさらっとする。人間関係が大事。」C11

注
(1)　ホマンズ（Homans 1951＝2018：87）によれば，環境は，自然的環境・技術的環境・社会的環境に分けられる。会社での従業員を例にすれば，自然的環境は会社の中，技術的環境は会社の中にあるパソコンやコピー機等の仕事に必要な機材等，社会的環境は，就業規則，上司の指示，同僚との関係性等になるという。
(2)　管理職といっても，資格をもつことが管理職の必須要件になる職種もある。たとえば，看護師・助産師・社会福祉士・技術士等である。
(3)　学校とは，高等学校・専門学校・短期大学・大学・大学院等のことを指す。

⑷　バブルプロットとは，データの点を円（バブル）で表現した散布図のことである。

⑸　本節以降の産業別に検討する項目では，分析数が少なくなるため，出現頻度と共起ネットワークを用いて分析した。また出現頻度が5回以上のものを記載したが，共起ネットワークには，それ以外の単語も抽出されている。そのため，5回に満たない単語はカギカッコを付けずに表記した。

キャリア女性のビューティケアに関する調査

1　なぜ，ビューティケアなのか

（1）ビューティケアを考える背景

　本章では，女性管理職がどのようなビューティケア意識をもち実践しているかを，聞き取り調査から明らかにする。

　なぜ，ビューティケアなのか。

　1つ目は，第5章で前述したように，これまでの化粧に関する研究は心理学・社会心理学分野における研究が中心であり，そうなると実験対象者は大学生が多く，大学生の化粧意識を明らかにしたことにつながるからである。大学生以外の人の化粧に対する意識と大学生の化粧意識は，異なる可能性が高いと考えられないだろうか。

　2つ目は，化粧意識に関する大規模調査は「ポーラ文化研究所」が数十年にわたり有益な意識調査を実施しており，その調査結果から化粧に関する時代的な意識，傾向を把握することは可能だからである。その調査では回答内容を年齢層別に把握することが多く，職業別に対象者を絞った調査はあまり行われていない。

　3つ目として，化粧品メーカー等が提示するキャリア女性（女性管理職）の化粧は，いわゆる「キリッとした」知性を感じさせる化粧顔である。だが，筆者が仕事の際に関わりをもった女性管理職たちには，そういった化粧を施す者がほとんどいなかったからである。

　以上のような現状から，女性管理職がどのような化粧意識をもち実践しているのかを知ることで，先行研究でも検討した外見のキャリアへの影響が明らか

になると考える。

（2）バーチャルな顔への身体加工

　近年，SNS の発達により，自身の顔を写真に撮り Instagram・Twitter 等に
その写真を掲載するなど，多くの人への情報発信が若い世代を中心に行われて
いる。

　これまで写真の加工は，専門の業者が対象者から依頼を受けて行っていた。
しかし現代は，パソコンや携帯電話の画面上でも簡単な操作をすれば顔（写
真）の加工は可能であるし，実際，自身の顔を加工したらどのようになるのか
もわかる。

　そして新型コロナウイルスの感染拡大防止による影響で，在宅勤務が推奨さ
れ，企業でも一部の業種，職種において，少しずつ取り入れられるようになっ
た。その際，遠隔で会議を行う時に利用される zoom 等では，自身の顔をあら
かじめぼかしたり顔の一部を加工することも可能である。

　このように，私たちはオンライン上において加工した顔を他者に提示し，そ
の顔が自身の顔だとしてアピールできるのだ。同様に，化粧品メーカーも，こ
れまでは化粧品メーカーが，アイシャドウ，口紅等のメイクアップ用品の購入
を促すために，店頭に「テスター」を用意して，消費者が実際に自身の顔に化
粧を施すとどのようになるかを確認後，商品購入できるように準備していた。

　店頭のテスターで自身の化粧顔の確認作業を行うことは，新型コロナウイル
スの感染拡大により困難になったため，大手化粧品メーカーを中心に「バーチ
ャルメイク」（口紅，アイシャドウ等のアイテムを自分自身の顔の画像上に塗布す
ることで，化粧した顔のイメージを確認することができる）の活用を促した。バー
チャルメイクは，2015年前後あたりから様々なメーカーが取り入れており，コ
ロナの影響でその使用が加速化された。つまり，店頭に直接出向かなくても，
自宅にいながら，化粧品メーカーが販売するメイクアップ用品を自身の顔に施
したら，どのような顔になるのかを体現できるわけである。ちなみに顔に施す
色味の強さも調整でき，赤い口紅１つとっても，色の濃淡を自身の好みに合わ

せることが可能である。それこそ，いつでも，どこでも，だれでも，確認でき
る作業でもある。

　このように，画面上においては私たちは自身の手によって顔の加工が可能で
あり，自身の理想とする顔を演出できるのが現代である。そうなると，バーチ
ャルな世界においては自身の理想とする顔を簡単に手に入れられるが，現実の
日常生活で理想とする顔を手に入れるにはどのようにすればよいのか，という
ことになる。簡単に行えるのは「化粧」（比較的低コストで何度もやり直しでき
る）であり，少しハードルが高くなると，「整形手術」（ある程度のコストと時間
が必要になり，やり直すたびにコストと時間がかかる）になる。

　現実世界における身体加工（ここでは顔に限定する）は，古代やそれより以
前から，顔に顔料を塗り自身の素顔と異なる顔を他者に提示していた（第5章
参照）。

　その化粧という行為は，多様な意味づけ・行為規範があり，時代・性別・地
域（グローバルレベル）等により大きく異なる。たとえば，令和時代を生きる
日本人が，平安時代のような化粧（白粉を塗り眉毛は我眉）をして学校・会社
に行ったりすれば（どのような化粧をするかは個人の規範意識に基づくところがあ
るが），その社会的場面においてマイナスの意味を大きく含む形で目立つ存在
になることは間違いない。

　しかし，化粧は規範意識に基づいて行われるため，どのような社会的場面・
状況において，どういった化粧をすることが常であるのかという明確な基準が
あるわけではない。いわゆる就活メイクといわれるものは，各化粧品メーカー
がホームページ上で公開したり，各種講習会を実施したりしていた。また2011
年に西島悦氏による『「資生堂」ビューティートップスペシャリストが教える
就活メーク』が発売され話題を呼んだが，現在は様々なメーカーが，店頭だっ
たり動画で就活メイクを公開している。化粧は，その社会的場面・状況に応じ
た規範意識に準じて行われることを，栗田宣義（2021：22）は「メイク規範」
と表現しているが，だからといって，それぞれの社会的場面・状況において当
然だと思われる明確な基準はない。

　近年，ルックス至上主義・ルッキズム等の例もあるように，人の外見・容貌に対する価値観・考え方は多様化しており，ハマーメッシュ（Hamermesh 2011 = 2015）や小林（2020）の研究においては，外見・容貌が美しいと評価された場合，高賃金の仕事に就く機会を得やすかったり，年収自体が高いことが科学的に明らかにされている。

　西倉（2019）は，美的労働（美的スキルをもつものを雇用すること：外見のよい労働者を雇用すること）が行われている現実（いわゆる「顔」採用）を認めながらも問題点を指摘しており，労働者として採用される側としては，採用する企業側の基準（筆者はおそらく公開されないと考える）に到達できない労働者は，採用されるために努力する機会すら与えられないだろうし，外見に関する問題は個人の尊厳に関わる問題であり，その基準を設定したり線引きをすることは難しい。さらに外見のよい労働者を採用したとしても，その生産性・効率性を科学的に証明することは困難であると述べている。

　このように，化粧・外見に関する最近の動向が少しずつ変化しつつある中で，筆者は先に述べたように，管理職に就く女性たちがどのような化粧意識をもち仕事をしているのかを，聞き取り調査から明らかにした。

2　調査の方法と調査対象者

　調査対象者は，第6章で聞き取りした女性43名である。聞き取り内容は，化粧行為・意識については，化粧に対する自身の履歴（化粧を定期的・継続的にしはじめた時期），仕事以外（プライベート）の化粧の頻度とその理由，仕事の際の化粧の頻度とその理由，仕事上の化粧で気を付けていること，仕事上において化粧をすることの利点としないことの利点，化粧をすることの意味（仕事・プライベート），化粧をしないことの意味（仕事・プライベート），化粧とキャリア形成の関係，キャリア形成と化粧の変化，出産後の仕事上の化粧の変化，化粧時間，について質問した。また髪形に関する考え方については，ヘアカラー，ヘアケア，美容院へ行く頻度について質問した。[1]

3　調査の結果

（1）基本調査

　調査対象者43名のうち，化粧開始時期（定期的・日常的に化粧しはじめた時期）は，学校（高等学校・専門学校・短期大学・大学）卒業後が19名，就職後が22名であった。対象者のうち2名は，基本的に化粧をしない職業生活であるため「しない」に回答した。ライフイベント前後の化粧の変化については，43名のうち該当するものが26名であった。26名のうち，「変化なし」が16名（61.5%），「出産後しなくなった」が4名（25.0%），「出産後するようになった」が2名（12.5%），「その他」（化粧品使用品目を減らす，時短になるものに切り替える，アートメイクをする等）が4名（25.0%）であった。仕事上の化粧にかける時間は平均8.2分であり，美容院への頻度は2カ月に1回の割合が最も多かった（図表7-1，次頁）。

（2）化粧の頻度

　仕事の化粧について，「いつもする」が39名，「ほとんどする」「ときどきする」「ほぼしない」「しない」が各1名であった。「いつもする」と「ほとんどする」を合わせると40名（93.0%）が化粧をしていた（図表7-2，183頁）。

　プライベートの化粧について，「いつもする」が13名，「ほとんどする」が19名，「ときどきする」が7名，「ほぼしない」が4名，「しない」が0名だった。「いつもする」と「ほとんどする」を合わせると32名（74.4%）が化粧をしていた（図表7-3，183頁）。

　仕事では化粧を「ほぼしない」と「しない」が合わせて2名で，プライベートでは化粧を「ほぼしない」と「しない」が合わせて4名であった。仕事の場面ではなくプライベートの場面において化粧をしない者がいない理由は，規範意識の相違である。仕事面では，女性は身だしなみとして化粧をすべきという規範が先行研究や調査結果から示されるが，それは，その仕事内容により規範

図表7-1　調査対象者一覧

	産業区分	年齢	化粧開始時期（継続的にするようになった時期）1 していない 2 高卒後の学校（専門，短大，大学）3 就職後	プライベートでの化粧 1 いつもする 2 ほとんどする（出かける時はするも含む）3 ときどきする 4 ほぼしない 5 しない	仕事の化粧 1 いつもする 2 ほとんどする 3 ときどきする 4 ほぼしない 5 しない	化粧とキャリアの関係 1 ある 2 なし 3 その他	ライフイベント前後の変化 1 出産後なし 2 出産後する 3 変化なし 4 その他	化粧時間（分）	美容院頻度（月）
A1	製造業	30代	1	3	5	2	0	0	2
A2	製造業	30代	3	2	1	1	3	3	2
A3	製造業	40代	3	3	1	1	0	15	2
A4	製造業	40代	3	2	1	2	1	1	6
A5	製造業	50代	2	2	1	2	3	5	1
A6	製造業	50代	3	1	1	2	0	5	7
A7	製造業	40代	2	1	1	2	3	5	1
A8	製造業	40代	1	4	3	1	3	0	2
A9	製造業	40代	2	1	1	1	0	15	1
A10	製造業	50代	3	2	1	2	0	15	1
A11	製造業	40代	2	2	1	2	0	10	2
A12	製造業	30代	3	2	1	2	0	5	12
A13	製造業	50代	3	2	1	2	0	15	1
A14	製造業	40代	3	3	2	3	0	5	1
A15	製造業	30代	2	1	1	1	3	10	2
A16	製造業	30代	2	1	1	1	4	15	1
A17	製造業	40代	2	1	1	2	0	10	3
A18	製造業	40代	2	2	1	1	3	5	3
A19	製造業	30代	3	2	1	1	0	5	1
A20	製造業	40代	3	4	1	2	3	10	2
B1	小売業	30代	2	1	1	2	4	10	1
B2	小売業	30代	2	1	1	1	3	10	3
B3	小売業	50代	3	3	1	1	2	10	2
B4	小売業	50代	2	1	1	1	3	5	2
B5	小売業	40代	2	1	1	1	3	10	1
B6	小売業	80代	2	3	1	1	0	5	0
B7	小売業	60代	2	1	1	1	1	5	3
B8	小売業	60代	2	1	1	1	3	10	1
B9	小売業	50代	2	4	1	1	0	5	1
B10	小売業	30代	3	2	1	1	1	5	2
B11	小売業	40代	2	2	1	1	0	10	1
C1	医療,福祉	70代	3	1	1	1	0	10	1
C2	医療,福祉	40代	3	2	1	1	3	30	2
C3	医療,福祉	50代	2	2	1	1	1	10	2
C4	医療,福祉	50代	3	2	1	2	3	5	2
C5	医療,福祉	40代	3	3	1	2	3	15	1
C6	医療,福祉	60代	2	2	1	1	4	5	1
C7	医療,福祉	50代	3	1	1	1	0	5	1
C8	医療,福祉	40代	3	2	1	2	3	5	2
C9	医療,福祉	40代	3	2	1	2	4	7	2
C10	医療,福祉	40代	3	2	1	2	0	20	3
C11	医療,福祉	50代	3	4	1	1	3	3	2
C12	医療,福祉	40代	2	2	5	1	2	0	2

注：ライフイベントのないものは「0」とした。

出所：筆者作成。

図表 7 - 2　仕事の化粧

	製造業	医　療福　祉	卸売業小売業	合計
いつもする	17	11	11	39
ほとんどする	1	0	0	1
ときどきする	1	0	0	1
ほぼしない	0	1	0	1
しない	1	0	0	1
計	20	12	11	43

出所：筆者作成。

図表 7 - 3　プライベートの化粧

	製造業	医　療福　祉	卸売業小売業	合計
いつもする	6	2	5	13
ほとんどする	9	8	2	19
ときどきする	3	1	3	7
ほぼしない	2	1	1	4
しない	0	0	0	0
計	20	12	11	43

出所：筆者作成。

が強く作用する場合とそうではない場合があるからである。たとえば，建設作業をしていたり，介護福祉士として利用者の入浴援助をする場合，汗や湯気で化粧がとれてしまうため，初めから化粧をせず仕事をするような場合である。

　反対にプライベートな場面では，冠婚葬祭，特に「結婚」の場合は，素顔で式典に参加することはマナー違反だと認識されがちなため，その時だけ化粧するのである。

（3）仕事における化粧

1）仕事における化粧の必要性

　仕事は公的な場面であり，そこには女性のみに課せられがちなジェンダー規範が多数存在する。特に服装・化粧という身体装飾においては際立っている（乙部 1998）。先行研究でも指摘したように，「身だしなみ」としての化粧規範は古くから存在し，それは公的な場面において求められる。以下においての分析方法は，第 6 章で使用した KH Coder 3 を利用した。分析の手順は第 6 章と同様である。

　女性管理職自身が考える仕事において，化粧が必要な理由として語られた言葉を出現頻度の高い順に並べ，頻度が 5 回以上ある単語を抽出した。総抽出語数は1,828語であり，そのうち736語を使用した（資料18）。出現頻度が高い順にみると，「化粧」が30回，「思う」が19回，「身だしなみ」が19回，「仕事」が

17回,「人」が17回,「相手」が7回,「顔」が6回,「肌」が6回,「印象」が5回,「会う」が5回,「会社」が5回であった。

　次に階層的クラスター分析を行い,出現パターンの似た語がクラスターとしてのまとまりを示すため,一つの概念として考えることとした(頻出語〔頻度が5回以上〕を組み込んだ形で記載)。その際にKWICによる分析を必ず行い,抽出語が回答文の中でどのように使用されていたのかを確認した。また以下において,各クラスターにおける頻出語を列記するが,頻度が5回以上のものにはカギ括弧(「　　」)を付し,そうでないものには,やま括弧(〈　　〉)を付した。

　クラスター1では,「肌」,〈イメージ〉〈帰る〉〈顔色〉等を中心とする頻出語で構成され,クラスター2では「化粧」「思う」「身だしなみ」「仕事」「人」「相手」「顔」「印象」「会う」「会社」を中心とする頻出語で構成された。

　また,共起ネットワークを使用して傾向を分析した。このネットワークの中心性(媒介)は,「出る」「マナー」「相手」「必要」であることが示された。

　1つ目の特徴は,(仕事上の)相手に不快な思いをさせないために,化粧することが最低限の身だしなみ・マナーとして必要なことであった。このことは,クラスター1の内容を合わせた「身だしなみとしての必要性」に関連することであった。

　2つ目の特徴は,仕事上,化粧をすることが,仕事をするという戦闘モード,戦いモードへのスイッチをオンにするという切り替えの役割として必要なことであることだった。

　3つ目の特徴は,化粧をすることで顔色をよく見せ,そうすることで他者(同僚・顧客)に良い印象を与え,そのことが商品の購入を促し,自身の売り上げ増につながったことであった。

　4つ目の特徴は,社会人として企業で働き,さらに管理職という立場でもあるため,化粧をすることに対して嫌な(否定的な)気持ちであったり,化粧をする時間があまりなくても,何かしらの化粧をしなければならないことであった。

だが，出勤前に化粧する時間がない時は，マスクをしてごまかしたりしていた（コロナ前の調査）。このことは，クラスター2の内容を合わせた「好印象を形成する」に関連することであった。

　　「身だしなみ，仕事する気なんだな，ということを相手にわかってもらう。化粧することで自分もスイッチが入る。化粧している自分と，していない自分は少し違う気がする。」A6

　　「素顔では，恥ずかしくて仕事に来られない。身だしなみの一つ。化粧するのが当たり前という感覚。アクセサリーより身近なもの。化粧した顔が職場の顔。工場だとほとんどマスクなので，意味がない。もし，工場勤務だったら，そうなるかも（マスクのため，化粧しない）。」A11

　　「身だしなみとして（必要）。扱う商品が商品なので（高級ジュエリー）。やはり生活感があるのはダメ。服と同じ。顔に生活感が出てくる年齢なので。服をきちんとするのと一緒。（仕事と）セット。」B2

　　「身だしなみだと思っている。この仕事（介護施設勤務）についてからは清潔感が大切。相手に対して嫌な思いをさせないように。匂いも，人によって好きな匂いが違うから。」C1

2）仕事における化粧の留意点

　女性管理職自身が考える仕事上の化粧で気を付けている理由として，語られた言葉を出現頻度の高い順に並べ，頻度が5回以上ある単語を抽出した（資料19）。総抽出語数は2,277語で，そのうち930語を使用した。出現頻度が高い順にみると，「化粧」が36回，「派手」が23回，「色」が15回，「人」が15回，「濃い」が13回，「ダメ」「仕事」が12回，「口紅」が10回，「男性」が9回，「気」が8回，「アイシャドウ」が7回，「チーク」が7回，「ナチュラル」が7回，「思う」が7回，「印象」が6回，「感じ」が6回，「見える」が6回，「女性」が6回，「明るい」が6回，「華美」が5回，「職場」が5回，「相手」が5回，「与える」が5回であった。

　次に階層的クラスター分析を行い，出現パターンの似た語がクラスターとしてのまとまりを示すため，一つの概念として考えることとした（抽出語〔頻度

が5回以上〕を組み込んだ形で記載）。

　クラスター1は「明るい」を中心とする抽出語，クラスター2は「男性」「気」「思う」「感じ」「女性」「相手」を中心とする抽出語，クラスター3は「口紅」「アイシャドウ」「チーク」を中心とする抽出語，クラスター4は「濃い」「印象」「見える」「与える」を中心とする抽出語，クラスター5は「化粧」「派手」「色」「人」「仕事」「ナチュラル」「ダメ」「華美」「職場」を中心とする抽出語で構成された。

　また，共起ネットワークを使用して傾向を分析した。このネットワークの中心性（媒介）は，「人」「女性」「思う」「多い」「会う」であることが示された。

　1つ目の特徴は，共起関係全体をみると，どのような化粧をするのか，どのような化粧が好意的にみられるのかという回答が多かったことである。たとえば，仕事の化粧では派手にならないこと，課長になってからは仕事の内容によって化粧を変えること（営業・社内プレゼンテーションとの違い等），同様に，服装にも気を付けるようになったことであった。このことは，クラスター1・3・4の内容を合わせた「化粧をする時の注意点」に関連することであった。

　2つ目の特徴は，仕事の化粧であるため派手にならないことであった。管理職という立場上，様々な人と会う可能性があるため，服装にも気を付けたりすることであった。このことは，クラスター5の内容を合わせた「好感度を上げること」に関連することであった。

　3つ目の特徴は，職場では男性が多いため，男性から見て厚化粧に見えるような化粧はせず，女性から見ても感じがよく思われるような化粧をするように気を付けていることであった。このことは，クラスター2の内容を合わせた「他者（男性・利用者・顧客等）に合わせる」に関連することであった。[2]

　　「最低限（の化粧）しかしていないが，派手にならないようにしている。下地，ファンデーション，眉毛を描いて，口紅で終わり。昔から上手にできないし，よれる。みっともなくならない程度に。省エネ。アイラインはきつくなる。」A2

　　「ナチュラル。年相応。TPOをわきまえる。派手な化粧はだめ。つけま

つげはパンダ目だからだめ。男性が見てケバイと不快感を感じるような化粧はしない。男性（社員）が言っていたのを聞いたことがある。（あの人は）ケバイ，香水がきついと。陰で言われているのを聞いて，そういうのは良くないと学ぶ。

　課長になった頃から，周囲の人から『そろそろ男性に合わせた方がいいんじゃない』と言われた。男性はそういうことを教えてもらえるけど，女性は教えてもらいにくい。服装では，課長にも服装を考えろと言われた。若いコギャルがやっていること，自分に合っていないことはやらない方がいい。仕事モード，自宅モード（の区別）。自分に合うものを。」A7

　「やりすぎないこと。濃くなりすぎない。雑誌にのっている化粧はダメ。真っ赤な口紅も。TPOを考える。」B1

　「派手な化粧は絶対しない。ネイルもだめ。アクセサリーもだめ。看護もそうだが，接触（距離）が近くでやりとりするので。カドのあるものは，傷をつけるからだめ。看護は時計，結婚指輪だけ。ネックレスぐらいはしてもよい。イヤリング，指輪は何個もしない。不潔にもなる。」C2

3）仕事上の化粧をする意義

女性管理職自身が考える仕事の際に化粧をすることの意義について語られた言葉を，出現頻度の高い順に並べ，頻度が5回以上ある単語を抽出した（資料20）。総抽出語数は773語で，そのうち345語を使用した。出現頻度が高い順にみると，「身だしなみ」が25回，「化粧」が12回，「仕事」が9回，「スイッチ」が7回，「思う」が6回，「習慣」「与える」が5回であった。

　次に階層的クラスター分析を行い，出現パターンの似た語がクラスターとしてのまとまりを示すため，一つの概念として考えることとした（抽出語〔頻度が5回以上〕を組み込んだ形で記載）。

　クラスター1は〈取り入れる〉〈トレンド〉を中心とする抽出語，クラスター2は〈派手〉〈男性〉を中心とする抽出語，クラスター3は「身だしなみ」「化粧」「仕事」「スイッチ」「思う」「習慣」を中心とする抽出語，クラスター4は「与える」〈イメージ〉〈印象〉を中心とする抽出語，クラスター5は〈演

出〉〈見える〉〈見せる〉〈相手〉を中心とする抽出語で構成された。また，共起ネットワークを使用して傾向を分析する。中心性（媒介）は，「思う」「化粧」「与える」「相手」であることが示された。

　1つ目の特徴は，化粧をすることが仕事をするというスイッチをオンにするという切り替えの役割であり，化粧をすること自体が毎日の習慣であり，最低限のマナーであると認識していることだった。このことは，クラスター3の内容を合わせた「仕事モードをオンにする」に関連することであった。

　2つ目の特徴は，他者（同僚・取引先等）に対して良い印象を与えるための自己演出としての役割であった。そのために，流行のもの，つまりトレンドを意識した化粧をしたり，より洗練された印象を与えるように演出することであった。このことは，クラスター1・2・4・5の内容を合わせた「洗練された印象形成」に関連することであった。

　　「身だしなみ。相手にとって不健康に見えないように配慮すること。また，（相手にとっての）不安材料にしない配慮。『ここぞ』という時にするもの。」A4

　　「武装（保湿も含めて）。気分転換。いつも一緒の化粧だけど，時折，パーッと。毎日だと疲れちゃうから。」A9

　　「行為自体に意識の切り替え，オン・オフのスイッチとしての要素があると思う。もちろん身だしなみとして，うまく化粧できると自信が持てたり，前向きな気持ちで仕事に向き合える。また，化粧してることで，短い時間ですが，仕事に向き合える。」B3

　　「礼儀，身だしなみ。」C3

（4）化粧とキャリアの関係

　調査対象者に，仕事場面において化粧をすることと，自身のキャリア形成との関係性について聞いたところ，「ある」と考える者が24名（55.8％），「ない」と考える者が18名（41.9％）であった（図表7-4）。

　この語りの特徴は，以下の「1）化粧とキャリアにおける関係性」でも述べ

図表7-4　化粧とキャリアの関係性

	製造業	医療，福祉	卸売業，小売業	計
ある	8	7	9	24
なし	11	5	2	18
その他（わからない）	1	0	0	1
計	20	12	11	43

出所：筆者作成。

るが，「ない」と回答した者でも，直接的な関係性はないが，間接的にはあるかもと前置きして「ない」と回答した者がそのうち5名いたことである。

1）化粧とキャリアにおける関係性

　女性管理職自身が考える化粧とキャリアの関係性について語られた言葉を，出現頻度の高い順に並べ，頻度が5回以上ある単語を抽出した。総抽出語数は，2,015語で，そのうち808語を使用した。出現頻度が高い順にみると，「化粧」が43回，「思う」が36回，「人」が19回，「キャリア」が14回，「仕事」が13回，「印象」が12回，「関係」が11回，「特に」「与える」が8回，「見る」が7回，「影響」「良い」が6回，「信頼」が5回であった。

　次に階層的クラスター分析を行い，出現パターンの似た語がクラスターとしてのまとまりを示すため，一つの概念として考えることとした（抽出語〔頻度が5回以上〕を組み込んだ形で記載）。

　クラスター1は「信頼」・お客様を中心とする抽出語，クラスター2は，〈説明〉〈きれい〉を中心とする抽出語，クラスター3は「化粧」「思う」「人」「キャリア」「仕事」「印象」「関係」「特に」「与える」「見る」「影響」「良い」を中心とする抽出語，クラスター4は〈ネイル〉を中心とする抽出語，クラスター5は〈スイッチ〉〈モード〉を中心とする抽出語で構成された。また，共起ネットワークを使用して傾向を分析した。中心性（媒介）は，「問う」「成果」「必要」「頭髪」「会社」「価値」「女性」であることが示された。

　1つ目の特徴は，共起関係にあるものが複数ほぼ同列に存在し，多様な考えがあることを示すことであった。たとえば，良い印象を与えると覚えてもらえ

る，化粧して，スーツを着用して，仕事モードのスイッチを入れることで，やる気を出す等であった。

　2つ目の特徴として最も多いのは，化粧をすることが相手に対して良い印象を与えることであり，何らかのプラスの影響を与えることであった。たとえば，男性社員が大勢いる中で，外見上の差異化を強調するための一つの手段として，身だしなみとして化粧をすることであった。このことは，クラスター2の内容を合わせた「身なりと信頼関係」に関連することであった。

　3つ目の特徴は，多くの共起関係にあることが，薄めの色の口紅を塗り，服装にも気を付けることで，女性らしさを演出し，自分自身に自信をもたせることであった。

　企業社会では何よりも成果（利益）を出すことが求められるが，化粧をしてない，つまり，身だしなみに対して無頓着・気を配らないという印象を与えていると，成果が出ていないのと同様に扱われる可能性が高い（実際に特定の職種の者以外，すべてが化粧をしていた）。化粧をしないことが，自身にとって大幅にマイナスになることを避ける意味もあって，化粧をしていることであった。このことは，クラスター3の内容を合わせた「好印象はキャリア形成につながる」に関連することであった。

　4つ目の特徴として，3つ目の成果が問われることとも連動するが，お客様相手の仕事だと，きちんと化粧をした顔での接客が信頼を得ることにつながったり，化粧した顔で対応することで，顧客や取引先が説明を聞いてくれたりしたことだった。

　このように，小さな心がけの積み重ねが，自身のノルマ達成につながったり，重要な契約を成立させたりと，直接的ではないが間接的にキャリアアップにつながったと解釈していることだった。このことは，クラスター1の内容を合わせた「外見と信頼度」に関連することであった。

　　「キャリアとの直接的な関係性はないと思いますが，外見がしっかりしている方が信頼は得やすいので，お客様と良好な関係を構築する上では化粧は必要だと思う。そういう意味ではキャリア構築には間接的には影響す

る気がする。やはり，化粧している方がきちんとしている風に見える。お客様は，（従業員が）すっぴんで対応すると軽く見られていると思うのではないか。信頼が得られなくなると思う。」A15

　「関係あると思う。管理職になって化粧の仕方を変えた。昔は，仕事でも好きな化粧をしていた。仕事で成果出していればいいでしょ（と思ってた）。今は成果を出すことが問われる。今はいろいろな人に見られているし，立場や役割があるので，それで損したくない。人に対して安心，信頼を与える化粧をする。TPO を意識してブラウン系にする。落ち着いた印象を。」A16

　「考えたことはないが，人から見られるという仕事柄，装い方によって印象が変わることが十分考えられるため，少しでも好印象につながるという目的を考えれば，無関係とは考えにくい。印象が良くなるように装う。はずかしくないような格好。」B3

　「あると思う。清潔感が大事。ハキハキして，お客様は大切な方だという姿勢を示す。厚化粧はだめで，薄化粧で常識的な化粧が必要だと思う。（お客様と）相対する仕事なので，（お客様は私の）服よりも顔を見て話す。口紅でも薄い色を買う。（アイラインを）目尻に入れるのもやったことない（顔がきつく，怖くなるから）。」B6

　「キャリア自体には関係があるとは思わないが，自分のやる気スイッチを入れてくれるところには関係性があると思う。私自身は化粧をする，プラススーツを着ることで仕事モードのスイッチが入る。」C5

　「ある。○○（事業所）に入った時は化粧していたけど，身なりも特に（気にしていなかった）。（こういう障がい者に関わる仕事をしていると）扱いが下にみられる。そういうことが続いたので，きちんと，今時の服を着て（他社との集まりに参加する）。そういうところから，若い母親と話ができたりする。○○市の会議・区役所にも行く。あまりにも変な格好で行くと下にみられる。だらしないもの（服装，化粧）はやめる。きちんとする。」C7

２）キャリア構築における化粧の変化

　女性管理職自身が考えるキャリアを構築する過程における化粧の変化として語られた言葉を，出現頻度の高い順に並べ，頻度が５回以上ある単語を抽出した（資料21）。総抽出語数は2,024語で，そのうち820語を使用した。出現頻度が高い順にみると，「化粧」が53回，「時間」が24回，「仕事」が12回，「思う」が８回，「変化」が８回，「キャリア」が６回，「マスカラ」が６回，「気」が６回，「昔」が６回，「変わる」が６回，「意識」が５回，「工程」が５回，「特に」が５回，「眉」が５回であった。

　次に階層的クラスター分析を行い，出現パターンの似た語がクラスターとしてのまとまりを示すため，一つの概念として考えることとした（抽出語〔頻度が５回以上〕を組み込んだ形で記載）。

　クラスター１は社内・管理を中心とする抽出語，クラスター２は〈今どき〉〈新しい〉を中心とする抽出語，クラスター３は〈気持ち〉〈反映〉を中心とする抽出語，クラスター４は「マスカラ」〈意識〉〈トレンド〉を中心とする抽出語，クラスター５は「化粧」「時間」「仕事」「思う」「変化」「キャリア」「気」「昔」「変わる」「意識」「工程」「特に」「眉」を中心とする抽出語で構成された。

　また，共起ネットワークを使用して傾向を分析した。このネットワークの中心性（媒介）は，「重ねる」「身だしなみ」「アート」「アイライン」「行く」「人」「前」「自由」であることが示された。

　１つ目の特徴は，共起関係にある抽出語の中で，「マスカラ」に関する語が１つのまとまりとして大きく存在したことであった。化粧の変化という点で考えれば，そこには，キャリアの構築とともに，自身の生活年齢も当然上がってくる。そして個人差はあるものの，肌質が変化したり，シミ・くすみの増加等，加齢に伴う様々な変化が生じてくることも事実としてある。そのため，顔の第一印象を形成しやすい目の化粧で，加齢に伴う変化（目尻が下がる，眉毛が薄くなる・まつげが少なくなる等）を補う意味もあり，マスカラ・アイライン・エクステ（エクステンション）というようなアイテムを使用するようになったことであった。その部分にポイントを絞った化粧をしたり，眉毛にアートメイクを

施すことで化粧時間の短縮を行っていた。このことは，クラスター4の内容を合わせた「効率的な化粧」に関連することであった。

　2つ目の特徴は，管理職に昇進したことで，自身の印象が他者にとっては企業の顔となることが大いに考えられ，それに伴い，化粧にもこれまで以上に注意を払うようになったことであった。役職のない時は自由に化粧をしていたが，役職に就いた後は，化粧や髪の色にも気を付け，チークを入れて明るい顔を演出するように心がけたりした。このことは，クラスター1・5の内容を合わせた「会社の顔としての化粧」に関連することであった。

　　「昔，上司に『化粧をすると，仕事を言いづらい』と言われたことがあり，それ以来，普段はしていない。（会社の）イベントの時，化粧して行ったら誰？と言われた（笑）。だけど，会社の大事なプレゼンテーションの時は，誰？って言われてもしていく。」A8

　　「キャリアを形成していく上で化粧の変化は特になし。化粧も仕事道具の一つなので，ほぼ毎日のことになるので，化粧する時間を短縮するようにした。化粧を落とす時間や工程を短縮する。楽をする。変化はある。工程を減らすことでは，（これまで）20分（かかっていた）から5分，10分以内に。アイラインはアートメイク，マスカラはエクステなど。最初は下手くそだからやり方がわからなくて時間がかかっていた。どうすればよいかわからなかったので，現状維持で工程を変える。自分がフルメイクをした状態を維持できるように。」A14

　　「マスカラをつけるようになった。」B5

　　「以前よりは意識はもつようになった。実は知り合いの化粧の先生から化粧を習った。派手ではなく，品良く，事業所のイメージに沿うような化粧を教えてほしいと。一応，（化粧）はしているけど，控えめにしている。（フルメイクすることがなかったため，多くのアイテムを）買ったりしてなかったので，眉の描き方などを教わった。」C2

　　「特に変化はないが，マスカラではなく，つけまつげを使用するようになった。（年齢とともに）基礎化粧品の種類が増えた。仕事が休みの日は基

本的にしない。仕事以外はしたくない。」C5

（5）プライベートの化粧

1）プライベートの化粧の理由

　女性管理職自身が仕事を離れたプライベートな場面において化粧をする理由として語られた言葉を，出現頻度の高い順に並べ，頻度が5回以上ある単語を抽出した（資料22）。総抽出語数は1,897語で，そのうち774語を使用した。出現頻度が高い順にみると，「化粧」が38回，「外出」が14回，「人」が13回，「出る」が11回，「会う」が10回，「身だしなみ」が10回，「行く」が9回，「仕事」が9回，「知る」が9回，「プライベート」が8回，「家」が6回，「外」が6回，「肌」が6回，「スーパー」が5回，「スイッチ」が5回，「休み」が5回，「必ず」が5回であった。

　次に階層的クラスター分析を行い，出現パターンの似た語がクラスターとしてのまとまりを示すため，一つの概念として考えることとした（抽出語〔頻度が5回以上〕）を組み込んだ形で記載）。

　クラスター1は目・両立等を中心とする抽出語，クラスター2は〈高い〉〈可能〉を中心とする抽出語，クラスター3は〈人〉〈合う〉〈知る〉を中心とする抽出語，クラスター4は「化粧」「外出」「身だしなみ」「行く」「仕事」「知る」「プライベート」「家」「外」「肌」「スーパー」「スイッチ」「休み」「必ず」を中心とする抽出語，クラスター5は〈会社〉〈ファンデーション〉を中心とする抽出語で構成された。

　また，共起ネットワークを使用して傾向を分析した。このネットワークの中心性（媒介）は，「知る」「意識」であることが示された。

　1つ目の特徴は，職場の近くに住んでいると，休日に買い物に行ったりする際も，職場の人と会う可能性が高くなる。特に管理職の場合，社内報等で顔を知られている可能性が高いため，プライベートな場面においても化粧をせざるを得ないことである。このことは，クラスター4の内容を合わせた「最低限の身だしなみ」に関連することであった。

　2つ目の特徴は，近所への買い物，スーパーやコンビニに行く際，化粧をしない者と少しだけする者がいることだった。プライベートな場面における化粧とは，オンとオフをはっきりさせることの一環である。自身の好きな色で化粧したり，眉毛と口紅だけ化粧したり等様々であった。それこそ近所のスーパー・コンビニに行く際は，化粧をしない者とする者と両方いた。このことは，クラスター3の内容を合わせた「オンとオフの区別」に関連することであった。

　　「外出時に，全く化粧をしていない状態で知り合いに会うと恥ずかしいから。外出予定がない場合，ジムに行く等，化粧する必要がない場合はしない。どこにいっても誰かいる。名古屋市出身だが，結婚を期に○○市へ（○○市はトヨタグループの企業が多い）。どこへ行ってもけっこう知っている人がいる。知っている人が多い。すっぴんの時は，キャップ（帽子）をかぶって誰にも会わないようにしている。イオンに行く時はする。肌に負担をかけないようにする。」A12

　　「人と会う予定の時はするが，休みの時は，気分もオフになりたいから。少しの買い物はマスク（して素顔を隠す）。」A20

　　「仕事で毎日化粧をしているので，プライベートでは外出する時以外しない。スイッチオフ。それ以外は無頓着。家に帰っても母という業務が待っているので。」B12

　　「歳を感じるようになったら，きちんと化粧した方がよい。近所のコンビニ，スーパーはしない。したくない。」C4

2）プライベートな場面で化粧をする意義

　女性管理職自身が考えるプライベートな場面で化粧をする意義として語られた言葉を出現頻度の高い順に並べ，頻度が5回以上ある単語を抽出した（資料23）。総抽出語数は678語で，そのうち301語を使用した。出現頻度が高い順にみると，「身だしなみ」が17回，「化粧」が15回，「仕事」が9回，「口紅」が6回，「楽しむ」「色」が5回であった。

　次に階層的クラスター分析を行い，出現パターンの似た語がクラスターとしてのまとまりを示すため，一つの概念として考えることとした（抽出語〔頻度

が 5 回以上〕を組み込んだ形で記載）。

　クラスター 1 は〈見せる〉〈美しい〉を中心とする抽出語，クラスター 2 は「口紅」「楽しむ」「色」を中心とする抽出語，クラスター 3 は〈表現〉〈1 つ〉を中心とする抽出語，クラスター 4 は〈服〉を中心とする抽出語，クラスター 5 は「身だしなみ」「化粧」「仕事」を中心とする抽出語で構成された。

　また，共起ネットワークを使用して傾向を分析した。このネットワークの中心性（媒介）は，「化粧」「楽しむ」「仕事」であることが示された。

　特徴は，仕事の時とは異なる身だしなみであることだった。特段，何か拘束されるものがあるわけでないため，服装に合わせて口紅やアイシャドウの色を楽しんだり，仕事ではできない化粧（ブルーやピンク等，色味のはっきりした化粧をする）をして，気分転換をはかることであった。また場面に応じた化粧を楽しむことでもあり，それこそ，友人と会う時，習い事の時，ショッピング等，多様な場面で多様な自身を演出する道具の役割として，化粧をしていたことであった。このことは，クラスター 2・4・5 の内容を合わせた「気分転換として楽しむ化粧」に関連することであった。

　　「気分転換。仕事の時とはトーン（色合い）を変えて，気分転換を図っている。」A13

　　「自己表現の一つ。ファッションの一つ。色を楽しみ，自分をどう表現するのか。」A19

　　「見た目を若く，少しでも美しく見せたい心情と，化粧による気持ちのアップ効果。休みの日の方が化粧時間が長い。」B3

　　「外出時の身だしなみ。」C11

（6）ヘアケア

1）髪型に対する考え

　女性管理職自身が考える髪型に対する考えとして語られた言葉を出現頻度の高い順に並べ，頻度が 5 回以上ある単語を抽出した（資料24）。総抽出語数は1,682語であり，そのうち670語を使用した。

　出現頻度が高い順にみると，「髪型」が21回，「長い」が19回，「髪」が19回，「ショートヘア」が13回，「短い」が11回，「思う」が10回，「パーマ」が8回，「似合う」が8回，「ロングヘア」が6回，「時間」が6回，「いや」が5回，「くせ毛」が5回，「好き」が5回，「切る」が5回，「大事」が5回であった。次に階層的クラスター分析を行い，出現パターンの似た語がクラスターとしてのまとまりを示すため，一つの概念として考えることとした（抽出語〔頻度が5回以上〕を組み込んだ形で記載）。

　クラスター1は〈気（をつかう，になる等）〉〈中学〉を中心とする抽出語，クラスター2は「パーマ」〈楽〉を中心とする抽出語，クラスター3は〈多い〉〈ストレート〉を中心とする抽出語，クラスター4は「髪型」「長い」「髪」「ショートヘア」「短い」「思う」「似合う」「ロングヘア」「時間」「いや」「くせ毛」「好き」「切る」「大事」を中心とする抽出語，クラスター5は〈手間〉〈流行〉を中心とする抽出語で構成された。

　また，共起ネットワークを使用して傾向を分析した。このネットワークの中心性（媒介）は，「感じ」〈楽〉「ドライヤー」〈中学〉「流行」「手入れ」「大事」「清潔」「仕事」であることが示された。

　1つ目の特徴は，一つのまとまりとしてパーマに関する内容が独立してあり，それは〈楽〉であることに関することであった。このことは，クラスター2の内容を合わせた「パーマをかけることの意味」に関連することであった。

　2つ目の特徴は，自身に似合う髪型に関することであり，似合う髪型をすることで，服装もそれに伴い変化していく。だが，そうはいっても，朝，手間がかかる髪型は避けたいため，デジタルパーマをかけたり，きちんと手入れすることであった。このことは，クラスター3・4の内容を合わせた「似合う髪型」に関連することであった。

　3つ目の特徴は，パーマをかけたり，髪の手入れを入念にすることは，時間概念が中心にあり，日頃のケアをすることで，トータルとして髪型にかける時間を短縮したい気持ちがあることであった。このことは，クラスター5の内容を合わせた「時短意識」に関連することであった。

「(髪の毛の) 長さがあるとしばれる。1年に2回くらいパーマをかける。昔は，長いロング（ヘア）だった。次男が生まれた時，デジタルパーマをかけた（デジタルパーマは夜シャンプーして乾かせば，朝メンテナンスフリーなので)。」A4

「この会社でも言われるが，『髪は究極のアクセサリー』。髪型ひとつでいろんな風に見せられる。自分に似合う髪形を。多少のトレンドを意識して。中学生の頃からドライヤーを使い，この頃から（髪が）はねるのが嫌で，そういう意味で無意識に気を使っていた。

「いつも顔型のコンプレックスを隠すヘアスタイルにしている。面長で頬がこけているのが気になるので，それをカバーする髪型。」A11

「小さい頃は，ショートにしろという家庭だった。長い髪はだめ。ダサいと思っていた。あとで，男性は長い髪の（女の）人が好きだと大人になって知った。今からしてみれば，長い髪は若い時しかできないので，長い髪にしておいてもよかったかなと思う。ちょっと変わった髪型が好き。顔は平凡でいじれないので，変えられるところは髪型くらい。」B10

「清潔感のある髪型をいつも考えている。縮れ毛だから，いつもショート。」C10

2）ヘアカラーについての考え

女性管理職自身が考えるヘアカラーについての考えについて語られた言葉を，出現頻度の高い順に並べ，頻度が5回以上ある単語を抽出した（資料25）。総抽出語数は1,284語で，そのうち440語を使用した。出現頻度が高い順にみると，「美容院」が30回，「ヘアカラー」が18回，「白髪」が14回，「色」が12回，「月」「白髪染め」が9回，「行く」「染める」が8回，「最近」「年」が7回，「黒髪」「明るい」が5回であった。

次に階層的クラスター分析を行い，出現パターンの似た語がクラスターとしてのまとまりを示すため，一つの概念として考えることとした（抽出語〔頻度が5回以上〕を組み込んだ形で記載）。

クラスター1は〈外〉〈トーン〉を中心とする抽出語，クラスター2は「明

るい」〈目立つ〉を中心とする抽出語，クラスター3は「真っ黒」を中心とする抽出語，クラスター4は〈カット〉〈回〉を中心とする抽出語，クラスター5は「美容院」「ヘアカラー」「白髪」「色」「月」「白髪染め」「行く」「染める」「最近」「年」「黒髪」を中心とする抽出語で構成された。

　また，共起ネットワークを使用して傾向を分析した。このネットワークの中心性（媒介）は，「白髪」「最近」「気」「明るい」「年」「黒髪」であることが示された。

　1つ目の特徴は，美容院へ行きヘアカラーをすることであり，それは年齢的な要因が大きいが，白髪染めをすることだった。このことは，クラスター3・4・5の内容を合わせた「白髪染め」に関連することであった。

　2つ目の特徴は，髪の色を明るくすることで若々しく見えるようにしたり，あまり派手すぎる色は会社に注意されることもあるため，少し暗く落ち着いた色にすることであった。このことは，クラスター1・2の内容を合わせた「カラーリングの色味の注意点」に関連することであった。

　　「若い頃は量が多いのを目立たなくするために，明るくしていた。最近は白髪隠し。黒い（髪のなかに白い毛が混じる）と目立つので，少し明るくすると目立たないと言われた。でも，会社にはこれ以上明るくしない方がよいと言われた。それ以上は困るということを数年前，事務所でも言われた。」A2

　　「髪形やその髪型のイメージに合わせて，黒髪にしたり，明るくしたりする。美容院は2カ月に1回行き，ヘアカラーをする。」A20

　　「家系的なもので白髪が増えており，2～3カ月に1度，美容院でのカラーが必須。最近はやりのグレーヘアにどこで切り替えられるかの関心はあるが，まだ，そこまでの勇気はない。」B3

　　「子育て後から始めた。保育園のママ友たちと家でやる。ヘアカラーは自宅でやる。外では1回ぐらいしかしたことがない。美容院は2，3カ月に1回，カットとパーマをする。」C3

3）ヘアケア

　女性管理職自身が考えるヘアケアについて語られた言葉を，出現頻度の高い順に並べ，頻度が5回以上ある単語を抽出した（資料26）。総抽出語数は1,614語で，そのうち644語を使用した。出現頻度が高い順にみると，「使う」が33回，「美容院」が30回，「シャンプー」が29回，「トリートメント」「髪」が17回，「ドライヤー」が10回，「ヘッドスパ」が8回，「ヘアケア」が5回であった。

　次に階層的クラスター分析を行い，出現パターンの似た語がクラスターとしてのまとまりを示すため，一つの概念として考えることとした（抽出語〔頻度が5回以上〕を組み込んだ形で記載）。

　クラスター1は髪の毛・子どもを中心とする抽出語，クラスター2は〈仕事〉〈オイル〉〈毎日〉を中心とする抽出語，クラスター3は〈お金〉〈メンテナンス〉を中心とする抽出語，クラスター4は「ヘアケア」〈変わる〉を中心とする抽出語，クラスター5は「使う」「美容院」「シャンプー」「トリートメント」「髪」「ドライヤー」「ヘッドスパ」を中心とする抽出語で構成された。

　また，共起ネットワークを使用して傾向を分析した。このネットワークの中心性（媒介）は，「乾かす」「先」「巻く」「髪の毛」「思う」であることが示された。

　1つ目の特徴は，ヘアケアとして，美容院で販売するシャンプーとトリートメントを使うということが突出していたことだった。このことは，クラスター1，3・4・5の内容を合わせた「美容院専売品」に関連することであった。

　2つ目の特徴は，髪を乾かす時に何をするかであり，アルガンオイルを塗ったり，アウトバストリートメント（洗い流さないトリートメント）をしたりすることであった。このことは，クラスター2の内容を合わせた「髪の手入れ」に関連することであった。

　　「髪はツルツルにしたいので，ちょっと高いものを使う。シャンプーとトリートメントは，美容院で売っている高いものを使う。ドライヤーもいいのがあって，3万円くらいのもの。毎日，髪を巻いているから，ストレートだから，髪の毛は大事。」A9

「ヘッドスパをやる。美容院専用商品をほぼ使う。髪を乾かす時にアウトバストリートメントを使い，朝，（髪を）巻いた後にも髪にオイルをつける。」A19

「美髪プロデューサー（所属する経営者団体のメンバー）の話を聞いて，つやのある髪，これから先も今と変わらない量でいるために，ヘアケアをしている。美容院のシャンプーとリンスを使う。プロの方に話をうかがうことが多いので，いいと言われると取り入れようかなと思っている。ドライヤーも，スタイリングは高温じゃない方がいいと。言われれば取り入れるようにしている。」B4

「毎日，シャンプー，コンディショナー，トリートメント。髪を乾かす前に洗い流さないトリートメント。シャンプーは美容院で勧められたもの（美容室専売品）を使う。ヘッドスパも月に１回する。」C5

注
(1)　本章では，第6章で論じたような産業別の分析結果のように産業ごとの差異がほとんどなかったため，女性管理職という括りで分析することとした。
(2)　その他として，アクセサリー・香水・つけまつげも好まれないこと（ダメ），アイシャドウ・口紅・チークの色にも気をつけることであった。

<table>
<tr><td>第8章</td><td>女性管理職の産業別働き方の特徴と
ビューティケア</td></tr>
</table>

1 キャリア形成の特徴と職業意識

　第6章では，女性労働者比率が高い「製造業」「卸売業，小売業」「医療，福祉」において，課長相当職以上の女性管理職が，どのようなキャリアを構築し，どういった職業意識をもち，人的ネットワークを形成しているのかを聞き取り調査より明らかにした。本章では，主に，KH Coder 3を用いて分析した結果からその特徴を概観する。

（1）キャリア形成と産業別の特徴

　女性管理職のキャリア形成過程を考えるにあたり，次の4つのパターンに分けて考察した。

　　①　総合職（技術職）（専門職）→管理職
　　②　一般職→（コース転換制度利用→総合職）→管理職
　　③　転職（自己都合・出産・育児理由）→管理職
　　④　転職（自己都合・出産・育児理由）→個人事業主（個人事業主の妻）

　4つのパターン別にみると，③のパターンが最も多かった。だが，それを産業別に検討すると，キャリア形成過程における各特徴が見出せた。具体的に検討する。

　「製造業」20名のうち，①の「総合職（技術職）（専門職）→管理職」は11名（55.0％）と半数以上を占めた。「製造業」では，一般職・総合職・技術職というようにコース別に雇用されることが多く，一般職の場合はコース転換制度を利用して総合職となった後に管理職に昇進し，また総合職・技術職はコース転

換の必要もないため，そのまま管理職に昇進していた。本書における対象者の大部分は，各企業の人事課・総務課等を通じて紹介していただいたのだが，逆にいえば，管理職に昇進する女性は，そもそも総合職・技術職として入社していることとも関係すると考える。

　「卸売業，小売業」11名のうち，③の「転職（自己都合・出産・育児理由）→管理職」は5名（45.5％），④「転職（自己都合・出産・育児理由）→事業主（事業主の妻）」は4名（36.4％）と両者で大部分を占めた。このことは先にも指摘したように，「卸売業，小売業」は転職・入職者が多い産業であることからも明らかだが，転職を繰り返しながら管理職に昇進するというパターンが考えられた。反対に，学校を卒業後同一の企業で働き続けキャリアを構築した場合，勤務時間が不規則な仕事柄，家族・親族の支援が必須であったことも理解できた。また，個人事業主として起業するという視点でいえば，「卸売業，小売業」は起業しやすい業種でもある。たとえば，学校卒業後に入社した企業での経験を活かし，自身の視点でモノを仕入れたり，販売したい等の動機から起業して店舗を運営したり，配偶者が自営業であるため，その仕事を手伝うというよりも共に経営に参加するという形で仕事をしていた。

　「医療，福祉」12名のうち，③の「転職（自己都合・出産・育児理由）→管理職」は8名（66.7％）と半数以上を占めた。これは国家資格を保持する強みであり，たとえば看護師免許をもっていることから，職場を複数回変更したり，保育士免許を取得して保育士として働いたり，介護福祉士・社会福祉士の免許を取得し，両方の資格を活かしながら介護事業所の施設長として勤務したり等であった。またライフイベントによって居住地を変更した場合も，新たな地域で仕事を探し資格を活かした仕事に就きやすかった。

　まとめると，キャリアの構築では，各産業の職務状況に準じた方法でキャリアを形成していた。

（2）職業意識の特徴

1）全体の特徴

　女性管理職がもつ職業意識，仕事意識の特徴は，①職場の同僚・顧客・利用者も含めた人間関係，対人関係の重視，②少数派である女性管理職としてのプライド，③ワーク・ライフ・バランスに対する意識であった。

2）産業別特徴

　産業別にみると差異があり，組織の機能が色濃く出る「製造業」では，技術職という専門職での入社にもよるが，仕事が好きであり，そのため新しいことへのチャレンジ精神を持っており，組織の成長につながるのは何かを常に意識していた。また男性社員が大部分である職場だからこそ，女性であることをあえて自覚し，女性らしく振る舞ったり，逆に女性らしさをあまり出さないように振る舞う等「自身のジェンダー」を意識していることであった。

　非正規も含め社員に女性が多い「卸売業，小売業」の場合，顧客に対する接客態度・接客技術についての意識が中心軸としてあり，この点が自身の販売技術の向上が売り上げ目標の達成につながり，ひいては組織の業績アップになっていくことだった。

　「医療，福祉」では，ケアをする人・される人という構図が基本的にあるなか，そういった上下関係ではなく，医療従事者は利用者の生活をサポートするという意識をもつことであった。また職場の同僚への気づかいもあり，いかにして子どもを育てながらキャリアを形成できるのか，障がい者施設での就労では，そこで働くこと自体がボランティア的な要素とみなされやすいため，あえて一般企業よりも少し高めの給与を出すことで，従業員の定着を促したりした。

　まとめると，キャリア意識として明らかなのは，産業ごとに特徴があり，そういった意識を持ちながら働き続けたことで管理職に昇進していたことだった。

2　自身が考える昇進要因

（1）全体の特徴

　女性管理職自身が管理職へ昇進したと考える要因の特徴は，①仕事に対する評価，②上司の役割・重要性，③女性活躍推進事業の始動，④会社への貢献であった。すなわち，これまで仕事に対して真摯に取り組み，そういった姿勢を上司に評価されたことが管理職への昇進につながったと自身が考えたことであった。これらに類する要因は，すでに先行研究において指摘されたことと相違なく，反対に，国による始動で始まった女性活躍推進を要因とする「女性活躍推進事業の始動」は，本書で指摘した管理職への昇進要因であった。言い換えれば，女性管理職はあくまで仕事に対する評価が先にあり，女性活躍が先にあって管理職に昇進したわけでないことが理解できた。

（2）産業別特徴

　産業別にみると差異があり，「製造業」では「人材教育担当」という全産業での「仕事の評価」と「会社への貢献」が混ざり合ったものが主な理由であり，次に「女性活躍推進事業の始動」が来る。つまり，これまでの仕事ぶりが評価され人材教育担当になったことが，さらに管理職への昇進に拍車をかけたといえる。

　「卸売業，小売業」では，「ライフイベントの影響」が主な理由であった。小売業の場合，基本的には対人接客を基本とするため，出産・育児等のライフイベントが生じた場合，退職・短時間勤務・フルタイム勤務・一旦退職後復職という多様な労働時間の選択が可能である。だからこそ，自身が希望する労働時間で働けるため就業継続でき，そのことが長期継続勤務や職務能力の向上につながり，管理職に昇進したといえる。また「女性活躍推進」という点でも，小売業は，女性労働者が多く働く産業であるにもかかわらず，女性管理職比率はあまり高くない。背景には，女性労働者といっても非正規が多く，正規でも管

理職に昇進する年齢まで就業継続する者は，それほど多くない。だからこそ，「職場環境」として，どのような同僚・上司と仕事をするのか，自身の就業継続に肯定的なのか等，それも管理職昇進に影響したと考える。

　「医療，福祉」では，「再就職後の仕事」，言い換えれば，一度，前職を退職後も新たな職場・新たな職種・新たな雇用形態で再就職できたことが主な理由であった。つまり柔軟な働き方が可能なことが，キャリアの断絶を防げたといえる。同時に，「医療，福祉」に分類される資格として看護師・保育士・介護福祉士・社会福祉士・歯科衛生士等これらの分野で取得する資格は国家資格が多い。これらの資格をもちながらこの分野内の別の資格を取得し，新たなキャリアを形成したことが管理職昇進につながったことも明らかになった。

　このことと関連して，「資格取得に関する支援」として，資格のさらなるステップアップを企業内で支援したり，勉強会に参加させたり等がキャリアアップにつながり管理職に昇進したと推察する。

　特筆すべきこととして，この産業では，管理職への昇進要因に女性活躍がなかったことである。そもそも「医療，福祉」では，厚生労働省（2022a）によれば，管理職比率が48.2％と最も高く，半数近くを占めること，これまでの職務経験や資格の有無が重視されることからも，「女性である」ことは昇進要因として，重視されないことが明らかになった。

3　公的・私的なつながりの特徴

（1）全体の特徴

　女性管理職自身が考える仕事における他者とのつながりの特徴は，上司からの的確なアドバイスや人的つながりの支援がメインであり，社内外から得た知識・情報が，管理職昇進に有益だと考えていたことだった。

　反対に，プライベートにおける他者とのつながりの特徴は，子どもの面倒をみてくれる人や子どもを介した交流が仕事に好影響をもたらしたことだった。女性管理職は少数派であるため，同じような立場で仕事をする友人との交流は，

新たな視点や考え方に気づかされるきっかけとなった。自身の仕事を客観的に評価・アドバイスしてくれる大学時代の友人（主婦）や元職場の同僚や自身の母が大きな存在になっていた。

（2）産業別特徴

　産業別にみると差異があり，仕事上におけるつながりにおいて，組織の機能が色濃く出る「製造業」では，昇進・昇格へのチャンスは，上司の存在・手腕によるところが大きかった。

　仕事の性質上，顧客に商品を購入してもらうことが自身の職務評価にもつながるため，接客技術の向上や他店舗との情報交換，不規則になりがちな勤務日にも臨機応変に対応可能な職場環境が不可欠だとするのが「卸売業，小売業」であった。

　「医療，福祉」では，多様な事業所が連携することが，仕事を遂行する際に重要であることが明らかになった。

　反対に，プライベートにおけるつながりおいて，「製造業」では，子どもや友人という仕事上は直接関係が無い者の存在が特別なものであった。なぜならば，ものづくりの企業であるため，未来のお客様になるであろう者の存在・意見は意味あるものだと考えており，だからこそ職場外の「友人」や「子ども」の存在が重要なのであった。

　働く場所が職場以外の人からもわかりやすく，かつ職務内容もわかりやすい「卸売業，小売業」の場合，プライベートな生活の部分では「公私」の区分を明確に分け，また勤務日時が不規則であるからこそ，家事・育児のサポートをしてくれる人が必要であった。

　また起業する場合も同様であった。起業する場合，公私のつながり区分があいまいになりがちなのも事実である。子ども・高齢者を対象とした施設の増加が社会的課題の一つでもあるため，起業してその事業主になる者もいる「医療，福祉」では，公私にわたり自身のもっているネットワークを活かして運営につなげていった。

　まとめると，仕事上・プライベートなつながりから明らかなのは，産業ごとに特徴があり，それに準じたつながりを重視し管理職に昇進していたことだった。

4　化粧行為の特徴

（1）時間意識

　女性管理職のうち，普段，化粧をしない2名を除き，すべての者は卒業・就職したことをきっかけに化粧をしていた。背景には，「身だしなみとしての化粧」規範があり，特に仕事を始めるならば，その規範が強く作用すると考える。

　次に，ライフイベントつまり出産をきっかけとした化粧行為の変化については，該当者26名のうち，16名（61.5%）は特に変化がないということであった。だが，4割弱の10名（38.5%）には何らかの変化があった。

　変化した内容の特徴は，「化粧時間を少なく，短縮すること」であった。確かに，出産後，世話をしなければならない子どもが誕生し，それも乳幼児であるならば，授乳・おむつ替え・離乳食・入浴等をすべて自身がするわけではないにせよ何らかの手間がかかるし，子どもを保育園に入園させ，自身も職場復帰して仕事を開始したなら，出勤前はまず自身の身なりを整え，その後，子どもが通園するための準備（すべて自身がするわけではないと考えるが，何をするかはそれぞれの家族状況により異なる）に時間が使われる。

　そのため，限られた時間を効率よく使うためには，①出産後，化粧をしなくなること，②（基礎）化粧品やメイクアップ用品の使用アイテムを減らすこと，という2つの選択肢のうち，どちらかを実践していたのである。つまり，子どもの世話をする時間が自身の時間の中から削られてしまうため，「時短意識」の一つの実践として，化粧時間を短縮するためのアイテムを使用するようになったことが特徴であった。

　　「出産後は時間がないし，子どもに顔を触られるので……，内勤仕事の
　　こともあって，（化粧を）しなくなった。」A4

　　「時短メイク，オールインワンアイテムを使うとか。少し高くてもいい
　　から，省略できるもの。」B1

　　「アートメイクをしておくと，顔を洗ってもとれないし，毎日，かかな
　　くてもいいし，すごい楽。」A16

　　「省力化。コンシーラーは最低限（する）。チークで効率化（顔色を明る
　　くみせるため），ムダを省く。時間の効率化。」(C6)

　このように，特に出産後は，限られた「時間」をどのように使うかが重要で
あり，化粧行為一つとっても時間意識が働いていた。

　また仕事の際の「化粧時間」は平均すると8.2分で，短い場合だと0分で最
も長いものが30分と幅広い。ポーラ文化研究所（2020）によれば（本調査の結
果に合わせて考えると），コロナ前の平均化粧時間は13.79分（40代後半の化粧時
間は11.07分）であった。調査対象者の平均年齢が48.0歳であることを照らし合
わせて考えれば，調査を行った女性管理職の化粧時間は若干短いことが明確で
ある。

　化粧時間が短い理由は，年齢を重ねるごとに化粧に慣れて早くできるように
なったり，若い頃のようにあれこれ使用したりしなくなったり等いろいろ理由
があった。化粧時間は個人差が大きいが，化粧をすると回答した者の中で「1
分」と答えたA4は，「化粧は，口紅のみ。あと，眉毛を描くだけ」であると
いう。確かにそれだけならば1分で済むだろうし，他者から化粧をしていると
理解されるだろう。また「3分」と答えたC1は，「眉毛とファンデーションの
み」であるという。この場合も，顔の額縁であるといわれる「眉毛」を描くこ
とで，顔の印象が際立つだろう。また，C1は「化粧は5～6年前からするよ
うになった。若い時はしてなかった。汗かくし，日焼け止めくらい。でも，5
～6年前に眉毛をかくようになったら，描かずにいられなくなった（描いた顔
と描かない顔との落差が激しいため）」とも答えている。

　反対に，化粧時間が長く30分のC2は，「以前よりは（個人事情主なので，き
ちんとしようという）意識はもつようになった。メイクを習った。知り合いの
メイクの先生に。派手ではなく，品良く，事業所のイメージに沿うようなメイ

クを教えてほしいと。30分はかかると思う。ファンデーション，下地，おしろい，チーク，アイブロー，アイカラー，アイシャドウ，口紅くらい」であるという。確かに，化粧の仕方をプロの方から学ぶといわゆるフルメイク（下地から顔の各部品に対して化粧をする）だと考えるため，30分くらいかかるだろう。またC2の発言からも理解できるが，個人事業主なので，事業所の顔としてのプロ意識が高く，化粧を省略したくてもできない（もし省略すると顔の印象が変わり，それが利用者の満足度に負の影響をもたらすといけないと考えるため）。

　また化粧時間が長く20分のC10は，「（化粧をするのは）しみだらけなのではずかしいから。厚塗りにならないように（気をつけている）。今の化粧時間は，20分くらい。ファンデーション，眉毛，チーク」と答えている。

　このように化粧時間の長いものと短いものの事例をみたが，使用アイテムがそれほどなくても時間がかかるC10の事例のように個人差が大きい。そして女性管理職がもつ化粧意識関する回答をみていくと，「時短」（彼女たちはそう表現する）という意識について多く語っており，化粧時間を短くするために，ポイントメイク（口紅，眉毛だけ）にしたり，オールインワン化粧品（化粧水，乳液，美容液が1つで済む）やファンデーションとコンシーラーが1つのアイテムで済む商品に切り替えたり，毎日，眉毛を描く時間を短縮するためにアートメイクにしたりと，「時短」意識が高い。彼女たちの化粧時間は短く，ポーラ文化研究所の調査でも確認したが，同世代の女性たちよりも短い。

　管理職（個人事業主も含めて）はその会社の顔としての役割も担うが，だからといって，化粧時間を長くとりフルメイクを丁寧に施すのではなく，最低限の時間で身だしなみとしての化粧を施すのであった。

（2）他者を意識した化粧

　仕事の場合であろうとプライベートな場合であろうと，化粧をする際，どのような印象を形成するのかという点に注意して化粧をしていたのも特徴の一つであった。特に「仕事における化粧の留意点」（気をつけること）に関しては，KH Coder 3を用いて分析した結果，「派手にならないため」と「同僚（特に男

性）が不快感を抱かないように」ということに気をつけて化粧をしていた。

　1つ目の「派手にならないように」というのは，化粧をする際のポイントメイク（目のまわり・頬・口紅）の色が顔から際立つようなものを避けるということだ。

　欧米諸国の場合，管理職の女性たちは際立つ化粧を好むが，日本の場合は文化的な考え方の違いもあり，「目立たないような」化粧をしていた。

　2つ目は，職場の同僚の不快感を避けることであり，特に男性が多い職場（IT系・技術職・建築系）では男性に対する気づかいがあり，それは女性を意識させるのではなく，それを消す方向に働く化粧をするようにしていたことだった。

　裏返せば，性的なセクシャルな要素を感じさせない，職場の同僚としての化粧を心がけることであった。

　3つ目は，他者といっても職場の同僚以外の人（不特定多数の顧客，取引先の人）に対してであるが，不特定多数の顧客を対象とした場合（特に小売業の場合が考えられるが），商品を売る側の印象・接客態度が商品の売り上げに大いに関係する。そのため，顧客よりも目立たず，だが控えめながら化粧をして仕事に臨むという態度は，いわゆる「失礼な態度」「敬意のない態度」ではないことを表しているのである。

（3）化粧をする理由

　本項では，化粧をする理由を仕事場面とプライベート場面で比較して考察する。

1）仕事をする際の化粧の理由

　仕事をする際，調査対象者のほとんどは，（仕事内容により化粧をしない者も一部いたが〔建設現場・介護士で入浴介助〕），ほとんどは好き嫌いにかかわらず化粧をしていた。

　なぜ仕事の際に化粧をするのかといえば，KH Coder 3を用いて分析した結果，「身だしなみとしての化粧」と「仕事モードへの切り替え」が最も多かっ

た。また身だしなみとして化粧をする理由についてだが，第5章でその歴史的経緯は明らかにしたが，管理職・会社経営者という立場にあれば，その「顔」としての役割もあるため，本人が化粧をすることを好き嫌いにかかわらず「身だしなみ」として化粧していた。

そして，自身の気持ちを「仕事モード」に切り替える「スイッチとしての役割」というのは，重要なポイントであると考える。日常生活において，近年，男性が化粧をすることは，少しずつ市民権を得るようになったと考えるが，公的場面である仕事の場面においては，特別な仕事（タレント・アナウンサー・モデル等）でなければ，化粧をした顔で仕事をすることは歓迎されないし，また化粧をして会社に出勤するサラリーマンはほぼ見受けられないだろう。

言い換えれば，顔に化粧を施すことで仕事モードのスイッチを入れ，仕事に対するモチベーションを上げるというのは，ジェンダー的にいえば女性ならではの気持ちの切り換え方だと考える。

2）プライベートの際の化粧の理由

仕事を離れたプライベートな場面において，調査対象者は「身だしなみ」としての化粧をしていた。プライベートな場面だと，特に何か（会社での立場・個人事業主としての顔等）に拘束されるわけではない。実際には，「近所のコンビニぐらいはしない」「素顔で過ごす」という意見がある反面，KH Coder 3を用いて分析した結果によれば，「身だしなみ」としての化粧を行っていた。誰かに会うと（素顔だと）困るから，という思惑があった。そのため，フルメイクをするのではなく，目を中心としたポイントメイクをしていた。

また，仕事における化粧では仕事モードにするために仕事用の化粧をするが，プライベートで意欲的に化粧を行う者はオフを楽しむ，つまり自身の好きな化粧（ブルー系のアイシャドウ・赤色ピンクの口紅等）をして，仕事用の化粧とは違う化粧をすることで，自身の顔の変化を楽しんでいたということだった。[1]

5　化粧とキャリア

（1）キャリア構築と化粧の関係性の有無

　女性管理職たちは，化粧をすることと自身がキャリア形成することに対して，どのような意味づけをしていたのか。すでに第5章で，ハマーメッシュ・小林盾らの意見を取り上げたが，外見の良い者は収入が高く，昇進が早い。反面，大坊の研究では，特に女性が自身の外見の印象を良くするために化粧をすることは，かえって仕事の能力が高いとみなされにくいという研究結果も明示された。

　だが実際問題として，仕事の場面で化粧をすることの目的・効果は本調査でも明らかにしており，身だしなみとして化粧をする者が大部分であった。化粧とキャリアの関係について，「関係がある」と考えたのは24名（55.8％），「関係がない」と考えたのは18名（41.9％）と，若干ながら「関係がある」とした者の方が多かった。

　KH Coder 3を用いて分析した結果，「良い印象の形成」「身だしなみに気を付けていることのアピールと自身の自信」「他者からの信頼の獲得」という3つがキーワードとして明らかになった。また関係があるとする者の回答は次のようなものであった。

　　「化粧をしないと，印象はマイナスに働くように思う。何で化粧しないんだろうねという疑問を少し持つ。『なんでだろうね』という疑問を持たれない方が余計な詮索を受けない。人にプレッシャーをかけない。『何でだろう』と思うことが（相手に）ストレスを与える。なるべくそういうものを与えない方がよいと思う。」A5

　　「特に考えたことはないが，人と接する人前に出るなどの仕事に携わっている人は，大なり小なり人への印象の与え方に影響を与えると思うので，（化粧が）必要だし，その成果によっては，キャリアへの影響を否定しない。うまくいくためには，見た目が与える影響は大きい，最低限，そうい

ったところではつまずきたくない。

　「受け入れやすさ。過剰にやりすぎると，ひかれてしまう。控えめだけど，ちゃんとしている。社内では，（たとえばネイルなどのおしゃれなどを）やりづらい環境（現場で働いている人など）でいる人がいる中で，自分だけ華やかなことはできない，ネイルだけは気を付ける。」A18

　「考えたことはないが，人から見られるという仕事柄，装い方によって印象が変わることが十分考えられるため，少しでも好印象につながるという目的を考えれば，無関係とは考えにくい。印象が良くなるように装う。はずかしくないような格好。」B3

なお関係ないとする者の回答は次のようなものであった。

　「ないでしょうね。そこで評価されたら違う話ですよね。化粧しているからいいとか，顔で採用するようなものですよね。関係ないと思う。」A1

　「化粧することとキャリアは関係ないと思う。というか少ない。化粧しないからといってキャリアが積めないことはないので。ただ業界によっては影響があるかもしれない。化粧品業界で化粧をしない人が周囲の信頼を得る，立場になるかといえば，難しいような気がする。価値観。女性がたくさんいる化粧の会社でそこでしないのはどうなの，価値観を問われる。メイクは当社では頭髪だからそこまでは問われない。頭髪化粧品の会社だが，カラーをやらない人は多少はいる。」A11

　これらを代表とする語りから明らかなように，化粧とキャリア構築の関係性には明確で客観的な基準があるわけではない。たとえば，自然な化粧をしてニコニコしているから管理職に昇進したり，あるいは青色や赤色という色味の強い化粧をしているから管理職に昇進しなかったりということが現実的にありえるだろうか。

　どのような者が管理業務をこなすかによってその業績が多少でも左右されるような重要な役割を誰に任せるか検討する（社員を管理職に昇進させる）際に，企業側が，化粧をしているかいないか，自然で素顔に近い化粧をしているかという基準とすることは考えにくい。

　だが「キャリア形成と化粧の関係」という問いに対して，その語りは対象者の自己認識・自己評価に基づくものだが，関係があると考える者・関係がないと考える者，それぞれ客観的な基準はないが，先に確認したように，それぞれの考えに基づいたものであった。

（2）化粧とキャリア形成と昇進に関する関係性

　先に確認したように，化粧とキャリアの関係について，KH Coder 3を用いて分析した結果，「良い印象の形成」「身だしなみに気を付けていることのアピールと自身の自信」「他者からの信頼の獲得」という3つがキーワードとして明らかになり，詳細に検討した。ここでは，さらに，KH Coder 3の中の「対応分析」という機能を使用して考えることとした。具体的には，女性管理職自身が考えた「化粧とキャリアの関係性」について，先に確認した①昇進理由，②キャリア形成にとって有益だと考えた仕事上のつながり，③職業意識，についてそれぞれの対応関係を確認していく。

　「対応分析」では，外部変数（ここでは「化粧とキャリアの関係」）と抽出された単語との関係性を探り，原点（0）からの距離が離れるほど，特徴が強い，つまり，その内容の中で，特徴的な，特筆すべき単語であることを示す。反対に，原点（0）に近い位置にある単語は，特徴があまりない，つまり，一般的な単語であることを意味する。また，外部変数の主だったものが2つ（「ある」と「ない」，「はい」と「いいえ」，「好き」と「嫌い」等）の場合，抽出された結果が，タテ一直線，ヨコ一直線になることが多い。対応分析をすることで，2項目の関係性がより可視化されると考える（図表8-1）。

　化粧とキャリアの関係と①の昇進理由の特徴として，関係が「ある」という項目の場合，原点から遠くに位置する抽出語（右上）は，「採用」「少ない」「長い」等であった。このことは，自身の中に何か特筆すべき，揺るぎない事実があるわけではないため（特許を取得した，資格がある，社内表彰を複数回受けた等），自身の昇進は，身だしなみを整え，良い印象を形成したり，社内での仕事ぶりが評価されて昇進したり等が理由であると解釈した。言い換えれ

図表 8-1　対応分析（化粧とキャリア形成と昇進に関する関係性）

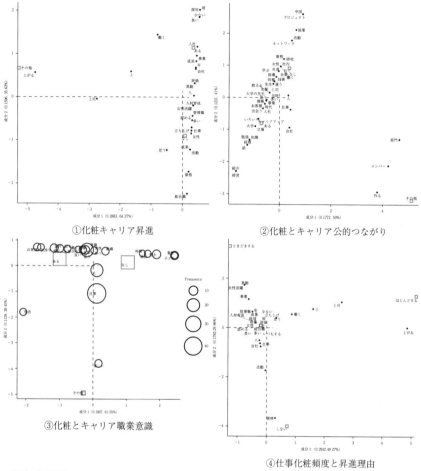

①化粧キャリア昇進　　　②化粧とキャリア公的つながり

③化粧とキャリア職業意識

④仕事化粧頻度と昇進理由

出所：筆者作成。

ば，社内政治（社内でうまく立ち回る）によって昇進できたと考えるものが，化粧とキャリアに関係があると考えていることが示された。

　反対に，化粧とキャリアの関係が「ない」という項目の場合，原点から遠くに位置する抽出語（右下）の特徴は，「総合職」「資格」「成果」というように，特筆すべき，揺るぎのない事実としての資格（技術士等）や仕事の成果が昇進

に影響したと解釈した。だからこそ，化粧することとキャリア形成には，「関係がない」と考えていた。

　特に，その資格についても，就職後に取得したもの（技術士，ケアマネジャー等）である方が，化粧との関係がないと考えていたことが確認できた。

　続いて，化粧とキャリアの関係と②のキャリア形成にとって有益だと考えた仕事上のつながりの特徴として，関係性が「ある」という項目の場合，原点から遠くに位置する抽出語（左下）は，「紹介」「経営」「勉強」「知識」「経理」等であった。このことが示す意味は，社外の人とのつながりが昇進に有益だと考えていることであり，社外の人は，社内の人と比べて，長期間，密な関係性の中で，仕事を共にするわけではないため，だからこそ，化粧をすることで，良い印象をもってもらったり，互いに気をつかいながら関係性を保つことが，仕事上，有益な関係性を継続することができたと考えたことが示された。

　反対に，化粧とキャリアの関係が「ない」という項目で，原点から遠くに位置する抽出語（右上）の特徴は，「中国」「プロジェクト」「部署」「活動」等であった。このことが示す意味は，社内におけるつながりが有益だと感じており，だからこそ，化粧とキャリアは関係ないと考えていたことが示された。

　次いで，化粧とキャリアの関係性と③の職業意識の特徴として，原点から遠くに位置する抽出語（左）の特徴は，「お客様」「気持ち」「常に」「会社」等であった。このことが示す意味は，意識として，顧客への丁寧な接客によって顧客が商品を購入することが，自身の会社の売り上げに貢献するという意識をもっており，だからこそ，顧客に対して敬意を表す気持ち，意識で仕事をするのであった。裏返せば，顧客との良好な関係性を構築することが，自身のキャリアにとってプラスの意味があり，そのための一つの手段として，化粧した顔で接客し，顧客に対して，良い印象を与えるように気を付けていたと考えていたことが示された。

　反対に，化粧とキャリアの関係性が「ない」という項目で，原点から遠くに位置する抽出語（右）の特徴は，「責任」「子ども」「好き」等であった。このことが示す意味は，社内で責任を持って仕事をすることや，自身の子育てとい

かに両立しながら仕事に邁進するか等，社外の人の動向によって，自身の仕事が大きく変わる状況ではないため，化粧して良い印象を形成することをそれほど重要視しない職業意識であることが示された。

　最後に，仕事の場面においての化粧は，前述したように，対象者のほとんどが「いつもする」「ほとんどする」と回答しており，仕事における化粧行為はまさに，「当然するもの」という意識であることが確認できた。

　反対に「しない」と回答したものを，①の昇進理由と「対応分析」で確認したところ，資格取得に関連する職務内容であり，その資格には，技術士，ケアマネージャーなど入社後に本人が努力して資格を取得した者であった。

　このように，ここで検討した「対応分析」の結果から，明らかになったことは，「化粧とキャリアの関係」について，関係が「ある」と回答したものは，昇進理由として，資格というよりもそれ以外の要因（社内政治）であると考え，キャリア形成に有益だと考えた仕事上のつながりでは，社外とのつながりが有益だと考えており，職業意識も，特に顧客への接客によって自身や会社の売り上げに貢献する場合，身だしなみとして良い印象を形成するために，「化粧」をしていることが確認できた。

（3）女性管理職が化粧をすることの意味

　第7章で検討したように，女性管理職は，仕事の際ほとんどが化粧をしていた。その理由は次の3点と考えられる。

　1つ目は，印象形成という観点からである。化粧をする，化粧をした顔になるというのは，平均的な顔になるということである。つまり，顔に色味を添えることで顔色が良くなり，顔の表情ははつらつと生き生きしたものになる。そうすることで，対面する他者（社内外において顧客も含めた関わり合う人）に良い印象をもたれるように，要は「印象操作」「印象形成」するために化粧をするのである。

　2つ目は，化粧をした顔で職場に出勤することは「身だしなみ」だからである。つまり，化粧をして出勤することは「身だしなみを整えること」であり，

化粧してその場面に参加することは，相手に対して敬意を表すことになるからである。

　3つ目は，コミュニケーション手段という観点からである。化粧をした顔で仕事をすることは，対面する相手のストレスを軽減させ（なぜ，この人は化粧をしてないのかという余分な詮索をさせずに済む），逆にいえば，自身の顔に化粧をするという手間をかけることが，場面参加における意欲・参加の意思を示すことになるからである。

　つまり，職場の同僚・上司であれ顧客であれ，その社会的場面に参加して相手と円滑にコミュニケーションをとるための手段の一つとして化粧をするのである。

（4）キャリア形成と化粧の変化──時短意識

　第一印象形成において顔が重要な役割を果たす傾向があることは，すでにトドロフにより指摘されており（Todorov 2017＝2019：286），特に，目は印象形成・信頼関係の構築において大切なのは多くの人が知る事実である。またキャリアを構築していく際に化粧がどのように変化するかについては，本調査から次の2つの特徴が浮き彫りにされた。

　1つ目は，調査の結果をKH Coder 3を用いて分析した結果，化粧の変化として述べられたことは，「目」の化粧に関して使用するアイテムの増加であった。マスカラを使用することで目の印象をアップさせたり等であった。後述するが，最も効率よく目の印象を変化させるためには目の化粧をするのがよく，対面する他者に対して，身だしなみとして化粧していることをアピールできる可能性は高い。

　このことは個人差があると考えるが，調査対象者に化粧の使用アイテムを聞いた際，マスカラをはじめ目の化粧品の使用（アイシャドウ・アイライン含む）を答えたものは，41名（2名は通常業務で化粧をしない）のうち38名（92.7％）というほとんどが目に関する化粧をしていたのだった。このことは，少ない化粧アイテムで最大の効果を生む「時短メイク」であるといえよう。他の項目で

も取り上げたが，女性管理職はあらゆるところに時短意識が強いことが理解できる。

　2つ目は，会社の顔としての化粧に変化したことだった。管理職であることは，企業の顔としての役割も生じてくる。これまでは，一社員・社会人としての身だしなみ程度の化粧をしていても，管理職になってからは会社の特徴によって，化粧・髪型を変えるようになる。それは，以下のA11（製造業〔ヘアケア製品製造販売〕），A19（製造業〔化粧品製造販売〕），B15（小売業衣料品販売・エステサロン経営）たちの発言からもみてとれる。

　　「キャリアを形成することを意識して化粧はしないので。その視点では行為に変化はない。大勢の人の前に出る時，決めたいプレゼンがある時は，念入りに化粧することはある。普段の化粧時間は10分ぐらい，それを15分とか，多少，時間をかける。トレンドを意識。まつげエクステはトレンドを意識してトライしたことはある。今はしていない。TPOによって変える。固い会議や男性が多いと少し控えたり。へたにケバケバしくしない。そうすると，仕事は大丈夫となる。若い子はみんなエクステをしているが，40（歳）を過ぎてやることの恥ずかしさもあった。ちょうど自分の結婚のタイミングでつけてみたらどうかと，店で勧められてやった。エクステをつけるとビューラーやマスカラがなくてもばっちりで，しばらくやっていた。途中でかぶれたのでやめた。」A11

　　「仕事の職種によって変える。化粧だけではなく，髪の色も変える。（研究所で）大学の（非常勤の）先生の秘書的な役割の時は，自分だけ満足するメイクではなくて，落ち着いて信頼されるような，派手じゃないように，気を遣っていた。化粧だけでなく髪の色も。」A19

　　「この人なら信用できるな（と思われるような），きちっとしている印象が，お化粧していると出ると思う。業種が服，エステなので，まったく化粧してない人よりは信頼してもらえる。店長なので，店長らしい雰囲気など何かあると思う。まゆげの形できりっとみせるようにさせる。そういう印象（たれ目，丸顔なので）。貫禄とか，多少気にしている。」B11

　このように役職に就くことで，その会社の職種に合うように化粧も変化していたことが明らかになった。

6　ヘアケアの必要性

（1）時短意識に基づくヘアスタイル

　女性管理職の平均年齢は48.0歳であった。リクルートライフスタイル（2021）によれば，女性が白髪染めを始めた年齢は40代前半（23.4％）と40代後半（23.1％）が最も多かった。この調査結果からも，この年齢層の人が白髪染めを意識していることは明白であろう。女性管理職のヘアケア意識の特徴は，次の2つであった。

　　①　「パーマをかける」を中心にした時短意識。

　　②　自分自身に似合う髪型をする。

　パーマをかけることが，なぜ時短意識になるのか。A5・A16の発言から明らかなように，パーマをかけると出勤前のヘアスタイルにかける時間を短縮することができ，まさに時短につながる。その髪型も長い（ロング）より短い方が楽であり，髪が長いと髪を結べば時間の短縮につながるが，そうでないと時間がかかる。

　調査時点では，どんな髪型かといえば，ロング（そのまま）（2名），ロング（髪をしばる）（2名），ショート（19名），ミディアム（20名）であり，パーマをかけているものは19名（44.2％）であった。

　　　「ずっと同じ（美容師の○○先生についていて，28歳からずっと同じ先生。起きたままいける髪型でお願いしますと（パーマをかける）。時間のプライオリティ。今は座るだけ。時間オリエントなワタシだから（筆者注：時間を効率よく使うことが私の中の中心軸だから）。いろいろ美容院で説明するのは無駄，いつも）。」A5

　　　「こだわりがある。自分に似合うもの。髪，化粧，ファッション，多面さ。美容院も定期的に（1カ月半に1度），髪型も自己表現。朝のセットの

　　時間も大事にしている。自分の見せ方，役職によって変わる。まわりから
　　の安心感，信頼もあるので。キャリアによって髪型も変える。昔は長かっ
　　たけど短くした。時間の短縮，安心感のために。変なところで損をしたく
　　ない。仕事でないところで，マイナスではない。長い髪も時間短縮のため
　　に切った。楽した方がいい。別人。この長さが離れられない。」A16

「髪型は顔の額縁」といわれるように，どのような髪型であるのかによって，
顔の印象は変化する。パーマをかける等の時短意識をもちながら，かつ似合う
髪型をすることで，よりよい印象を形成するのであった。「似合う髪型」とい
うのも，究極的に考えれば，自身をよりよくみせる，かつ，その髪型であるな
らば，毎日ヘアスタイルにかける時間を多くとらなくてもよくなる。

　　　「その時の自分に，どんな髪型が一番似合うのか。昔似合ったものが今
　　　も似合うとは思わないので。」B8
　　　「パーソナルカラー診断，リストの免許をもつ。その時ショートが似合
　　　うとわかったので，20年以上ショート。」B9

　もちろんB8の発言に示されるように，加齢による輪郭の変化等によって似
合う髪型が変わるかもしれないし，その時の流行もあるので，そういう意味で
は，常にどのような髪型をすればよいのかに対して，アンテナを張る必要はあ
るだろう。またB9のように，似合う髪型を診断した結果，ショートヘアが似
合うとわかったら，その髪型を継続するということもあろう。

（2）美容院の役割

　対象者のほとんどは，2カ月に1回ぐらいの頻度で美容院に行き，カット・
パーマ・ヘアカラー等を行っていた。美容院へ行く目的は主に白髪染めで，43
名のうち1名のみ毛染めをしていないが，それ以外は，白髪染め（美容院）が
30名，白髪染め（自宅）が2名，ヘアカラー（黒髪に色を入れるいわゆるおしゃ
れ染め）が5名であった。

　ほとんどが白髪染めを行っており，白髪染めも含め化粧・髪型というビュー
ティケア意識を考えれば，髪型は化粧ほど身だしなみ規範が強く作用するわけ

でない。それはショートヘア・ミディアムヘア・ロングヘア，そして，それぞれに，パーマをかける，ヘアピンで留める，ヘアゴムで縛る等，様々なバリエーションが可能だからである。そのため，その場面に応じて，求められる髪型に容易に変更しやすい。

　髪の色に関しては，髪の色を染めるにしても，いわゆるおしゃれ染めであれば多様なカラーがあるし，また白髪染めであっても同様にバリエーションがある。

　だが何色であるのかということには規範意識が働き，特に仕事上では日本人の基本である「黒髪」を基準として，その色から「離れる」色はどのような染め方であろうと職場では馴染みにくいと考えられる。A2はかつて白髪染めを行った際に明るい色にしたため，職場で注意されたという。

　頭髪の色染めは，化粧のように気軽に気分転換に行うことは難しい。そのため，明るい印象になるように，少しだけ色を変えるように染めるのである。美容院では，ヘアカラーだけでなくトリートメントやヘッドスパを施術してもらい，髪の毛，頭皮のメンテナンスも行っていた。来院した際，ほとんどは美容院で販売しているシャンプー・トリートメントを購入し，自宅でのメンテナンスに使用している。

　このように，女性管理職は，気づきにくいかもしれないが頭髪への関心はかなり高かった。理由は，頭髪は隠すことができないからである。たとえば，帽子を被るという行為は職場内では考えられにくいし，その他，かつらや植毛という手段もあるが，対象者の中にはそのような者はいなかった。あくまで，自身の髪であることが重要であったのである。

7　女性管理職のキャリア形成とビューティケア

　最後に，女性管理職のキャリア形成とビューティケアについて，今後の動向を提言する。

　女性の活躍・活用というかけ声は，1986年に均等法が施行され，建前上であ

れ，女性が雇用の場面で男性と同じように働けるように法律が施行された意義は大きい。

　法律が施行されてから約40年が経ち，女性が社会に出て働くという機運は醸成されていると考えるが，企業において，企業経営・動向に対して発言・進言する機会をもつことができるのは管理職である。そこに，女性が３割以上参入できると，企業における働き方や人員配置等，様々な事柄も変化の兆しがみえてくるだろう。

　そういった女性の管理職に関する研究は様々な分野で蓄積されており，いかにしてキャリア形成をはかるのか，仕事と育児をどのように両立しているのかは多く研究されている。

　だが，その女性管理職自身を考えた際，まず人は顔や全体の雰囲気から，その人自身を想像するだろう。女性の場合は化粧をしており，化粧に関する研究は心理学・社会心理学・歴史学・芸術学等の様々な分野で蓄積されており，社会学の分野でも同様である。そこでは，化粧をすることでどのような印象を形成するのか，どういった心理的変化あるのか，また，どのような化粧アイテムを使用しているのか等の研究が多かったことは，すでに第５章で述べた通りである。それらの研究において調査対象者となったのは，大学生やアンケート調査協力者が多く，どのような仕事をしている人，あるいは，どのようなポジション（職務上の）の人が，どのような化粧をしてどのような意識をもつのかに限定した調査は，ほぼ見受けられない。

　本書で明らかにした企業において課長相当職以上の女性及び個人事業主（個人事業主の妻）の女性のビューティケアについては，筆者が聞き取りする以前に予想していた仮説（フルメイクを時間をかけて行い，かつ，きちんとみえるように化粧をするという意識が高く，その反面，プライベートな生活ではあまり化粧しない）という単純な考えとは，大きく異なるものであった。

　まず化粧時間は10分以内というように相当短く（同世代の女性よりも短い），化粧時間をいかに短縮できるのかという「時短意識」がかなり強かった。そして，この点と同様に多くの管理職たちが心がけていたのは，「身だしなみ意識」

「好印象操作」だった。

　こういった項目は，言い古されたことかもしれないが，管理職につく女性たちの中には，これらの点を日常的に心がけ，また自身のキャリア形成と直接的な関連性はないかもしれないが，それらを心がけながら仕事に邁進していたことが昇進の要因になったのかもしれないと考える者が多くいた。

　本書における調査は，限られた事例の聞き取り調査になるため，このことがすべての人に該当するかどうかは定かでない。今後は，さらに対象とする人を広げ，地域，年代，さらには国際比較をも行うと，管理職女性のビューティケア意識がさらに明らかになるだろう。

　注
　(1)「化粧をすることの意義・意味づけ」も仕事場面とプライベート場面を比較したところ，仕事では「身だしなみ」「スイッチ」「好印象の演出」であり，プライベートでは「身だしなみ」「装いの楽しみ」であった。

あとがき

　本書は，女性のキャリア形成と化粧（ビューティケア）という 2 本の軸で構成し，両軸共に同一の対象者に聞き取り調査をさせていただいた結果をまとめたものである。調査対象者の方には，なぜ管理職と化粧なのかと聞かれたが，理由は明確であり，マスメディア等が提示する女性管理職向けの化粧（目元には，茶色系のアイシャドウを塗り，アイラインを引いて目元をキリッとさせ，唇には，深みの強い赤色の口紅を塗る）と，実際筆者が仕事上で会う女性管理職の化粧とのギャップを日々感じていたからだ。簡単にいえば，マスメディアが提示する化粧をしている女性管理職に，お目にかかることがほとんどなかったというのが大きな理由である。

　実際に管理職の方とお会いすると，調査結果にも表れているが，ほとんどの方は化粧をするということに対して，それほど重視しているわけではなく，みだしなみとして（いやいや？）化粧をしていた。要はバッチリメイクをするというよりも，ほとんど素顔であろうと思えるような化粧をしていたことである。

　また，なぜ，これまで女性労働について研究を重ねていた筆者が，突然，化粧の研究なのかということも問われたが，化粧に関する研究は実は約30年前の院生時代にジェンダー規範と絡めて研究していた。

　修士論文や博士論文を作成する段階になり，（当時）の指導教官や院生時代の仲間たちと色々議論を重ねるうちに，化粧に関する研究だけでは論文を書くことができないと思い込み（実際は執筆可能），わずかばかりの研究論文を蓄積していたものの，そのままその研究を置き去りにし，その状況に対してうしろ髪を引かれながらも，現在まで化粧以外の研究（主に女性労働）に精を出していた。その化粧研究は，修士論文での主な指導者であり，博士論文でも副査として指導していただいた丸木恵祐先生（アービング・ゴッフマンの『集まりの構

造』の訳者）が提示する対面的相互行為に関する理論を用いた研究だった。

　丸木恵祐先生と当時の大学院生とのゼミの中の一番の思い出は，ゼミでの議論の中で，筆者自身の主軸となる考え方に大きく影響したフレーズがあることだった。

　一般的にいえば，年齢の若い頃は，「本当の自分」や「自分探し」の旅に出ることが多々あろう。ある日のゼミにおいて，某院生が「本当の自分（真の自己）はあるのか」という質問に対して，丸木恵祐先生は，タマネギの皮を自身の役割に置き換えて詳細な説明をしてくださった。私たち人間は，社会の中で様々な（公的・私的な）役割を演じているが，タマネギの皮（自身の役割）を剥いでも，その芯の部分には何もない。つまり社会の中で，課せられる役割はその人の一部であり，その重なりがその人自身になる。つまり，本当の自分は「ない」のであり，演じる役割すべてが自分自身なのだということをニコニコしながら話されたことを鮮明に覚えている。

　年齢の若い頃は，自分自身はこうあるべきだ，それは本当の自分の姿ではない等，自身が理想とする自己像と少しでも異なることを他者から指摘されると，それは本当の自身の姿ではないと思うことが多いだろう。

　ここで紹介した丸木ゼミでの議論はそういった考えを一掃でき，今でも私自身の座右の銘の一つとして意識していることである。

　筆者自身は，当時，大学院博士課程を修了後，小中学生を対象とする学習塾に勤務していた。ある日，大学院時代の先輩から丸木先生の訃報を聞いた。あまりにも突然のことであったため，最後のお別れをすることができなかった。そのため，ご自宅に伺い，お参りさせていただいた。

　あれから，どれくらいの日々が過ぎたであろうか。

　本書の化粧に関する研究は，ある意味，置き去りした研究を，これまで蓄積した女性労働の研究と組み合わせた，そして，お世話になったお礼の言葉を述べることができなかった丸木恵祐先生からの学びに基づく，筆者自身のこれまでの積み重ねによる研究である。

　考察する軸が２つあるが，その２つをリンクさせた研究に協力してくださっ

た女性管理職の方には，お忙しいなか，時間を工面して調査に協力していただき，心から感謝の意を表する。また，聞き取り内容のデータ化をお手伝いいただいた高井智代先生（博士〔工学〕）には，有益なアドバイスを多くいただいた。

　本書の構想から出版までは，かなり長い年月を要した。ミネルヴァ書房の音田潔さんには，本書の構想段階から的確なアドバイスや提案をいだいた。音田さんとは『女性学入門』（杉本貴代栄編著）の共同執筆時から，お世話になっており，すでに10年以上の月日が経過している。音田さんのアドバイス・執筆内容の整理等がなかったら，本書の発行はかなり難航していたと思う。なお，本書の責任はすべて筆者にある。

　先に紹介した丸木恵祐先生と同様に，大学院時代からお世話になり，今もお世話になっている杉本貴代栄先生（元・金城学院大学教授），西下彰俊先生（東京経済大学教授）にも，励ましの言葉をいただいた。そして，執筆時間が限られるなか，子どもの面倒をみてもらった両親，家族の支援にも心から感謝する。

　2022年10月

「仕事人」の存在を心に刻み続けて40年
木の香りが漂う名古屋にて

乙部由子

巻末資料

巻末資料はすべて第6・7章に関連するものであり，すべて筆
者作成である。

資料 1　調査対象者の属性

	企業名	年代	学歴	配偶関係	職歴・職場歴	管理職・事業主になった時期	区分	キャリア形成過程	職場状況・仕事について・事業立ち上げの背景
A1	製造業	30代	大卒	未婚	初職	30代後半	1	社員→主任→係長→課長代理（技術職）	23歳で入社。初めは本社に勤務。技術系は本社に1年籍をおく。 25歳からN支店へ。30代で主任を4年。その後，係長を2年。 38歳で課長代理から現在。「技術士」資格取得が昇進に有意に働いた。
A2	製造業	30代	大卒	既婚子あり	初職	30代後半	1	社員→係長→人事→課長代理（技術職）	22歳で入社。設計部門に配属後，係長へ昇進。38歳で課長代理。39歳から，人材開発部門へ。 結婚後，義理の両親と同居しているため，子どもの世話を頼めたため，出産前と同様に勤務できた（23時頃までの残業も可）。 主に，男性社員は現場，女性社員は設計部門に配属される。
A3	製造業	40代	短大卒	未婚	初職	40代前半	2	社員→主任→係長→課長代理→○○管理室→課長（一般職）	20歳で入社。経理課に配属。30歳で主任，33歳で係長，40歳で課長代理，その後，課長へ。 45歳で○○管理室へ異動。職務内容は文書管理・ファイリング・会議資料の作成である。
A4	製造業	40代	短大卒	既婚子あり	初職	40代後半	2	社員（秘書）→○○品質保証部→コース転換→係長→○○企画室→課長代理→課長（一般職→総合職）	20歳で入社。役員秘書で，役員のスケジュール管理が仕事である。 ○○品質保証部へ異動後，総合職にコース転換。理由の一つは，定型業務をやるのが嫌だったから（アシスタント）。○○企画室へ異動後，課長に。その後，女性活躍推進事業部の立ち上げに関わる。
A5	製造業	50代	大卒	既婚子あり	初職	40代後半	2	社員→秘書（英語翻訳）→	22歳で入社。均等法施行前で総合職のない時代だった。秘書課で技術翻訳・通訳の仕事

								コース転換→係長→○○技術部→課長（一般職→総合職）	を行う。コース転換制度ができたので総合職に転換し，その後，○○技術部へ。係長に昇進し，課長に。○○技術部では，取扱い説明書，メンテナンスマニュアルの作成等を行った。
A6	製造業	50代	院卒	未婚	初職	40代後半	1	社員→○○技術部→係長→○○技術部→課長→○○技術部→室長（技術職）	（大学院卒業後）24歳で入社。均等法施行後の3期生。初の大学院卒女性の入社であった。○○技術部に配属。33歳で係長，45歳で課長，51歳で室長。
A7	製造業	40代	院卒	既婚子あり	初職	30代後半	1	社員→○○開発部→係長→基礎研究所→課長→部長（技術職）	（大学院卒業後）24歳で入社。○○開発部に配属後，38歳から基礎研究所へ。37歳で係長。43歳で課長。47歳から部長。
A8	製造業	40代	院卒	既婚子あり	初職	40代後半	1	社員→○○事業部→主任→半導体事業部→経理課→人事課→課長（技術職）	（大学院卒業後）24歳で入社。○○事業部に配属。35歳で主任。半導体事業部。40歳で経理課と財務課へ。44歳で人事課へ。人事企画，人事制度，ダイバーシティ関係の職務。ダイバーシティ推進プロジェクトの立ち上げにより異動。
A9	製造業	40代	大卒	未婚	初職	40代前半	1	社員→主任→課長代理（技術職）	23歳で入社。技術開発本部に配属。1日中，分析をする職務。35歳で主任。41歳で課長代理相当，副主幹となる。
A10	製造業	50代	大卒	未婚	初職	20代後半	1	社員→海外勤務→部長→取締役（総合職）	22歳で大学卒業後，1年間中国へ留学した後，入社。26歳の時，子会社の貿易部門の新規立ち上げ（中国進出）を1人で担当。29歳で子会社の営業部長に。36歳でN社本社海外事業部部長になり，欧州アジア向けにさらに国際事業を展開。44歳でN社取締役海外事業部

								長になり，海外事業全体の統括責任者。
A11	製造業	40代	大卒	既婚子なし	初職	40代前半	1	社員→コンシューマー事業本部→係長→人事部→企画部→課長代理→課長（総合職）	22歳で入社。コンシューマー事業本部に配属。11年間営業職。本社へ異動。その後，人事部・人材開発課を5年。企画管理部へ。採用（新卒，中途）全般の企画運営，全社員教育プランの企画運営。
A12	製造業	30代	大卒	既婚子なし	初職	30代前半	1	社員→人事課→係長→課長（総合職）	22歳で入社。人事部へ。職務内容は，企画担当で福利厚生の一つとして社内イベント（社内を活性化させるために）の企業スポーツや従業員のワークライフバランスを保てるような施策を担当。その後，新卒，高卒，大卒，院卒の採用担当に異動。30歳で係長昇進後，課長に。
A13	製造業	50代	短大卒	既婚子なし	初職	30代後半	2	社員→コース転換→異動→係長→課長代理→課長→部長→役員（一般職→総合職）	20歳で入社。総合職に転換し，36歳で関連会社へ異動。異動後，係長・課長代理・グループリーダー（部門長）を経て50歳で役員。
A14	製造業	40代	院卒	既婚子なし	転職（雇用者）	40代前半	3	社員→転職→○○事業部→係長→課長（総合職）	（大学院卒業後）24歳で入社。システム関連・IT関連の仕事を3年間。その後，経営戦略関連の仕事を3年。33歳で転職。○○事業部に配属。職務内容は，製品開発プロセスにおける業務課題の改善活動等。37歳で係長に昇進後，42歳で課長に。
A15	製造業	30代	大卒	既婚子あり	転職（雇用者）	30代後半	3	社員→転職→○○事業部→係長→課長（技術職）	22歳で入社。この会社とは異なる会社で4年間勤務。26歳で結婚。妊娠の報告後，子育てとの両立は難しいと言われ，退職。子どもが0歳の時に離婚。家族構成上，転勤は難し

									いため，転勤がないこの会社へ転職。○○事業部へ配属。係長に昇進後，課長に。職務内容は，大企業が使う，統合パッケージソフト（ものを売ったり買ったり作ったりしたものがそのまま会計のデータとして流れてくるソフト）の保守・メンテナンス。
A16	製造業	30代	大卒	既婚子あり	転職（雇用者）	30代後半	3	社員→人事課→商品開発課→転職→人事課→転職→係長→人事課→課長（総合職）	22歳で入社。この会社とは異なる会社で7年間勤務。人事課配属後，商品開発課へ。退職後，別の会社へ。人事課を経験後，退職。その後，この会社へ転職。人事課へ。係長昇進後，これまでの人事課経験に基づく職務能力の高さを買われて課長に。
A17	製造業	40代	大卒	未婚	転職（雇用者）	40代前半	3	社員→転職→非正規→転職→係長→課長（技術職）	22歳で入社。この会社とは異なる会社に入社後，会社への不信感から1年で退職。アルバイトや派遣社員として働く。その後，世界的に有名なソフトを開発しているこの会社で働きたいと思い，35歳で入社。その後，係長を経て，課長に。
A18	製造業	40代	大卒	既婚子あり	初職	40代前半	1	社員→開発技術部→コース転換→人事課→係長→課長（総合職）	22歳で入社。開発技術部へ。分析・測定のスタッフで定型業務を担当。27歳で結婚。総合職に転換後，31歳から33歳から約1.5年育休を取得。38歳で人事課へ。人材開発や従業員の教育を行う。40歳で課長に。
A19	製造業	30代	大卒	既婚子なし	初職	30代前半	2	社員→企画部→出向→秘書課→企画室→係長→研究所→課長（一般職）	22歳で入社。企画部に配属後，新規事業部の立ち上げのために関連会社に出向。そこで10年勤務。関連会社は，幹細胞の研究を行い，大学の先生と研究開発を進める。会社の運営，大学の先生のフォロー等が職務であった。その後，経営企画室で半年勤務後，係長に昇進。研究所への配属後，主任研究員を経て課長に。
A20	製造業	40代	院卒	既婚子あ	転職（雇用者）	40代前半	1	社員→研究技術開発	28歳で入社。研究技術開発課へ配属。29歳で（社内）結婚。

								キャリア経路	
				り				発課→出向→研究技術開発課→係長→課長（技術職）	30歳で第1子，34歳で第2子を出産。30歳で新規事業部の立ち上げのために関連会社へ出向。理由は，会社の同じ建屋に夫婦がいられないという規則？からである。出向した会社は，新規事業に特化した会社。36歳で再び研究技術開発課へ。主任研究員（係長相当）。その後，課長に。
B1	小売業	30代	大卒	既婚子あり	転職（雇用者）	30代後半	3	社員→企画課→転職→係長→営業本部→課長（一般職）	22歳で入社。この会社とは異なる会社で10年間勤務。31歳でここへ転職。理由は，当時，東京で働いており，東日本大震災を経験。何かあった時，家族の側にいたいと思い，転職活動後，この会社へ。営業本部営業推進グループ営業企画チームに配属。職務内容は，営業関連の企画業務等。係長を経て課長に。
B2	小売業	40代	専門卒	既婚子あり	転職（雇用者）	40代前半	3	社員→法律事務所→転職→○○営業本部→係長→課長（一般職）	専門学校を出てから，法律事務所の総務課で2年勤務。転職してこの会社に。係長を経て課長に。
B3	小売業	50代	大卒	既婚子あり	初職	40代後半	1	社員→営業部→婦人○○売り場→係長→ベビー・子ども服売り場→教育研修部（課長）（総合職）	22歳で入社。社内で初めて育児休業を取得。20年以上営業部に所属。その後，教育研修部に異動。職務は，入社時，婦人ブラウス売り場に配属。翌年に結婚。その後，妊娠出産を経験。子どもを3人出産したため，産休・育休・復帰を繰り返した。育児経験を活かして，社内資格のママコンサルタントを取得。ベビー・子ども服売り場へ配属。
B4	小売業	50代	専門卒	既婚子あり	転職（個人事業主）	30代前半	4	社員→子ども服・企画・デザイン室→出産退職→個人	高校卒業後，服飾系の専門学校を卒業し，服飾メーカーに20歳で入社。子ども服の企画，デザインの業務。2年間勤務後，結婚，出産後退職。長女出産後，娘が保育園に行くま

								事業主	では専業主婦。夫は小売業（ケーキ屋）のため，夫婦で起業。
B5	小売業	40代	短大卒	既婚子あり	初職	30代後半	2	社員→経理課→係長→課長（一般職）	20歳で入社。経理課配属。最初の業務は，請求書の記入。23歳から水回り（システムキッチン・バス・トイレ等）の手配であり，現在までその業務。31歳で結婚後，妊娠・出産・育休を経て復帰（子ども2人）。会社の営業管轄の変更があり，東京への出張を求められるようになった。当時，子どもが小さいため，その仕事を断っていた。だが，その頃，自分の家を建てて自分の母と同居することになり，家のことを母に任せられるようになったので東京出張も可能になった。係長から課長へ昇進。
B6	小売業	80代	高卒	未婚	転職（雇用者）	30代前半	3	社員→経理課→転職・経理・営業→役員	高校卒業後，輸送関係の会社に入社。そこでは会計事務を担当。当時，都会で働くことに憧れ，N市にある会社へ転職。前の会社では経理課にいたため，経理課に配属。その後，営業に配属され，（商品である宝石の売り上げが常にトップクラスであったため）役員に昇進。
B7	小売業	60代	高卒	既婚子あり	転職（雇用者）	40代前半	3	社員→百貨店販売員→転職→商品製造業→結婚・出産・退職→再就職・営業販売→係長→課長（一般職）	高校卒業後，百貨店で勤務。勤務時間が遅番の場合，帰宅時間が遅くなるため，食品製造業へ転職。20歳で結婚。21・23・28歳で出産。専業主婦を経て，この会社へ再就職。営業販売課で係長に昇進。その後，課長に。定年退職後も再雇用。
B8	小売業	60代	大卒	既婚子あり	転職（雇用者）	60代前半	3	小学校教員→定年退職→転職→営業販売→課	22歳で公立の小学校教員として勤務。定年退職後は，これまでと異なる仕事がしたくて，この会社に入社。販売の仕事（かばん）である。これまで

								長 代 理（一般職）。	のキャリアを考慮して，課長代理に昇進。
B9	小売業	50代	専門卒	既婚子なし	転職（個人事業主）	50代前半	4	歯科衛生士→歯医者勤務→結婚→転職→個人事業主	20歳で歯科医院に歯科衛生士として勤務。25歳で結婚。夫は歯科技工士。歯科技工士での開業よりも別の事業で起業しようということで，この仕事（小売り）を選択。
B10	小売業	30代	専門卒	既婚子あり	転職（個人事業主）	20代後半	4	社員→経理課→退職→留学→結婚→転職→個人事業主	20歳で入社。経理課で経理の仕事。退職して留学。結婚後，父の職場を間借りして，自分の仕事を始める（アクセサリー販売）。
B11	小売業	40代	高卒	既婚子なし	転職（個人事業主）	30代後半	4	社員→営業→転職→衣料品メーカー営業→結婚・離婚・退職→留学→個人事業主	高校卒業後，フリーター期間を経て，21歳で服飾メーカーに就職。23歳で同じく服飾メーカーに転職。営業アシスタントとして，11年間勤務。27歳で結婚して34歳で離婚。離婚と同時に退職し，韓国へ留学。37歳で個人事業主として，エステサロンを開業。43歳でエステサロンと衣料品を交えたインポートセレクトショップを開業。
C1	医療福祉	70代	院卒	既婚子なし	転職（個人事業主）	60代後半	4	社員→退職→社会人入学（大学，大学院）→起業→個人事業主	高校卒業後，銀行に勤務。結婚退職後，専業主婦。社会人入学で大学，大学院入学，卒業。その後，自身の介護経験を活かし起業。
C2	医療福祉	40代	専門卒	既婚子あり	転職（個人事業主）	40代前半	4	看護師→病院勤務→退職→結婚・出産→復帰→訪問看護→個人事業主	21歳で看護師として病院勤務。結婚退職。その後，パートで病院勤務・訪問介護を行う。夫の事業拡大に伴い，これまでの経験を活かして訪問介護事業を立ち上げる。
C3	医療福祉	50代	専門卒	既婚子あり	転職（雇用者）	40代後半	3	看護師→病院勤務→退職→結婚・出産→復帰	21歳で看護師として病院勤務。24歳で結婚。その後パート看護師。39歳でこの会社に入社。入社のきっかけは，ケアマネジャーの試験を受けて合格し

								キャリア	説明
								→ 介 護（ケアマネジャー資格）→パートから正規へ（専門職）	たため。現在の職場（生協）は43歳から勤務。初めは，パートで週2〜3日勤務。フルタイム勤務は，下の子どもが高校3年生になってからである。48歳から正規雇用。
C4	医療福祉	50代	大卒	既婚子あり	転職（雇用者）	40代後半	3	保育士・結婚・出産→退職→ヘルパー資格→訪問介護→事業責任者（専門職）	22歳で保育園の保育士として勤務。結婚，出産後，退職。半年後，今後の社会を考え，ヘルパーの資格を取得後，介護の仕事を開始。初めは，パート勤務であったが，社会福祉士の資格を取得後，正規雇用に。現在は，訪問介護の仕事と事務所の管理者として働く。
C5	医療福祉	40代	専門卒	既婚子あり	転職（雇用者）	30代後半	3	歯科衛生士 → 結婚・出産→専業主婦→離婚→介護→施設長（課長）	20歳で歯科医院で歯科衛生士として勤務。23歳で結婚。出産後，退職し，15年間専業主婦。離婚後，ここに再就職。介護職で入った。社長に教えてもらいながら仕事を覚えた。初めての女性管理職となる。
C6	医療福祉	60代	大卒	既婚子あり	転職（個人事業主）	40代後半	3	保育士→保育園勤務→退職→結婚・出産→起業→家事代行→無認可保育園→障害児デイサービス→個人事業主	22歳で保育園の保育士として勤務。40歳まで継続。家事代行の会社を立ち上げ10年間継続。さらに，無認可保育園を立ち上げた。続けて障害児のデイサービス事業を立ち上げた。
C7	医療福祉	50代	大卒	未婚	転職（雇用者）	30代後半	1	社員→退職→大学編入→介護関係の資格取得→児童養護施設→サービス提供責任者（専門	20歳で旅行会社に就職し，退職後，大学に編入。社会福祉士の資格を取得後，この会社に就職。仕事内容は，デイサービス利用者の学校への送迎。人手不足の際は，自身もヘルパーとして入る。

239

								（...職）	
C8	医療福祉	40代	大卒	既婚子あり	転職（雇用者）	40代前半	3	保育士→保育園勤務→退職→転職→障害児デイサービス→責任者（専門職）	20歳で保育園の保育士として勤務。最初に働いたのが障害児の施設だった。その時は，臨時職員だったが，正規で働きたいため，現在の職場に就職。
C9	医療福祉	40代	大卒	既婚子あり	転職（雇用者）	30代後半	3	社員→転職→幼児教育講師→結婚・退職→保育園（専門職）	学校卒業後，会社の事務職として3年間勤務。次に，幼児教育の右脳開発教室の講師を8年経験。28歳で結婚し退職。この会社には31歳で就職。
C10	医療福祉	40代	高卒	未婚	転職（雇用者）	40代前半	3	社員→飲食店→転職→障害児デイサービス（専門職）	高校卒業後，飲食店で勤務。この会社へは，25歳で入社し，退職。その後，復職。現在は事業所の管理者。
C11	医療福祉	50代	短大卒	既婚子あり	転職（雇用者）	40代後半	3	保育士→保育園勤務→結婚・退職→社会福祉士→施設責任者（専門職）	20歳で知的障害のある子どもの施設で保育士として勤務。結婚，出産後，退職。2000年の介護保険開始をきっかけに復帰。○○区の社会福祉協議会のデイサービスのパートとして2年半勤務。そこの採用試験を受けたところ，所属が△△区になって現在に至る。
C12	医療福祉	40代	院卒	既婚子あり	初職	30代後半	2	社会福祉士（専門職）	大学院を卒業後，事務職として入社したが，社会福祉士の資格を取得しているため，介護現場で働く。

注：(1) 区分とは，(3) のキャリア形成過程における区分のことである。
　　(2) キャリア形成過程における部署名において，企業名が推測されやすいものは○○と表記した。
出所：筆者作成。

資料2　共起ネットワーク（管理職への昇進要因）

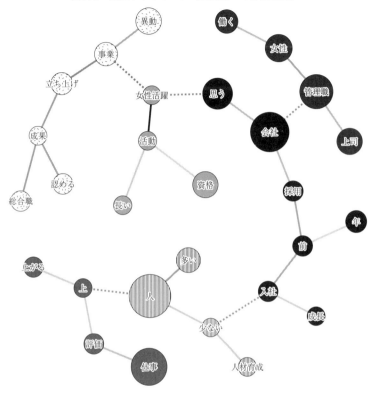

比較的強く結び付いている部分
→「コミュニティ」と呼ぶ

▣ 01　▦ 02　▨ 03　▥ 04
■ 05　■ 06

頻出語のつながりが強いとバブル
をつなぐ線の色が濃くなる
＊最小スパニング・ツリーで作成

頻出語の出現頻度が多いとバブルが大きくなる

5　　10　　15　　20　　25

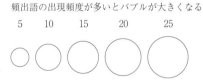

資料3　共起ネットワーク（仕事上のつながり）

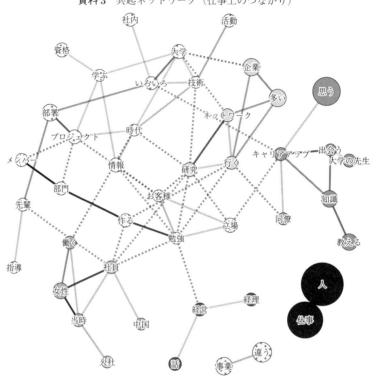

資料4　共起ネットワーク（プライベート上のつながり）

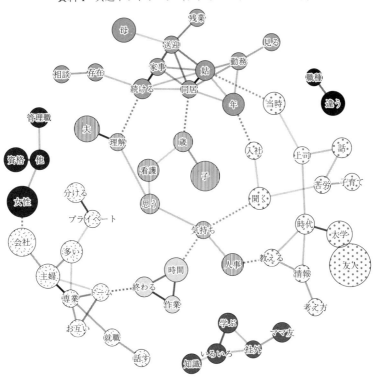

比較的強く結び付いている部分
→「コミュニティ」と呼ぶ

▦ 01　▦ 02　▦ 03　▦ 04
■ 05　■ 06　■ 07　□ 08

頻出語のつながりが強いとバブル
をつなぐ線の色が濃くなる

頻出語の出現頻度が多いとバブルが大きくなる

5　　10　　15

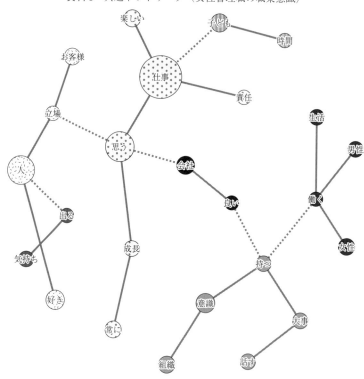

資料5　共起ネットワーク（女性管理職の職業意識）

比較的強く結び付いている部分
→「コミュニティ」と呼ぶ

⬚ 01　⬚ 02　⬛ 03　▥ 04
⬛ 05　⬛ 06　⬛ 07

頻出語のつながりが強いとバブル
をつなぐ線の色が濃くなる
＊最小スパニング・ツリーで作成

頻出語の出現頻度が多いとバブルが大きくなる

10　　20　　30　　40

資料6 共起ネットワーク（「製造業」における女性管理職の昇進要因）

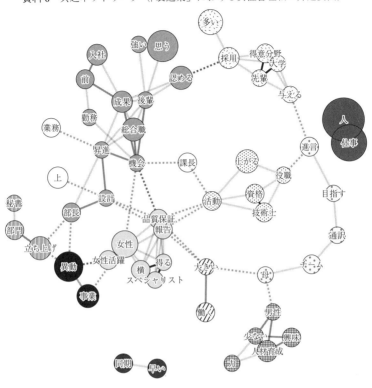

比較的強く結び付いている部分
→「コミュニティ」と呼ぶ

01　02　03　04
05　06　07　08
09　10　11

頻出語のつながりが強いとバブル
をつなぐ線の色が濃くなる

頻出語の出現頻度が多いとバブルが大きくなる

5　　10　　15　　20

資料7　共起ネットワーク（「卸売業，小売業」における女性管理職の昇進要因）

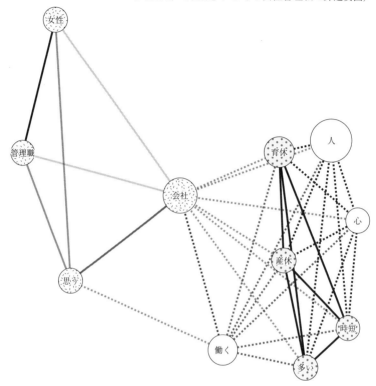

比較的強く結び付いている部分
→「コミュニティ」と呼ぶ

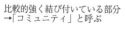 01　　02

頻出語のつながりが強いとバブル
をつなぐ線の色が濃くなる

頻出語の出現頻度が多いとバブルが大きくなる

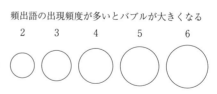

2　　　3　　　4　　　5　　　6

資料 8　共起ネットワーク（「医療，福祉業」における女性管理職の昇進要因）

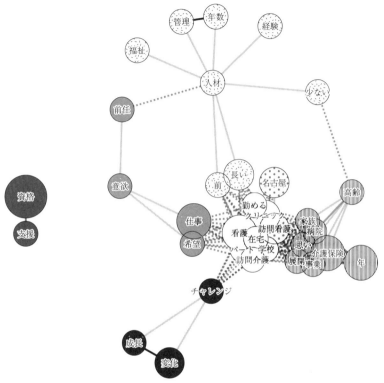

比較的強く結び付いている部分
→「コミュニティ」と呼ぶ

頻出語の出現頻度が多いとバブルが大きくなる

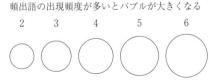

⊡ 01　⊞ 02　▨ 03　▥ 04
▩ 05　■ 06

頻出語のつながりが強いとバブル
をつなぐ線の色が濃くなる
＊最小スパニング・ツリーで作成

資料9 共起ネットワーク（「製造業」における仕事上のつながり・ネットワーク）

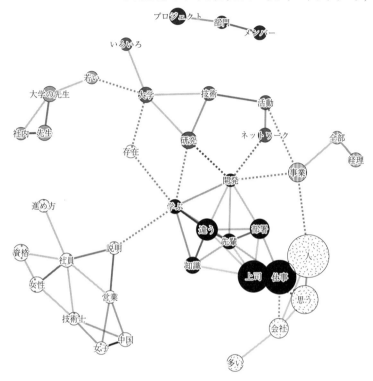

比較的強く結び付いている部分
→「コミュニティ」と呼ぶ

[⬚] 01 [⬚] 02 [▨] 03 [▥] 04
[■] 05 [■] 06 [■] 07

頻出語のつながりが強いとバブル
をつなぐ線の色が濃くなる

頻出語の出現頻度が多いとバブルが大きくなる

10　　20　　30　　40

資料 10　共起ネットワーク（「卸売業，小売業」における仕事上のつながり・ネットワーク）

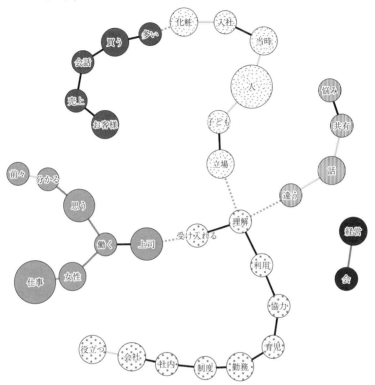

比較的強く結び付いている部分
→「コミュニティ」と呼ぶ

▢ 01　▦ 02　▮ 03　▥ 04
▮ 05　▮ 06

頻出語のつながりが強いとバブル
をつなぐ線の色が濃くなる
＊最小スパニング・ツリーで作成

頻出語の出現頻度が多いとバブルが大きくなる

2　　3　　4　　5　　6　　7

資料 11　共起ネットワーク（「医療，福祉業」における仕事上のつながり・ネットワーク）

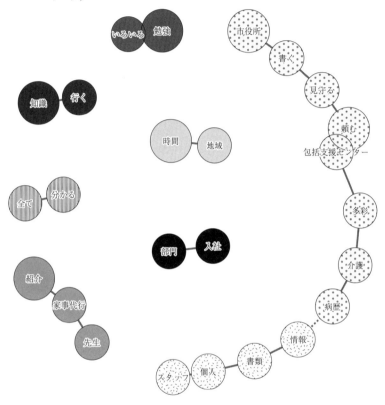

比較的強く結び付いている部分
→「コミュニティ」と呼ぶ

☐ 01　☐ 02　■ 03　▥ 04
■ 05　■ 06　■ 07　☐ 08

頻出語のつながりが強いとバブル
をつなぐ線の色が濃くなる
＊最小スパニング・ツリーで作成

頻出語の出現頻度が多いとバブルが大きくなる

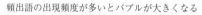

2.00　　2.25　　2.50　　2.75　　3.00

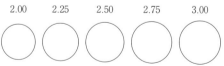

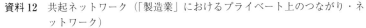

資料 12　共起ネットワーク（「製造業」におけるプライベート上のつながり・ネットワーク）

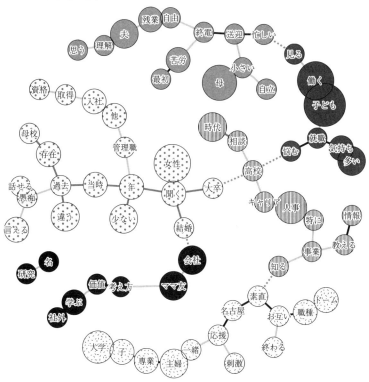

比較的強く結び付いている部分
→「コミュニティ」と呼ぶ

▦ 01　▨ 02　▤ 03　▥ 04
■ 05　■ 06　■ 07

頻出語のつながりが強いとバブル
をつなぐ線の色が濃くなる
＊最小スパニング・ツリーで作成

頻出語の出現頻度が多いとバブルが大きくなる

2　　4　　6　　8

資料13 共起ネットワーク（「卸売業，小売業」におけるプライベート上のつなが
り・ネットワーク）

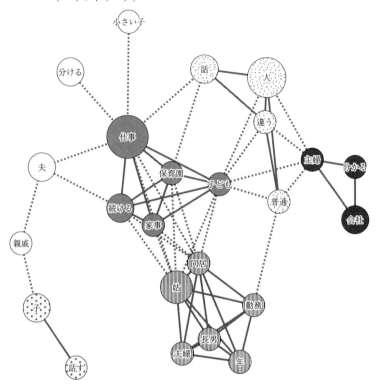

比較的強く結び付いている部分
→「コミュニティ」と呼ぶ

頻出語の出現頻度が多いとバブルが大きくなる

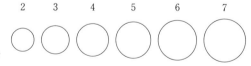

:: 01　:: 02　■ 03　|||| 04
■ 05

頻出語のつながりが強いとバブル
をつなぐ線の色が濃くなる

資料 14　共起ネットワーク（「医療，福祉業」におけるプライベート上のつなが
　　　　　り・ネットワーク）

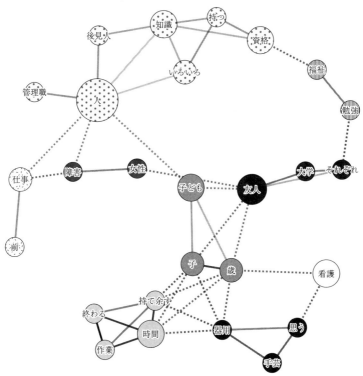

比較的強く結び付いている部分
→「コミュニティ」と呼ぶ

▦ 01　⬚ 02　▨ 03　▥ 04
◼ 05　◼ 06　◼ 07　◻ 08

頻出語のつながりが強いとバブル
をつなぐ線の色が濃くなる

頻出語の出現頻度が多いとバブルが大きくなる

2　　4　　6　　8　　10

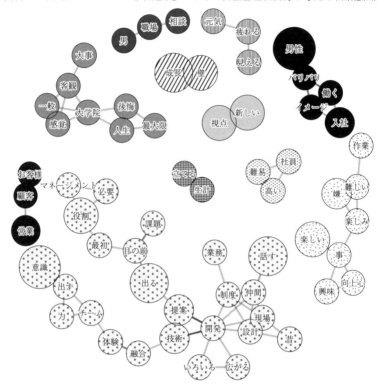

比較的強く結び付いている部分
→「コミュニティ」と呼ぶ

▨ 01　▨ 02　■ 03　▥ 04
■ 05　■ 06　■ 07　▥ 08
◩ 09　▦ 10　▦ 11

頻出語のつながりが強いとバブル
をつなぐ線の色が濃くなる

頻出語の出現頻度が多いとバブルが大きくなる

2　　3　　4　　5　　6

資料16 共起ネットワーク（「卸売業，小売業」における女性管理職自身が考える職業意識）

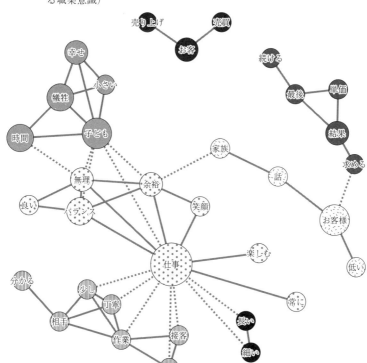

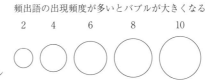

資料17 共起ネットワーク（「医療，福祉業」における女性管理職の職業意識）

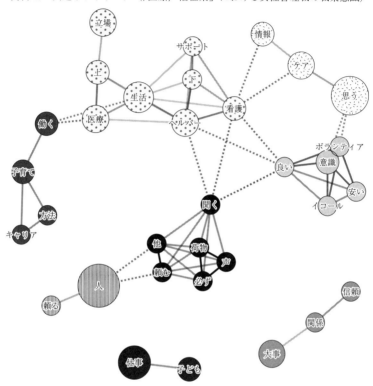

比較的強く結び付いている部分
→「コミュニティ」と呼ぶ

◌ 01　◌ 02　■ 03　▥ 04
■ 05　■ 06　■ 07　□ 08

頻出語のつながりが強いとバブル
をつなぐ線の色が濃くなる

頻出語の出現頻度が多いとバブルが大きくなる

2　　4　　6　　8　　10

資料18　共起ネットワーク（仕事における化粧の必要性）

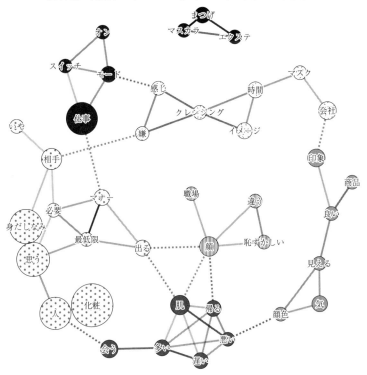

比較的強く結び付いている部分
→「コミュニティ」と呼ぶ

頻出語のつながりが強いとバブル
をつなぐ線の色が濃くなる

頻出語の出現頻度が多いとバブルが大きくなる

資料 19　共起ネットワーク（仕事における化粧の留意点）

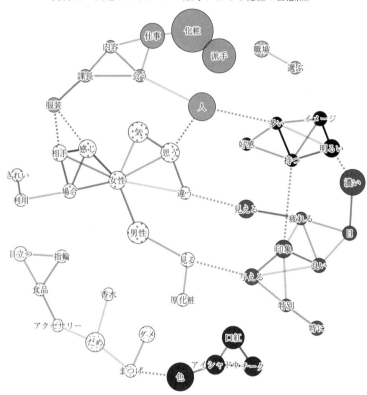

比較的強く結び付いている部分
→「コミュニティ」と呼ぶ

:·: 01　:·: 02　■ 03　▥ 04
■ 05　■ 06　■ 07

頻出語のつながりが強いとバブル
をつなぐ線の色が濃くなる

頻出語の出現頻度が多いとバブルが大きくなる
10　　　20　　　30

資料 20　共起ネットワーク（仕事上の化粧をする意義）

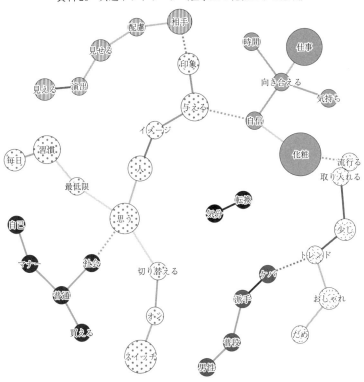

比較的強く結び付いている部分
→「コミュニティ」と呼ぶ

:::01　:::02　▦03　▥04
■05　■06　■07

頻出語のつながりが強いとバブル
をつなぐ線の色が濃くなる
＊最小スパニング・ツリーで作成

頻出語の出現頻度が多いとバブルが大きくなる

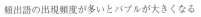

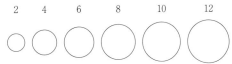

資料21 共起ネットワーク（キャリア構築における化粧の変化）

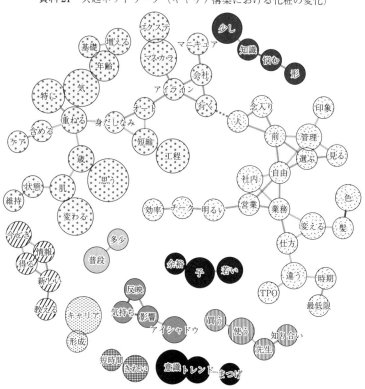

比較的強く結び付いている部分
→「コミュニティ」と呼ぶ

▱ 01 ▫ 02 ▨ 03 ▥ 04
■ 05 ▦ 06 ■ 07 ▨ 08
▨ 09 ▨ 10 ▦ 11

頻出語のつながりが強いとバブル
をつなぐ線の色が濃くなる

頻出語の出現頻度が多いとバブルが大きくなる

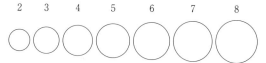

2　　3　　4　　5　　6　　7　　8

資料22　共起ネットワーク（プライベートの化粧の理由①）

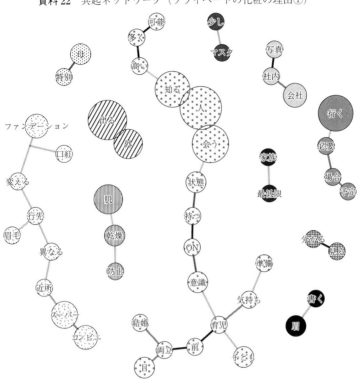

比較的強く結び付いている部分
→「コミュニティ」と呼ぶ

▦ 01　▦ 02　▦ 03　▦ 04
▦ 05　▦ 06　▦ 07　▦ 08
▦ 09　▦ 10　▦ 11

頻出語のつながりが強いとバブル
をつなぐ線の色が濃くなる
＊最小スパニング・ツリーで作成

頻出語の出現頻度が多いとバブルが大きくなる

2.5　　5.0　　7.5　　10.0　　12.5

資料 23　共起ネットワーク（プライベートな場面で化粧をする意義）

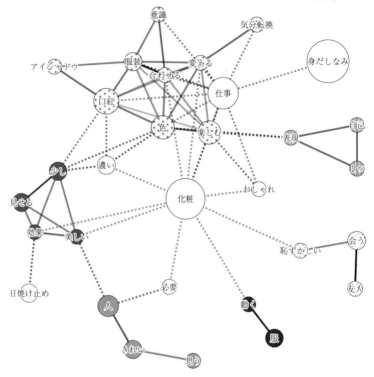

比較的強く結び付いている部分
→「コミュニティ」と呼ぶ

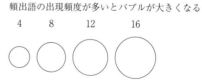

頻出語のつながりが強いとバブル
をつなぐ線の色が濃くなる

頻出語の出現頻度が多いとバブルが大きくなる

4　　　8　　　12　　　16

資料 24　共起ネットワーク（髪型に関する考え）

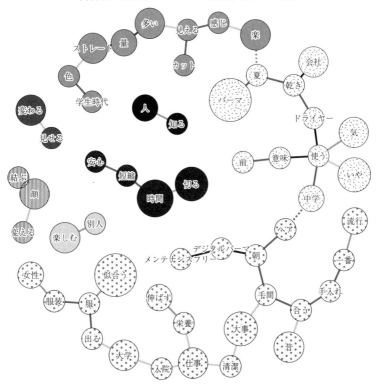

比較的強く結び付いている部分
→「コミュニティ」と呼ぶ

01　02　03　04
05　06　07　08

頻出語のつながりが強いとバブル
をつなぐ線の色が濃くなる
＊最小スパニング・ツリーで作成

頻出語の出現頻度が多いとバブルが大きくなる

2　　3　　4　　5　　6　　7　　8

資料25　共起ネットワーク（ヘアカラーについての考え）

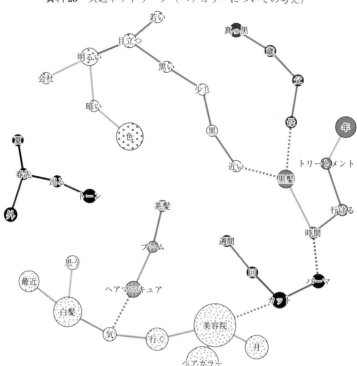

比較的強く結び付いている部分
→「コミュニティ」と呼ぶ

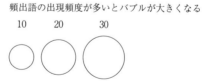

頻出語のつながりが強いとバブル
をつなぐ線の色が濃くなる
＊最小スパニング・ツリーで作成

頻出語の出現頻度が多いとバブルが大きくなる

10　　20　　30

資料26　共起ネットワーク（ヘアケア）

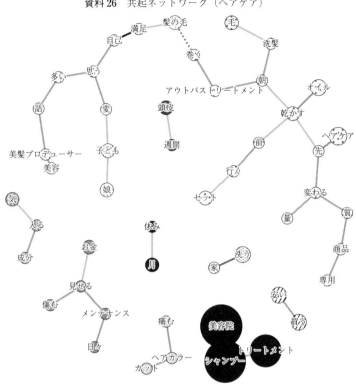

頻出語の出現頻度が多いとバブルが大きくなる

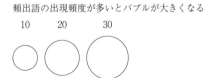

参考文献

青木英夫（1979）『西洋化粧文化史』源流社。

青山悦子（2015）「『成長戦略』と女性の活躍推進」『嘉悦大学研究論集』58(1)，10-26頁。

ACROSS 編集室編著（2021）『ストリートファッション1980-2020——定点観測40年の記録』PARCO 出版。

浅井雛代・森瀬綾子（2020）「働く女性を対象とした『輝く女性』に関するイメージ調査」『感情心理学研究』28（Supplement），9頁。

浅野智彦（2001）『自己への物語論的接近——家族療法から社会学へ』勁草書房。

浅野裕一（2017）『儒教——怨念と復讐の宗教』講談社。

安達智子（2019）『自分と社会からキャリアを考える——現代青年のキャリア形成と支援』晃洋書房。

阿部恒之（2002）『ストレスと化粧の社会生理心理学』フレグランスジャーナル社。

阿部正浩・児玉直美・齊藤隆志（2017）「なぜ就業継続率は上がったのか——ワーク・ライフ・バランス施策は少子化対策として有効か」『経済研究』68(4)，303-323頁。

荒木淳子・正木郁太郎・松下慶太・伊達洋駆（2017）「企業で働く女性のキャリア展望に影響する職場要因の検討」『経営行動科学』30(1)，1-12頁。

池山和幸（2019）『「装う」ことで健康寿命を延ばす化粧療法——エビデンスに基づく超高齢社会への多職種連携アプローチ』クインテッセンス出版。

石井政之（2005）『人はあなたの顔をどう見ているか』筑摩書房。

石井政之・石田かおり（2005）『「見た目」依存の時代——「美」という抑圧が階層化社会に拍車を掛ける』原書房。

石黒久仁子（2012）「女性管理職のキャリア形成——事例からの考察」『GEMC journal——グローバル時代の男女共同参画と多文化共生』7，104-128頁。

石黒久仁子（2017）「女性管理職の仕事とキャリア——デンマーク調査からの考察」『大原社会問題研究所雑誌』703，32-49頁。

石黒格編著（2018）『変わりゆく日本人のネットワーク——ICT 普及期における社会関係の変化』勁草書房。

石黒毅（1985）「儀礼と秩序——初期のゴッフマン社会学における表出の機能論的微視分析」『現代社会学』11(1)，30-63頁。

石角友愛（2021）『経験ゼロから始める――AI時代の新キャリアデザイン』KADOKAWA。

石田かおり（1995）『現象学的化粧論――おしゃれの哲学』理想社。

石田かおり（2001）「化粧行為の学的研究対象としての可能性――化粧文化学会設立を視野において」『駒沢女子大学研究紀要』8，1-6頁。

石田かおり（2002）「近代日本の美容行為におけるまなざしの力」『駒沢女子大学研究紀要』9，15-25頁。

石田かおり（2003）「スロービューティー宣言――次世代の美的価値を求める試論」『駒沢女子大学研究紀要』10，7-16頁。

石田かおり（2005）「岐路に立つ『メトロセクシュアル』――現在の日本の男性の化粧表現に見られる問題点と解決案」『駒沢女子大学研究紀要』12，1-13頁。

石田かおり（2006）「ファストビューティからスロービューティーの時代へ」『粧技誌』40(1)，3-15頁。

石田かおり（2007）「わが国における化粧の社会的意味の変化について――化粧教育のための現象学的試論」『駒沢女子大学研究紀要』14，13-24頁。

石田かおり（2009a）『化粧と人間――規格化された身体からの脱出』法政大学出版局。

石田かおり（2009b）「加齢の意味についての解釈学的現象学による考察」『駒沢女子大学研究紀要』16，17-29頁。

石田かおり（2010）「現代日本女性の目化粧に見られる美的感覚に関する一考察――『めじから』の使い方についての比較文化論的仮説」『駒沢女子大学研究紀要』17，9-21頁。

石田かおり（2011）「日本におけるフレグランスの社会的受容に関する文化論的考察」『駒沢女子大学研究紀要』18，137-149頁。

石田かおり（2015）「化粧の文化誌」日本顔学会編（2015）『顔の百科事典』丸善出版，358-359頁。

石田光規（2009）『産業・労働社会における人間関係――パーソナルネットワーク・アプローチによる分析』日本評論社。

石塚由起夫（2018）『働く女性ほんとの格差』日本経済新聞出版社。

板橋晶子（2009）「戦時下における化粧と『女らしさ』――第二次大戦期アメリカの化粧品広告が描いた女性像」『ジェンダー史学』5，81-93頁。

井上智洋（2016）『人工知能と経済の未来――2030年雇用大崩壊』文藝春秋。

井上了（2010）「礼の思想」湯浅邦弘編著『概説　中国思想史』ミネルヴァ書房，259-269頁。

今井健雄（2015）「化粧の歴史――化粧の起源から現代まで」日本顔学会編『顔の百科事典』丸善出版，500-508頁。

今野浩一郎（2017）「総合職の制約社員化と人事管理」『日本労働研究雑誌』689，40-50

頁。

上田彩子（2018）「恋される顔のルール――顔や化粧の不思議」『粧技誌』52(3)，180-186頁。

上谷香陽（2009）「化粧と性別――〈素肌〉を見る方法」酒井泰斗ほか編『概念分析の社会学――社会的経験と人間の科学』ナカニシヤ出版，163-187頁。

牛尾奈緒美・志村光太郎・宇佐美尋子（2015）「女性管理職の職場ストレスに関する組織的要因――性差・職位差を踏まえた検討」『人材育成研究――人材育成学会機関誌』10(1)，3-14頁。

牛澤賢治（2021）『やってみようテキストマイニング――自由回答アンケートの分析に挑戦！ 増訂版』朝倉書店。

梅澤正（1973）『新しい管理者――職場の行動科学』日本労働協会。

梅澤正（2000）『企業と社会――社会学からのアプローチ』ミネルヴァ書房。

梅澤正（2001）『職業とキャリア』学文社。

梅澤正（2008）『職業とは何か』講談社。

大石慎三郎（1968）『近世村落の構造と家制度』御茶の水書房。

大内章子・奥井めぐみ（2009）「女性の管理職への道のり――中小企業勤務者の事例研究」『ビジネス＆アカウンティングレビュー』4，55-69頁。

大内章子（2020）「女性の管理職昇進――それは企業の本気の人材育成あってこそ」『日本労働研究雑誌』722，78-88頁。

大久保幸夫（2010）『日本型キャリアデザインの方法』日本経団連出版。

大沢真知子・馬欣欣（2015）「高学歴女性の学卒時のキャリア意識と転職行動――『逆選択』はおきているのか」『現代女性とキャリア』7，87-107頁。

大沢真知子（2015）『女性はなぜ活躍できないのか』東洋経済新報社。

大薗陽子（2013）「管理職の仕事満足度の男女間差異に関する実証研究」『城西現代政策研究』6(1)，3-15頁。

大槻奈巳（2015）『職務格差――女性の活躍推進を阻む要因はなにか』勁草書房。

大野治（2019）『俯瞰図から見える日本型 IoT ビジネスモデルの壁と突破口』日刊工業新聞社。

大原梨恵子（1988）『黒髪の文化史』築地書館。

大湾秀雄（2017）「働き方改革と女性活躍支援における課題――人事経済学の視点から」『RIETI Discussion Paper Series』17(6)，1-39頁。

岡田昌毅（2013）『働く人の心理学――働くこと，キャリアを発達させること，そして生涯発達すること』ナカニシヤ出版。

岡田富雄（2012）『人はなぜ化粧をしてきたのか』文芸社。

岡村理栄子・金子由美子（2005）『おしゃれ＆プチ整形（10代のフィジカルヘルス）』大

月書店。

奥井めぐみ・大内章子（2012）「管理職キャリアパスの日米独比較——日本の女性管理職
　比率低迷の原因を探る」『金沢学院大学紀要　経営・経済・情報・自然科学編』10,
　9-22頁。

奥井めぐみ・大内章子・脇坂明（2015）「昇進スピード慣行が女性の昇進に影響を与える
　影響」『金沢学院大学紀要　経営・経済・情報・自然科学編』13, 37-45頁。

小熊英二（2019）『日本社会のしくみ——雇用・教育・福祉の歴史社会学』講談社。

乙部由子（1998）「ジェンダー規範と印象操作」『関西社会学会大会論集』49, 65-66頁。

乙部由子（2006）『中高年女性のライフサイクルとパートタイム——スーパーで働く女た
　ち』ミネルヴァ書房。

乙部由子（2013）『ライフコースからみた女性学・男性学』ミネルヴァ書房。

乙部由子（2017a）「ゴッフマン理論から考える理系女性のキャリア形成に関する調査」。
　（未発表）。

乙部由子（2017b）「キャリア女性の化粧行為」『第90回日本社会学会大会論集』604頁。

乙部由子（2018）「医療，福祉業で働く女性のキャリア形成過程とビューティケア（化粧,
　頭髪）」『第69回関西社会学会大会論集』51頁。

乙部由子（2019）『「労働」から学ぶジェンダー論——Society 5.0からのライフスタイル
　を考える』ミネルヴァ書房。

乙部由子（2022）「女性管理職のキャリア形成」『椙山女学園大学教育学部紀要』15(1),
　155-161頁。

加地伸行（2001）『〈教養〉は死んだか——日本人の古典・道徳・宗教』PHP新書。

加地伸行（2009）『論語　増補版』講談社。

加地伸行（2015）『儒教とは何か　増補版』中央公論新社。

片岡裕司・阿由葉隆・北村祐三（2021）『「目標が持てない時代」のキャリアデザイン』
　日本経済新聞出版。

片桐雅隆（1991）『変容する日常世界——私化現象の社会学』世界思想社。

片桐雅隆（1996）『プライバシーの社会学——相互行為・自己・プライバシー』世界思想
　社。

片桐雅隆（1996）「フィクション論から見た自己と相互行為」磯部卓三・片桐雅隆編『フ
　ィクションとしての社会——社会学の再構成』世界思想社，23-46頁。

片桐雅隆（2000）『自己と語りの社会学——構築主義的展開』世界思想社。

片桐雅隆（2006）『認知社会学の構想——カテゴリー・自己・社会』世界思想社。

片桐雅隆（2017）『不安定な自己の社会学——個人化のゆくえ』ミネルヴァ書房。

加藤孝央・石原俊一・大木桃代（2010）「女子大学生における化粧認知及び行動と心理的
　健康の関連性」『生活科学研究』32, 81-89頁。

金井篤子・佐野幸子（1991）「女性管理職のキャリア意識とストレス――インタビュー調査の結果から」『経営行動科学』6(1)，45-59頁。

金井郁（2017）「女性の昇進をめぐる意識とマネジメント――雇用管理体系とジェンダー」『大原社会問題研究所雑誌』704，18-36頁。

金井壽宏（2002）『働く人のためのキャリアデザイン』PHP研究所。

金井壽宏・楠見孝（2012）『実践知――エキスパートの知性』有斐閣。

川口章（2012）「昇進意欲の男女比較」『日本労働研究雑誌』620，42-57頁。

川野佐江子（2018）「『化粧学』とは何か――その学術的意義について再考」『大阪桐蔭女子大学研究紀要』8，137-144頁。

川野佐江子ほか（2021）「男性化粧に対する現代人の意識とその社会的背景」『大阪樟蔭女子大学研究紀要』11，23-34頁。

上林憲雄・三輪卓己編（2015）『ケーススタディ 優良・成長企業の人事戦略』税務経理協会。

北村匡平（2021）「男性身体とルッキズム」『現代思想11月号』49(13)，117-126頁。

木戸彩恵（2007）「化粧行為を構成する文化――社会・文化的アプローチの視点から」『教育方法の探究』10，57-63頁。

木戸彩恵（2009）「化粧行為にみられる自己――他者間の対話的関係性への考察」『京都大学大学院教育学研究科紀要』55，365-375頁。

木戸彩恵（2015）『化粧を語る・化粧で語る――社会・文化的脈絡と個人の関係性』ナカニシヤ出版。

木戸彩恵・サトウタツヤ（2019）『文化心理学――理論・各論・方法論』ちとせプレス。

木戸彩恵・やまだようこ（2013）「ナラティブとしての女性の化粧行為――対話的場所と宛先」『パーソナリティ研究』21(3)，244-253頁。

木本喜美子（2003）『女性労働とマネジメント』勁草書房。

金融庁（2019）「高齢社会における試算形成・管理報告書」。

九島紀子（2020）「メイクアップ」鈴木公啓編著『装いの心理学――整え飾るこころと行動』北大路書房，14-24頁。

九島紀子・上瀬由美子（2017）「女性の顔形態特徴がメイク行動に与える影響――メイクの対人相互作用を中心に」『立正大学心理学研究年報』8，51-62頁。

九島紀子・齊藤勇（2015）「化粧が対人印象に及ぼす影響――顔形態とメイクの差異による印象操作の実証的研究」『応用社会心理研究』41(1)，39-55頁。

九島紀子・齊藤勇（2016）「顔形態と化粧の差異による希望される関係性の検討」『立正大学心理学研究年報』7，65-83頁。

麓幸子（2015）『なぜ，彼女たちの働き方はこんなに美しいのか――22人の女性エグゼクティブのキャリア軌跡』日経BP社。

隈元美貴子・柳田元継（2015）「化粧行動とライフスタイルの関連性」『山陽論叢』22，53-62頁。

藏琢也（1993）『美しさをめぐる進化論——容貌の社会生物学』勁草書房。

栗田隆子（2021）「雇用の入口，『番兵』としてのルッキズム」『現代思想』11月号，49(13)，142-146頁。

栗田宣義（2021）『メイクとファッション——美容化粧服飾の戦略と呪縛』晃洋書房。

クラレ（2022）『2021年版　新小学1年生の「将来就きたい職業」，親の「就かせたい職業」』クラレ。

経済産業省（2000〜2021）『経済財政白書』。

経済産業省中部経済産業局（2018）「女性の就業意識に関する調査報告書」。

コーエイリサーチ＆コンサルティング（2021）「女性の政治参画への障壁等に関する調査研究報告書」（内閣府男女共同参画局委託事業）。

厚生労働省（2015）「平成26年度コース別雇用管理制度の実施・指導状況」。

厚生労働省（2016）「平成28年度雇用均等基本調査」。

厚生労働省（2018）「平成29年度雇用均等基本調査」。

厚生労働省（2020）「令和元年度雇用均等基本調査」。

厚生労働省（2021）「令和2年度雇用均等基本調査」。

厚生労働省（2022a）「令和3年度雇用均等基本調査」。

厚生労働省（2022b）「事業場における治療と仕事の両立支援のためのガイドライン」。

神山進（1990）『衣服と装飾の心理学』関西衣生活研究会。

国保祥子（2018）『働く女子のキャリア格差』筑摩書房。

香坂千佳子（2018）「ホテル業の雇用問題に関する研究——ホテル従業員のキャリア意識面からの分析」『大阪学院大学商・経営学論集』43(2)，47-67頁。

小島明子（2017）「女性のキャリア意識の醸成，能力向上に向けて」『リージョナルバンキング』67(10)，4-10頁。

小島明子（2018）『女性発の働き方改革で男性も変わる，企業も変わる』経営書院。

小島毅（2017）『儒教の歴史』（宗教の歴史⑤）山川出版社。

児玉直美（2004）「女性活躍は企業業績を高めるか」『日本労働研究雑誌』525，38-41頁。

小林慶一郎・森川正之（2020）『コロナ危機の経済学——提言と分析』日本経済出版。

小林盾・谷本奈穂（2016）「容姿と社会的不平等——キャリア形成，家族形成，心理にどう影響するのか」『成蹊大学文学部紀要』51，99-113頁。

小林盾（2020）『美容資本——なぜ人は見た目に投資するのか』勁草書房。

駒川智子（2014）「性別職務分離とキャリア形成における男女差——戦後から現代の銀行事務職を対象に」『日本労働研究雑誌』648，48-59頁。

小峰隆夫（2014）「雇用維持から労働移動支援雇用政策へ」原田泰・齊藤誠編著『徹底分

析アベノミクス——成果と課題』中央経済社, 179-192頁。

今野晴貴 (2021)『賃労働の系譜学——フォーディズムからデジタル封建制へ』青土社。

崔勝淏 (2009)「女性のキャリア役割と日本の労働慣行」『跡見学園女子大学マネジメント学部紀要』7, 105-120頁。

坂田桐子 (2018)「女性の昇進を阻む心理的・社会的要因」大沢真知子編著・日本女子大学現代女性キャリア研究所編『なぜ女性管理職は少ないのか』青弓社, 25-64頁。

坂爪洋美 (2018)「女性のキャリア形成の現状と課題——どのような支援が求められるのか」『都市とガバナンス』20, 100-108頁。

坂爪洋美・高村静 (2020)『管理職の役割』中央経済社。

坂村健 (2016)『IoT とは何か——技術革新から社会革新へ』角川新書。

坂村健 (2021)『DX とは何か——意識改革からニューノーマルへ』KADOKAWA。

坂本佳鶴恵 (2019)『女性雑誌とファッションの歴史社会学——ビジュアル・ファッション誌の成立』新曜社。

坂本俊生 (1999)『プライバシーのドラマトゥルギー——フィクション・秘密・個人の神話』世界思想社。

櫻川雅哉 (2021)『バブルの経済理論——低金利, 長期停滞, 金融劣化』日本経済新聞出版。

笹川孝一編 (2004)『生涯学習とキャリアデザイン』法政大学出版局。

笹川孝一 (2014a)『キャリアデザイン学のすすめ』法政大学出版局。

笹川孝一 (2014b)「法政大学キャリアデザイン学部の創設と日本発のキャリアデザイン学の挑戦」金山喜昭・児美川孝一郎・武石恵美子編『キャリアデザイン学への招待——研究と教育実践』ナカニシヤ出版, 3-15頁。

佐藤香織 (2018)「企業内労働市場における転職と昇進の関係」『日本労働研究雑誌』695, 80-97頁。

佐藤博樹・松浦民恵・高見具広 (2020)『働き方改革の基本』中央経済社。

佐藤恵・斎藤嘉孝・山田泉 (2014)「生活とライフキャリア」金山喜昭・児美川孝一郎・武石恵美子編『キャリアデザイン学への招待——研究と教育実践』ナカニシヤ出版, 71-93頁。

三具淳子 (2018)『妻の就労で夫婦関係はいかに変化するのか』ミネルヴァ書房。

椎野信雄 (1991)「ドラマトゥルギィから相互行為秩序へ」安川一編『ゴフマン世界の再構成——共存の技法と秩序』世界思想社, 33-64頁。

資生堂ビューティサイエンス研究所 (1993)『化粧心理学——化粧と心のサイエンス〜』フレグランスジャーナル社。

島直子 (2019)「女性新入社員の管理職志向を低下させる要因——パネルデータを用いた検証」『大原社会問題研究所雑誌』727, 55-69頁。

下村秀雄（2013）『成人のキャリア「発達とキャリアガイダンス」』労働政策研究・研修
　機構。

庄司洋子（1996）「家族と社会福祉」『ジュリスト』41，131-138頁。

昭和女子大学女性文化研究所（2016）『女性とキャリアデザイン』（昭和女子大学　女性
　文化研究叢書　第十集）御茶の水書房。

人工知能学会編（2017）『人工知能学事典』共立出版。

新・日本的経営システム等研究プロジェクト編著（1995）『新時代の日本的経営――挑戦
　すべき方向とその具体策』日本経営者団体連盟。

末吉美喜（2019）『テキストマイニング入門――Excel と KH Coder でわかるデータ分
　析』オーム社。

杉本和夫・愛知県労働協会事業課労働情報グループ編（2020）『あいち労働総合支援フロ
　ア調査分析事業――人生100年時代の中高年齢者のキャリア形成』愛知県労働協会。

鈴木涼美（2021）『JJ とその時代――女の子は雑誌に何を夢見たのか』光文社。

鈴木眞理子（2006）「女性ソーシャルワーカーのキャリア発達とライフコース」『埼玉県
　立大学紀要』8，51-61頁。

鈴木由加里（2006）『女は見た目が10割――誰のために化粧をするのか』平凡社。

鈴木良始（2021）「ジョブシステム社会におけるマルチタスク刊行とその行方――アメリ
　カの事例」『同志社商学』72(4)，111-132頁。

鈴森正幸（2018）「人はなぜ化粧をするのか」『日本香粧品学会誌』42(1)，27-35頁。

角田美穂子・工藤俊亮（2018）『ロボットと生きる社会――法は AI とどう付き合う？』
　弘文堂。

総務省（2020～2021）『情報通信白書』。

総務省（2021）「令和２年通信利用動向調査」。

総務省（1953～2021）「労働力調査」。

大坊郁夫（1990）「社会的スキルとしてのマナー行動」『化粧文化』22，30-40頁。

大坊郁夫（1996）「化粧心理学の動向」高木修監修，大坊郁夫・神山進編著『被服と化粧
　の社会心理学』北大路書房。28-46頁。

大坊郁夫（1997）『魅力の心理学』ポーラ文化研究所。

大坊郁夫（1998a）「対人関係における化粧の相対的効果」『日本心理学会大会論文集』62，
　33頁。

大坊郁夫（1998b）『しぐさのコミュニケーション――人は親しみをどう伝えあうか』サ
　イエンス社。

大坊郁夫（2007）「社会的脈絡における顔コミュニケーションへの文化的視点」『対人社
　会心理学研究』7，1-10頁。

大坊郁夫編（2001）『化粧行動の社会心理学』北大路書房。

大坊郁夫編（2005）『社会的スキル向上を目指す対人コミュニケーション』ナカニシヤ出版。

大坊郁夫編（2012）『幸福を目指す対人社会心理学』ナカニシヤ出版。

大坊郁夫・神山進編著（1996）『被服と化粧の社会心理学——人はなぜ装うのか』北大路書房。

互恵子（2019）「魅力を与え印象に残りやすいメイクとは？」三浦佳世・河原純一郎編著『美しさと魅力の心理』ミネルヴァ書房，78-79頁。

高崎美佐（2020）「初期キャリアにおける人材育成」武石恵美子・高崎美佐『女性のキャリア支援』中央経済社，65-84頁。

高野芳樹（2019）『化粧品の広告表現100年の変遷』文芸社。

高橋俊介（2003）『キャリア論』東洋経済新報社。

高橋俊介（2006）『人が育つ会社をつくる』日本経済新聞社。

高橋俊介（2008）『キャリアをつくる9つの習慣』プレジデント社。

高橋俊介（2012）『21世紀のキャリア論』東洋経済新報社。

高橋俊介（2013）『ホワイト企業——サービス業化する日本の人材育成戦略』PHP新書。

高橋雅夫（1997）『化粧ものがたり——赤・白・黒の世界』雄山閣。

高橋幸（2021）「女性の外見的魅力をめぐるフェミニズムのポリティクス」『現代思想』49(13)，178-189頁。

武石恵美子・梅崎修・林絵美子（2014）「A社における従業員のキャリア自律の現状」『生涯学習とキャリアデザイン　法政大学キャリアデザイン学会紀要』12(1)，89-100頁。

武石恵美子（2014）「女性の昇進意欲を高める職場の要因」『日本労働研究雑誌』648，33-47頁。

武石恵美子（2019）「女性の意欲や職場パフォーマンスを高める管理職の要因に関する研究——部下と上司の認識ギャップに注目して」『生涯学習とキャリアデザイン』16(2)，87-101頁。

武石恵美子・高崎美佐（2020）『女性のキャリア支援』中央経済社。

竹内利美（1969）『家族慣行家制度』恒星社厚生閣。

武田佳奈（2017）「家事支援サービスの現状」『日本労働研究雑誌』689，40-50頁。

武田佳奈（2019）『フルキャリアマネジメント——子育てしながら働く部下を持つマネージャーの心得』東洋経済新報社。

武田祐佳（2019）「子育て期女性のサポート・ネットワークと精神的健康——ライフステージ間の比較」『同志社社会学研究』23，15-24頁。

竹中平蔵（2003）『あしたの経済学——改革は必ず日本を再生させる』幻冬舎。

竹中平蔵（2006）『構造改革の真実——竹中平蔵大臣日誌』日本経済新聞社。

竹中平蔵・高橋洋一（2014）『日本経済のシナリオ』KADOKAWA。

竹中平蔵（2019）『平成の教訓――改革と愚策の30年』PHP研究所。

竹中平蔵（2020）『ポストコロナの「日本改造計画」』PHP研究所。

竹ノ下弘久（2018）「管理職への到達をめぐる不平等――世代間移動と職業キャリアの視点から」『日本労働研究雑誌』690，18-30頁。

田中研之輔（2019）『プロティアン――70歳まで第一線で働き続ける最強のキャリア資本術』日経BPマーケティング。

谷本奈穂（2008）『美容整形と化粧の社会学』新曜社。

谷本奈穂（2012）「美容整形・美容医療を望む人々――自分・他者・社会との関連から」『情報研究』37，37-57頁。

谷本奈穂（2017）「美容整形というコミュニケーション――外見に関わり合う女性同士」『フォーラム現代社会学』16，3-14頁。

谷本奈穂（2018）『美容整形というコミュニケーション――社会規範と自己満足を超えて』花伝社。

筒井晴香（2021）「自分を美しく見せることの意味――ルッキズム，おしゃれ，容姿の美」『現代思想』11月号，49(13)，190-199頁。

鶴光太郎・樋口美雄・水町勇一郎編著（2011）『非正規雇用革命――日本の働き方をいかに変えるか』日本評論社。

鶴光太郎（2016）『人材覚醒経済』日本経済新聞社。

鶴光太郎・前田佐恵子・村田啓子（2019）『日本経済のマクロ分析』日本経済新聞社。

寺田知太ほか（2017）『誰が日本の労働力を支えるのか？』東洋経済新報社。

東城加歩・中川敦子（2019）「化粧は顔の記憶を促進させることができるか」『日本心理学会大会論集』83，679頁。

徳野貞雄（2002）「現代農山村の内部構造と混在化社会」木下謙治・篠原隆弘・三浦典子編『地域社会学の現在』ミネルヴァ書房，217-237頁。

独立行政法人情報処理推進機構（2021）『DX白書――日米比較調査にみるDXの戦略，人材，技術』独立行政法人情報処理推進機構。

トーゲル，ギンガ／小﨑亜依子・林寿和訳・構成（2016）『女性が管理職になったら読む本――「キャリア」と「自分らしさ」を両立させる方法』日本経済新聞出版社。

冨永真己・中西三春（2021）「介護職における就業継続の意向を高める要因――ユニットリーダーへのインタビューによる質的研究」『日本公衆衛生雑誌』68(7)，468-476頁。

冨山和彦（2020）『コーポレート・トランスフォーメーション――日本の会社をつくり変える』文藝春秋。

内閣府（1999〜2000）『経済白書』。

内閣府（2001〜2021）『経済財政白書』。

内閣府男女共同参画局（2021）『男女共同参画白書　令和3年版』勝美印刷。

内閣府男女共同参画局（2022）『共同参画』158。

中嶌剛（2015）「女性公務員の主観的キャリア意識に関する実証研究」『学苑』893，65-76頁。

永瀬伸子・山谷真名（2012）「民間大企業の女性管理職のキャリア形成——雇用慣行と家庭内分担」『キャリアデザイン研究』8，95-105頁。

永瀬伸子・石井愛実・井上愛香・加納優香・高田美耶・前田うて奈・森松美波・山崎里紗・渡邉有稀（2021）「女性のキャリア形成における課題——2010年以降の育児休業取得者へのインタビューを通して」『生活社会科学研究』27，59-74頁。

中原淳・トーマツ・イノベーション（2018）『女性の視点で見直す人材育成——だれもが働きやすい「最高の職場」をつくる』ダイヤモンド社。

永峰幸三郎（1991）「労働市場と女子雇用」竹中恵美子編『新・女子労働論』有斐閣，91-129頁。

中根薫（2013）「看護管理者のキャリア発達におけるメンタリングに関する研究——看護管理者の経験とメンター要因について」『新潟青陵学会誌』5(3)，11-20頁。

中根千枝（1968）『タテ社会の人間関係』講談社。

中根千枝（2009）『タテ社会の力学』講談社。

中村宏之（2019）『おさえておきたい「平成の経済」——「令和」経済のトレンドを読む』山川出版社。

中村恵（1988）「大手スーパーにおける女性管理者・専門職者」小池和男・富田安信編『職場のキャリアウーマン』東洋経済新報社，13-37頁。

西尾隆（2020）「閉鎖的公務員制度と公募制の可能性」『行動科学ジャーナル』87，49-65頁。

西垣通（2016）『ビッグデータと人工知能』中央公論新社。

西倉実季（2009）『顔にあざのある女性たち——「問題経験の語り」の社会学』生活書院。

西倉実季（2019）「外見が『能力』となる社会」『現代思想』47(12)，176-182頁。

西倉実季（2021）「『ルッキズム』概念の検討——外見にもとづく差別」『和歌山大学教育学部紀要　人文科学』71，147-154頁。

西阪仰（1997）『相互行為分析という視点——文化と心の社会学的記述』金子書房。

21世紀職業財団（2015）「若手女性社員の育成とマネジメントに関する調査研究——均等法第三世代の男女社員と管理職へのインタビュー・アンケート調査より」。

21世紀職業財団（2017）「『一般職』女性の意識とコース別雇用管理制度の課題に関する調査研究——『一般職』女性の活躍に向けて」。

21世紀職業財団（2019）「均等法第一世代が活躍するために——女性正社員50代・60代におけるキャリアと働き方に関する調査　男女比較の観点から」。

日刊工業新聞特別取材班（1990）『日米経済新時代』にっかん書房。

日興フィナンシャル・インテリジェンス（2015）「平成26年度産業経済研究委託事業　企業における女性の活用及び活躍推進の状況に関する調査報告書」。

日本顔学会編（2015）『顔の百科事典』丸善出版。

日本経済団体連合会（2019）『AI 活用戦略——AI-Ready な社会の実現に向けて』日本経済団体連合会。

日本労働研究機構（1997）「女性の職業・キャリア意識と就業行動に関する研究」（調査研究報告書99）日本労働研究機構。

日本労務研究会編（1966）「BG の化粧の有無と疲労に関する実験調査報告——鐘淵紡績（株）化粧品教育センターの実験結果」『労務研究』19(12)，54-59頁。

野口裕二・大村英昭（2001）『臨床社会学の実践』有斐閣。

野口裕二（2002）『物語としてのケア——ナラティヴ・アプローチの世界へ』医学書院。

野口裕二（2005）『ナラティヴの臨床社会学』勁草書房。

野口裕二（2018）『ナラティヴと共同性——自助グループ・当事者研究・オープンダイアローグ』青土社。

野々村美宗（2020）『教授にきいた…コスメの科学』フレグランスジャーナル社。

野村直之（2016）『人工知能が変える仕事の未来』日本経済新聞出版社。

野村浩子・川﨑昌（2019）「組織リーダーの望ましさとジェンダー・バイアスの関係——男女別，階層別のジェンダー・バイアスを探る」『淑徳大学研究論集』4，13-24頁。

萩あや子（2017）「患者や家族と看護師の化粧に対する認識の比較に対する研究」『コスメトロジー研究報告』25，130-137頁。

萩原裕・白井和康（2016）『IoT ビジネス入門＆実践講座』ソシム。

橋本由紀・佐藤香織（2014）「性別職務分離と女性の賃金・昇進」『経済研究』65(3)，221-237頁。

馬場悠男（2021）『「顔」の進化——あなたの顔はどこからきたのか』講談社。

濱口桂一郎（2009）『新しい労働社会——雇用システムの再構築へ』岩波新書。

濱口桂一郎（2015）『働く女子の運命』文春新書。

濱口桂一郎（2021）『ジョブ型雇用社会とは何か——正社員体制の矛盾と転機』岩波新書。

濱口桂一郎・海老原嗣生（2020）『働き方改革の世界史』筑摩書房。

早見君子・高橋毅一郎（1927）「新化粧法・整容医学」岩見照代監修（2014）『時代が求めた「女性像」——「女性像」の変容と変遷』（第25巻美しくなるには１）ゆまに書房，1-135頁。

速水奈央子（2015）「アービング・ゴフマンの社会学」中河伸俊・渡辺克典編『触発するゴフマン——やりとりの秩序の社会学』新曜社，1-25頁。

原田謙（2017）『社会的ネットワークと幸福感——計量社会学でみる人間関係』勁草書房。

原島博・馬場悠男（1996）『人の顔を変えたのは何か』河出書房新社。

樋口清之（1980）『装いと日本人』（日本人の歴史⑥），講談社。

樋口耕一（2004）「テキスト型データの計量的分析——２つのアプローチの峻別と統合」『理論と方法』19(1)，101-115頁。

樋口耕一（2004）「計算機による新聞記事の計量的分析——『毎日新聞』にみる『サラリーマン』を題材に」『理論と方法』19(2)，161-176頁。

樋口耕一（2014）『社会調査のための計量テキスト分析』ナカニシヤ出版。

樋口耕一・中村康則・周景龍（2018）『KH Coder を用いた計量テキスト分析実践セミナー初級編』SCREEN アドバンストシステムソリューションズ。

樋口耕一・中村康則・周景龍（2018）『KH Coder を用いた計量テキスト分析実践セミナーステップアップ編』SCREEN アドバンストシステムソリューションズ。

樋口耕一・中村康則・周景龍（2022）『動かして学ぶ！はじめてのテキストマイニング——フリー・ソフトウエアを用いた自由記述の計量テキスト分析』ナカニシヤ出版。

久下司（1970）『化粧』（ものと人間の文化史④）法政大学出版局。

久武綾子（1988）『氏と戸籍の女性史』世界思想社。

平松隆円（2009）『化粧にみる日本文化』水曜社。

平松隆円（2014）「化粧するココロと行動についての考察」『フレグランスジャーナル』8，14-18頁。

平山朝治（1995）『イエ社会と個人主義』日本経済新聞社。

黄文雄（2014）『儒禍　中国二千年の呪縛』光文社。

黄順姫（2019）『身体文化・メディア・象徴権力——化粧・ファッションの社会学』学文社。

深作光貞（1982）「『化粧学』のすすめ」『化粧文化』6，11頁。

深田博巳・梶本あゆみ（2014）「女性の化粧に及ぼすコミュニケーション不安の影響」『対人コミュニケーション』2，49-63頁。

福島正夫編（1959）『戸籍制度と「家」制度』東京大学出版会。

福島正夫（1967）『日本資本主義と「家」制度』東京大学出版会。

藤澤理恵（2021）「自律的・主体的なキャリア形成に関する研究の軌跡」『RMS Message』64，7頁。

藤本浩司・柴原一友（2019）『AI にできること，できないこと——ビジネス社会を生きていくための４つの力』日本評論社。

藤原寿里（2017）「化粧がもたらす自己の価値および社会行動における価値の変化——行動学的検討」『コスメトロジー研究報告』25，170-175頁。

保科学世・鈴木博和（2021）『責任ある AI ——「AI 倫理」戦略ハンドブック』東洋経済新報社。

穂積和子・福徳貴朗・錦織孜（2018）「ICT による『絆』への影響に関する基礎的研究
　　——男女別・年代別における絆意識についての実証研究」『Project Paper』43,
　　111-168頁。

ポーラ文化研究所（2007）「女性の化粧行動・意識に関する実態調査」。

ポーラ文化研究所（2020）『平成美容開花——平成から令和へ，美容の軌跡30年』ポーラ
　　文化研究所。

ポーラ文化研究所（2021）『ウィズコロナ時代の化粧意識と行動分析——コロナ前後で化
　　粧はどう変わったのか？』ポーラ文化研究所。

ポーラ文化研究所・津田紀代・村田孝子（1986）『モダン化粧史——装いの80年』ポーラ
　　文化研究所。

ポーラ文化研究所編（1990）『おしゃれ時代』ポーラ文化研究所。

ポーラ文化研究所編（2019）『おしゃれ文化史——飛鳥時代から江戸時代まで』秀明大学
　　出版会。

堀井希依子（2015）「わが国における女性管理職研究の展望」『共栄大学研究論集』13,
　　75-93頁。

堀井希依子（2016）「女性管理職のキャリア形成プロセスにおけるワークモチベーション
　　と自己調整に関する一考察」『共栄大学研究論集』14, 137-156頁。

馬欣欣・乾友彦・児玉直美（2017）「管理職における男女間格差——日本の従業員と企業
　　のマッチングデータに基づく実証分析」『経済研究』68(2), 114-131頁。

牧角悦子（2015）「日本における儒教——その発展過程と特徴」『日本漢文研究』Ⅱ,
　　175-187頁。

松岡昌則（2002）「現代の農村と農民」木下謙治・篠原隆弘・三浦典子編『地域社会学の
　　現在』ミネルヴァ書房, 31-44頁。

松本康（1995）『増殖するネットワーク』勁草書房。

丸木恵祐（1986）「日常経験と相互作用論——ゴッフマンのドラマツルギーをめぐって」
　　『社会学評論』37, 24-34頁。

丸木恵祐（1993）『組織と人間——日常経験の社会心理』日進堂書店。

丸木恵祐編（1996）『現代の社会と人間関係』東京法令出版。

丸山桂（2001）「女性労働者の活用と出産時の就業継続の要因分析」『人口問題研究』57
　　(2), 3-18頁。

三菱 UFJ リサーチ＆コンサルティング（2016）「平成27年度厚生労働省委託ポジティ
　　ブ・アクション「見える化」事業　女性活躍推進に関する調査報告書」。

三戸公（1994）『「家」としての日本社会』有斐閣。

宮城まり子（2002）『キャリアカウンセリング』駿河台出版社。

三輪卓己（2021）『ミドル＆シニアのキャリア発達——知識労働者にみる転機と変化』中

央経済社。

牟田淳（2013）『「美しい」とはどんな顔か』化学同人。

村尾祐美子（2017）「係長への昇進におけるジェンダーと職場属性」『大原社会問題研究所雑誌』704, 1-17頁。

村澤博人（1982）「化粧の変遷」仲村祥一・井上俊編『うその社会心理――人間文化に根ざすもの』有斐閣, 229-247頁。

村澤博人（1987）『美人進化論――顔の文化誌』東京書籍。

村澤博人（1992）『顔の文化誌』東京書籍。

村澤博人（1996）「化粧による美の伝達と文化」高木修監修, 大坊郁夫・神山進編『被服と化粧の社会心理学――人はなぜ装うのか』北大路書房, 124-150頁。

村山昇（2021）『キャリア・ウェルネス――「成功者を目指す」から「健やかに働き続ける」への転換』日本能率協会マネジメントセンター。

森岡清志（2012）『パーソナル・ネットワーク論』放送大学協会振興会。

森川和則（2016）「視覚の心理学――日常に潜む錯覚・錯視の研究」『色材協会誌』89(1), 11-16頁。

森河朋彦・中野詩織・井上真由美ほか（2021）「ポジティブな感情が肌状態に及ぼす影響の検討」『日本化粧品技術者会誌』55(3), 255-261頁。

茂木健一郎（2009）『化粧する脳』集英社。

文部科学省（2019～2021）「学校基本調査」。

安田雪（2004）『人脈づくりの科学』日本経済新聞社。

柳澤唯ほか（2014）「女性における化粧行動の目的と自意識の関連」『文化学園大学紀要人文社会科学研究』22, 27-34頁。

八幡成美（2009）『職業とキャリア』法政大学出版局。

山極清子（2016）『女性活躍の推進――資生堂が実践するダイバーシティ経営と働き方改革』経団連出版。

山崎憲（2017）「人事労務管理と人的資源管理における internal と external――日本的経営とジョブ型を超えて」『統一論題』26, 5-20頁。

山下海・矢野円郁（2020）「性差観は女性に化粧を義務づけ男性化粧を否定する」『日本心理学会大会発表論文集』84。

山下博司（2010）「アジア人の化粧に見られる身体観・身体表象とその変容についての研究――身体装飾のアジア的伝統と〈化粧のグローバル化〉の狭間で」『コスメトロジー研究報告』18, 86-89頁。

山口一男・樋口美雄編（2008）『論争　日本のワーク・ライフ・バランス』日本経済新聞出版社。

山口一男（2011）「労働生産性と男女共同参画――なぜ日本企業はダメなのか, 女性人材

活用を有効にするために企業は何をするべきか，国は何をすべきか」『RIETI Discussion Paper Series』11(69)，1-43頁。

山口一男（2013）「ホワイトカラー正社員の管理職割合の男女格差の決定要因——女性であることの不当な社会的利益と，その解消施策について」『RIETI Discussion Paper Series』13(69)，1-42頁。

山口一男（2014）「ホワイトカラー正社員の管理職割合の男女格差の決定要因」『日本労働研究雑誌』648，17-32頁。

山口一男（2016）「男女の職業分離の要因と結果——女性活躍推進の今一つの大きな障害について」『RIETI Discussion Paper Series』16(1)，1-42頁。

山口一男（2017a）「賃金構造の潜在的多様性と男女賃金格差——労働市場の二重構造分析再訪」『RIETI Discussion Paper Series』17(57)，1-39頁。

山口一男（2017b）『働き方の男女不平等——理論と実証分析』日本経済新聞出版社。

山口周（2017）『世界のエリートはなぜ「美意識」を鍛えるのか？』光文社。

山口真美（2010）『美人は得をするか——「顔」学入門』集英社。

山口真美（2015）『顔を忘れるフツーの人，瞬時に覚える一流の人——「読顔術」で心を見抜く』中央公論新社。

山田雅子（2021）「男女の化粧行動に対する日本人女子学生の意識」『埼玉女子短期大学研究紀要』44，11-26頁。

山本勲（2014）「上場企業における女性活用状況と企業業績との関係——企業パネルデータを用いた検証」『RIETI Discussion Paper Series』14(16)，1-26頁。

山村博美（2016）『化粧の日本史——美意識の移りかわり』吉川弘文館。

湯浅邦弘（2012）『論語』中央公論新書。

湯浅邦弘編著（2020）『中国思想基本用語集』ミネルヴァ書房。

横江公美（2008）『キャリアウーマン・ルールズ——仕事にフェロモンは有効か？』KKベストセラーズ。

吉川佐紀子・益谷真・中村真編（1993）『顔と心——顔の心理学入門』サイエンス社。

吉川雅也（2019）「メンバーシップ型社会におけるキャリア権」『人権を考える』22，85-99頁。

吉澤康代（2016）「『女性社員のキャリア開発』についての現状と今後」『SFCディスカッションペーパー』1-16頁。

吉田醇（1964）「基礎化粧品の考え方」『日本化粧品技術者連合会会報』2，28-31頁。

吉田醇（1971）「化粧品産業生長の諸段階」『繊維製品消費科学』12(5)，207-210頁。

吉田醇（1971）「化粧からみたウイグファッション」『繊維製品消費科学』12(12)，509-512頁。

吉田醇（1986）「化粧の社会学」『繊維製品消費科学』27(11)，471-477頁。

米沢泉（2006）『電車の中で化粧する女たち——コスメフリークという「オタク」』KK ベストセラーズ。

米沢泉（2008）『コスメの時代——「私遊び」の現代文化論』勁草書房。

米沢泉（2010）『私に萌える女たち』講談社。

米沢泉（2014）『「女子」の誕生』勁草書房。

米沢泉・馬場伸彦（2021）『奥ゆきをなくした顔の時代——イメージかする身体，コスメ・自撮り・SNS』晃洋書房。

リクルートワークス研究所（2013）『提案　女性リーダーをめぐる日本企業の宿題』。

リクルートマネジメントソリューションズ（2021）『RMS Message』65。

リクルートライフスタイル（2021）「2021年白髪調査報告書」。

労働政策研究・研修機構（2014a）『日本企業における能力開発・キャリア形成——既存調査研究のサーベイと試行的分析による研究課題の検討』コンポーズユニ（労働政策研究・研修機構）。

労働政策研究・研修機構（2014b）「男女正社員のキャリアと両立支援に関する調査（2）——分析編」（JILPT調査シリーズ119）相模プリント。

労働政策研究・研修機構（2015）「『人材マネジメントのあり方に関する調査』および『職業キャリア形成に関する調査』結果——就労意欲や定着率を高める人材マネジメントとはどのようなものか」太平印刷。

労働政策研究・研修機構（2021）「長期雇用社会のゆくえ——脱工業化と未婚化の帰結」（労働政策研究報告書210）。

脇坂明（2018）『女性労働に関する基礎的研究——女性の働き方が示す日本企業の現状と将来』日本評論社。

脇坂明（2021）「女性活躍指標の吟味からみた男女のキャリアの違い」『日本労働研究雑誌』727，31-42頁。

和田耕太郎・堀江大介（2021）『経営×ファイナンス——ポストコロナのキャリア戦略：専門スキルのないキャリアに悩むあなたを救う，0から経営人材になる方法！』ロギガ書房。

渡辺三枝子（2001）『キャリアカウンセリング入門——人と仕事の橋渡し』ナカニシヤ出版。

渡辺三枝子（2018）『新版 キャリアの心理学　第2版』ナカニシヤ出版。

渡邉祐子（2014）「女性活用に関する企業の意識」『人財育成研究』7(1)，41-51頁。

渡邉有稀（2021）「女性のキャリア形成における課題——2010年以降の育児休業取得者へのインタビューを通して」『生活社会科学研究』27，59-74頁。

渡邉梨奈ほか（2021）「アイメイク製品の使用性評価に向けた年代別擬似瞼モデルの開発」『日本化粧品技術者会誌』55(2)，142-151頁。

Arthur, M. B. & D. M. Rousseau（1996）*The boundaryless career as a new employment principle*, Oxford University Press.

Babuneaux, R. & J. Kraumboltz（2013）*Fall Fast, Fail Often*, Doris S. Michaels Literary Agency.（＝2014，増田沙奈訳『一歩踏み出せば昨日と違う自分になれる！』日本文芸社。）

Benedict, R.（1946）*The Chrysanthemum and the Sword Patterns of Japanese Culture*, Houghton Mifflin.（＝2013，越智敏之・越智道雄訳『菊と刀——日本文化の型』平凡社ライブラリー。）

Bruce, V.（1988）*Recognising Faces*, Lawrence, Erlbaum Associates.（＝1990，吉川佐紀子訳『顔の認知と情報処理』サイエンス社。）

Burnett, B. & D. Evans.（2016）*Designing Your Life: How to Build a Well-Lived, Joyful Life*, Alfred A. Knopf.（＝2019，千葉浩訳『スタンフォード式——人生デザイン講座』早川書房。）

Burt, R. S.（1992）*Structural Holes: The Social Structure of Competition*, Harvard University Press.（＝2006，安田雪訳『競争の社会的構造——構造的隙間の理論』新曜社。）

Burt, R. S.（1995）*Structural Holes: The Social Structure of Competition*, Harvard University Press.

Buss, A. H.（1986）*Social Behavior and Personality*, Lawrence Erlbaum Associates.（＝1991，大渕憲一監訳『対人行動とパーソナリティ』北大路書房。）

Corson, R.（1972）*Fashions in Make Up*, Orion Press.（＝1982，石山彰監修，ポーラ文化研究所訳『メークアップの歴史——西洋化粧文化の流れ』ポーラ文化研究所。）

Freedman, R.（1986）*Beauty Bound*, D. C. Heath and Company.（＝1994，常田景子訳『美しさという神話』新宿書房。）

Goffman, E.（1959）*The Presentation of self in Everyday life*, Anchor Books.（＝1974，石黒毅訳『行為と演技——日常生活における自己呈示』〔ゴッフマンの社会学①〕誠信書房。）

Goffman, E.（1961a）*Encounters: Two Studies in the Sociology of Interactions*, The Bobbs-Merrill Company.（＝1985，佐藤毅訳『出会い——相互行為の社会学』〔ゴッフマンの社会学②〕誠信書房。）

Goffman, E.（1961b）*The Doubleday & Company*, Anchor Books.（＝1984，石黒毅訳『アサイラム——施設被収容者の日常世界』〔ゴッフマンの社会学③〕誠信書房。）

Goffman, E.（1963a）*Behavior In Public Places: Notes on the Social Organization of Gatherings*, Macmillan Publishing.（＝1980，丸木恵祐・本名信行訳『集まりの構造——新しい日常行動論を求めて』〔ゴッフマンの社会学④〕誠信書房。）

Goffman, E. (1963b) *Stigma: Notes on the Management of Spoiled Identity*, Prentice-Hall. (＝1970, 石黒毅訳『スティグマの社会学——烙印を押されたアイデンティティ』せりか書房。)

Goffman, E. (1967a) *Interaction Ritual: Essays on Face-to-Face Behavior*, Anchor Books. (＝2002, 浅野敏夫訳『儀礼としての相互行為——対面行動の社会学』法政大学出版局。)

Goffman, E. (1967b) "Interaction Ritual: Essays on Face-to-Face Behavior" *Anchor Books*, New York.

Goffman, E. (1976) *Gender and Advertisements*, Harper and Row Publishers.

Gonos, G. (1977) ""Situation" versus "Frame" the "Interactionist" and the "structuralist" analyses of everyday life" *American Sociological Review* 42, pp. 854-867.

Graham, J. A. & A. M. Kligman (1985) *The Psychology of Cosmetic Treatments Praeger* (＝1988, 早川律子訳・監修『化粧の心理学』週刊粧業。)

Gratton, L. & A. Scott (2016) *The 100year life*, Fraser & Dunlop. (−2016, 池村千秋訳『ライフ・シフト——100年時代の人生戦略』東洋経済新報社。)

Hakim, C. (2011) *Honey Money: The Power of Erotic Capital*, Penguin Books. (＝2012, 田口未和訳『エロティック・キャピタル——すべてが手に入る自分磨き』共同通信社。)

Hamermesh, D. S. (2011) *Beauty Pays*, Princeton University Press. (＝2015, 望月衛訳『美貌格差——生まれつき不平等の経済学』東洋経済新報社。)

Hochschild, A. R. (1983) *The Managed Heart: Commercialization of Human Feeling*, the University of California Press. (＝2000, 石川准・室伏亜希訳『管理される心——感情が商品になるとき』世界思想社。)

Hochschild, A. R. (1997) *The Time Bind: When Work Becomes Homes and Home Bocomes Work*, Georges Borchardt. (＝2012, 坂口緑・中野聡子・両角道代訳『タイム・バインド——働く母親のワークライフバランス』明石書店。)

Homans, G. C. (1951) *The Human Group*, Routledge & Kegan Paul. (＝2018, 橋本茂訳『ヒューマン・グループ——人間集団についての考察』ミネルヴァ書房。)

Ickes, W. & S. Duck (2000) *The Social Psychology of Personal Relationships*, John Wiley & Sons. (＝2004, 大坊郁夫・和田実監訳『パーソナルな関係の社会心理学』北大路書房。)

Jones, G. (2010) *Beauty Imagined: A History of the Global Beauty Industry*, Oxford University Press. (＝2011, 江夏健一・山中祥弘監訳, ハリウッド大学院大学ビューティビジネス研究所訳『ビューティビジネス——「美」のイメージが市場をつくる』中央経済社。)

Johnson, K. K. P. & S. J. Lennon (1999) *Appearance and Power*, Oxford International Publishers.（＝2004, 高木修・神山進・井上和子監訳『外見とパワー』北大路書房。）

Kanter, R. M. (1977) *Men and Women of the Corporation*, Harper Collins Publishers.（＝1995, 高井葉子訳『企業のなかの男と女――女性が増えれば職場が変わる』生産性出版。）

Krumboltz, J. D. & S. Levin (2004) *Luck Is No Accident*, Impact Publishers.（＝2005, 花田光世・大木紀子・宮地夕紀子訳『その幸運は偶然ではないんです！――夢の仕事をつかむ心の練習問題』ダイヤモンド社。）

Leary, M. R. & R. S. Miller (2000) "Perspectives on Interracial Relationships" in Ickes, W. J. & D. Steve (eds.) *The social Psychology of Personal Relationships*, John Wiley & Sons.（＝2004, 大坊郁夫・和田実監訳『パーソナルな関係の社会心理学』北大路書房。）

Lyman, S. M. & M. B. Scott (1975) *The Drama of Social Reality*, Oxford University Press.（＝1986, 清水博之訳『ドラマとしての社会――シェイクスピアの鏡に照らして』新曜社。）

Pincet, J. & Y. Deslandres (1960) *Histoire des soins de beauté*, Presses Universitaires de France.（＝1961, 青山典子訳『美容の歴史』白水社。）

Schein, E. H. (1978) *Career dynamics: Maching individual and organizational needs*, Addision Wesly Publishing Company.（＝2003, 二村敏子・三善勝代訳『キャリア・ダイナミクス――キャリアとは，生涯を通じての人間の生き方・表現）である』白桃書房。）

Schein, E. H. (1990) *Career Anchors: Discovering Your Real Values*, Jossey-Bass.（＝2003, 金井寿宏訳『キャリア・アンカー――自分のほんとうの価値を発見しよう』白桃書房。）

Super, D. E. & J. B. Martin Jr. (1970) *Occupational Psychology*, Wadsworth Publishing Company.（＝1973, 藤本喜八・大沢武志訳『職業の心理』（企業の行動科学⑥），ダイヤモンド社。）

Scott, A. & L. Gratton. (2020) *The new long life*, Fraser & Dumlop.（＝2021, 池村千秋訳『ライフ・シフト2――100年時代の行動戦略』東洋経済新報社。）

Todorov, A. (2017) *Face Value: The Irresistible Influence of First Impressions*, Princeton University press.（＝2019, 中里京子訳, 作田由衣子監修『第一印象の科学――なぜヒトは顔に惑わされてしまうのか？』みすず書房。）

索　引

著者紹介

乙部由子（おとべ・ゆうこ）

1970年生まれ。

1999年　金城学院大学大学院文学研究科社会学専攻博士後期課程単位取得満期退学。
　　　　博士（社会学），専門社会調査士。
　　　　元・名古屋工業大学ダイバーシティ推進センター特任准教授。

現　在　名古屋市立大学大学院経済学研究科博士前期課程在学，金城学院大学等非常勤講師。

主　著　『中高年女性のライフサイクルとパートタイム』ミネルヴァ書房，2006年。
　　　　『ジェンダー・家族・女性 第2版』三恵社，2009年。
　　　　『女性のキャリア継続』勁草書房，2010年。
　　　　『不妊治療とキャリア継続』勁草書房，2015年。
　　　　『社会福祉とジェンダー』（共編著）ミネルヴァ書房，2015年。
　　　　『教養としてのジェンダーと平和』（共著）法律文化社，2016年。
　　　　『女性学入門 改訂版』（共著）ミネルヴァ書房，2018年。
　　　　『「労働」から学ぶジェンダー論』ミネルヴァ書房，2019年。

E-mail：otobe@kinjo-u.ac.jp

女性のキャリアとビューティケア
昇進と外見・身だしなみの関係性を考える

2022年11月1日　初版第1刷発行　　　　　　　　〈検印省略〉
2023年12月30日　初版第3刷発行

定価はカバーに
表示しています

著　者　　乙　部　由　子

発行者　　杉　田　啓　三

印刷者　　田　中　雅　博

発行所　　株式会社　ミネルヴァ書房

607-8494 京都市山科区日ノ岡堤谷町1
電話代表（075）581-5191
振替口座 01020-0-8076

創栄図書印刷・坂井製本

ISBN978-4-623-09497-4
Printed in Japan

「労働」から学ぶジェンダー論

乙部由子 著

A5判／260頁／本体2500円

女性学入門 改訂版

杉本貴代栄 編著

A5判／248頁／本体2800円

よくわかる女性と福祉

森田明美 編著

B5判／226頁／本体2600円

フェミニズムと社会福祉政策

杉本貴代栄 編著

A5判／308頁／本体3500円

シングルマザーの暮らしと福祉政策

杉本貴代栄・森田明美 編著

A5判／360頁／本体3500円

―――――― ミネルヴァ書房 ――――――

https://www.minervashobo.co.jp/